"十四五"职业教育部委级规划教材

U0747601

职业院校学生心理健康

（微课版）

俞国良　主编

中国纺织出版社有限公司

内 容 提 要

本课程面向全体职业院校学生，以教学目标和案例为切入点，进行心理健康知识普及和心理辅导。旨在提高全体职业院校学生的心理素质，帮助他们正确认识和处理成长、学习、情绪和职业生活中遇到的心理健康问题，促进其身心全面和谐发展。

全书共十章，32 个主题，各主题的设计思路为：学习心理健康知识、参与心理健康活动体验、掌握保持心理健康的方法，即知识学习环节、活动体验环节、心理领悟训练环节。每个主题分为心理探索、心理活动与体验、心理保健三个部分，每章结束后设有本章核心概念、小结、数字化心理测试、辅导案例（在线阅读）和拓展阅读资料，便于学生总结、梳理和应用实践。

图书在版编目（CIP）数据

职业院校学生心理健康：微课版 / 俞国良主编 .
北京：中国纺织出版社有限公司，2024. 8. --ISBN
978-7-5229-1895-2

Ⅰ. G444

中国国家版本馆CIP数据核字第20249VK841 号

责任编辑：刘宇飞　关雪菁　　责任校对：寇晨晨
责任印制：王艳丽

中国纺织出版社有限公司出版发行
地址：北京市朝阳区百子湾东里 A407 号楼　邮政编码：100124
销售电话：010—67004422　传真：010—87155801
http://www.c-textilep.com
中国纺织出版社天猫旗舰店
官方微博 http://weibo.com/2119887771
天津千鹤文化传播有限公司印刷　各地新华书店经销
2024 年 8 月第 1 版第 1 次印刷
开本：787×1092　1/16　印张：20.5
字数：400 千字　定价：49.00 元

凡购本书，如有缺页、倒页、脱页，由本社图书营销中心调换

国家纲要教材 ▶

职业院校学生心理健康（微课版）

主　编：俞国良

副主编：金杨华　张学河　靳娟娟

编　委（按姓氏笔画排序）：

马筱鲁　王永丽　王海云　白　静　邬迪剑　杨丽萍　郑布英

郑晓哲　罗晓路　赵军燕　项丽娜　侯瑞鹤　董　妍　颜苏勤

前　言 ▶

2021年9月，我主编的中等职业教育课程改革国家规划新教材《心理健康（第五版）》有幸荣获首届全国优秀教材建设一等奖，始料未及。当时，我就萌生了重编职业院校学生《心理健康》读本或教材的想法。三年后，在教育部职业教育与成人教育司和中国纺织出版社有限公司的大力支持下，终于圆梦。

职业院校开设心理健康课程，这是贯彻落实习近平总书记关于学生心理健康工作的重要指示批示精神，贯彻新修订的《职业教育法》以及《"健康中国2030"规划纲要》积极推进"立德树人"根本任务，强化职业院校"心理育人"、着眼新征程谋划新篇章、聚焦新要求落实新任务的实际行动，更是贯彻落实党的二十届三中全会精神、铸造新时代大格局职业教育的新举措。

该课程的主要任务是提高全体职业院校学生的心理素质，帮助他们正确认识和处理成长、学习、情绪和职业生活中遇到的心理健康问题，促进其身心全面和谐发展。通过课程学习，让学生了解心理健康的标准，关注自己身心发展的特点，从而能主动进行心理调适，做积极、乐观、勇于面对现实的人；使他们了解自己的性格特征、行为方式和成长规律，接纳自我、欣赏自我，敢于接受职业的挑战，追求自己的人生价值；让他们正确认识人际交往和社会适应障碍的成因，理解和谐人际关系、快乐生活的意义，热爱职业、劳动光荣，追求健康的生活方式，不断提升生活质量。同时，让职业院校学生了解激发学习兴趣和动机的方法，理解终身学习概念的新内涵，培养学习信心和兴趣，体验学习过程中的积极感受，树立终身学习和在职业实践中学习的理念；特别是让他们增强职业意识，培养职业兴趣，提高职业选择能力，做好从业心理准备，顺利完成由普通教育向职业教育的转变；了解职业心理素质的重要性，正确对待求职就业与创业中可能出现的心理健康问题，勇于面对职业压力和职业倦怠，认同职业角色规范，不懈追求创新，做一个身心健康的高素质劳动者。这既是职业院校教育目标的具体体现，也是使职业教育更好地适应经济社会发展对高素质劳动者和技能型人才培养需求的基本要求。

该课程面向全体职业院校学生，以课堂教学、专题讲座和自学自修相结合，以教学目标和案例为切入点，进行心理健康知识普及和心理辅导。重点是通过活动让学生主动参与其中，并在活动中进行体验和感悟，加深对心理健康的认识并在社会实践和职业生涯中加以应用。教学内容既有心理健康知识的传授、心理活动的体验，又有心理调适技能的训练等，是集知识、活动体验和训练于一体的综合课程，可采用课堂讲授、案例分析、小组讨论、心理测试、团体训练、情境表演、角色扮演和体验活动等方式展开。全书共十章，32个主题，32~36课时，各章各主题设计的逻辑思路为：学习心理健康知识、参与心理健康活动体验、掌握保持心理健康的方法，即知识学习环节、活动体验环节、心理领悟训练环节。每个主题分为心理探索、心理活动与体验、心理保健三个部分，每章结束后设有本章核心概念、小结、数字化心理测试、辅导案例（在线阅读）和拓展阅读资料，便于学生总结、梳理和应用实践。

本教材编写实行主编负责制。先行组织部分职业院校教师和职教教研员、心理健康教育专业工作者召开座谈会；在吸纳一线教师和科研人员的意见后，主编提出编写指导思想、原则和详细编写提纲、结构体例，并编撰一章样稿供各位作者参考；初稿经编写组所有成员反复讨论、交叉审稿，并再次广泛征求专家、一线教师的意见后，进行修改完善；最后由我统稿、定稿。

参与讨论和撰写的主要作者为中国人民大学、北京师范大学、浙江金融职业学院、乐山职业技术学院、北京教育学院、天津职业技术师范大学、天津仁爱学院、天津滨海汽车工程职业学院、安徽机电职业技术学院、上海市商业学校、长春职教指导中心等具有副教授及以上职称或博士学位的心理健康教育专业工作者，也有来自全国职业院校、教科研院所、心理健康教育指导中心的教研员与第一线的工作者。其间，中国纺织出版社有限公司心理图书分社关雪菁社长和刘宇飞博士给予编写工作大力协助和无私奉献，在此一并致谢。

我们在编撰过程中参考了大量研究资料，特别是国内外最新研究成果，向相关作者和研究者谨致谢意。由于时间紧、任务重，加上编者水平有限，对书中的不足和纰漏之处，恳请大家批评指正。

俞国良

2024 年 7 月 18 日于北京西海探微斋

目 录 ▶

第一章

绪 论

知之愈明，则行之愈笃；行之愈笃，则知之愈益明。

——［宋］朱熹

⭐ 学习目标

通过本章学习，了解什么是心理健康，心理健康的标准是什么；什么是心理问题，职业院校学生心理发展的特点和常见的心理问题有哪些；掌握健康的生活方式和自我管理的技能；学会借助心理辅导或心理咨询等方式，直面心理危机、解决心理问题，实现更好的适应和发展。

主题 1　心理健康与人生

说到健康，相信同学们都不陌生，那么，怎样才是健康呢？有人说，无病即健康；有人说，倒头就睡、吃嘛嘛香就是健康；还有人说，身强体壮、活力四射才是健康……那么，如何科学地理解健康呢？心理健康与健康成长、快乐生活和幸福人生有什么关系呢？

🔍 心理探索

一、现代健康新概念

传统的健康观是"无病即健康"，但现代人的健康观则是"整体健康"。1948 年，世界卫生组织（WHO）把健康定义为：不但没有身体上的缺陷和疾病，还要有完整的生理、心理状态和社会适应能力。他们提出了以下衡量是否健康的十项标准。

第一，精力充沛，能从容不迫地应对日常生活和工作的压力而不感到过分紧张。

第二，精神状态正常，没有抑郁、焦虑、恐惧发作等症状。

第三，合理休息，睡眠良好。

第四，应变能力强，能适应环境的各种变化。

第五，能够抵抗一般性感冒和传染病。

第六，体重合适，身材均匀，站立时头、肩、臂位置协调。

第七，眼睛明亮，反应敏锐，眼睑无炎症。

第八，牙齿整洁，无空洞，无痛感；齿龈颜色正常，无出血。

第九，头发有光泽，无头屑。

第十，肌肉、皮肤富有弹性，走路轻松有力。

1990 年，世界卫生组织又将道德健康纳入健康的概念里，新的健康概念由此拓展为生理健康、心理健康、社会适应和道德健康四个模块。

其中，生理健康是基础。身体好比是"1"，家庭、事业、金钱、爱情等是"1"后面若干个"0"，没有生理健康一切都将失去意义。很多成功人士在罹患重大疾病后发出这样的感悟："我以前常说，我们太多的时间花在事业和金钱上，没有足够时间思考兴趣和理想。但是生病了，才知道最珍贵的是亲情和友情，最不能失去的是健康。"

心理健康是根本。身心是交互的，生理健康会影响到心理状态，反过来心理状态也会影响我们应对健康和社会问题的方式与能力。有研究表明，病人对控制疾病越乐观，存活得越长久。心态乐观，甚至乐观得看起来有些幼稚，可能是治疗许多疾病的良方。

社会适应是能力。人在社会中生活，总要与环境相适相宜，保持一种相互平衡的状态。由于我们生活的环境在不断地变化，因此适应就是一个连续不断的过程。人的一生是一系列的适应阶段，而每一阶段都会对个体的长期适应产生影响。积极的适应就是发展。

道德健康是灵魂。"道"既指人在自然界及社会生活中为人处世应当遵循的一定规律、规则、规范等，也指社会生活和做人的最高准则。"德"指个体的品德和思想情操。可以说，道德是人类所应遵循的所有自然、社会、家庭、人生的规律的统称。违反了这些规律，个体的身心健康就会受到损害。

二、健康从"心"开始

心理健康有广义和狭义之分。从广义上讲，心理健康主要是指一种高效而满意的、持续的心理状态；从狭义上讲，则指人的基本心理活动的过程内容完整、协调一致，即知、情、意、行和谐统一。

世界卫生组织联合会将心理健康定义为"身体、智力、情绪十分调和；适应环境，人际交往中彼此谦让；有幸福感；在工作和生活中能充分发挥自己的能力，过着有效率的生活"。我国学者据此总结出六条适用于大众的心理健康标准。

（一）智力正常

智力是以思维能力为核心的各种认知能力和操作能力的总和。它是衡量一个人心理是否健康的最重要的标准。一般而言，智商（IQ）在80以上为正常。

（二）情绪适中

情绪适中是指情绪活动的主流是愉快的、欢乐的、稳定的，情绪的产生是由适当的原因引起的，情绪的持续时间是随着客观情况的变化而变化的。积极的心态是心理健康的重要标志，一个人的情绪适中，就会使整个身心处于积极向上的状态，对一切充满信心和希望。

（三）意志健全

一个人的意志是否健全主要表现在意志品质上，其中行动的自觉性、果断性和顽强性是意志健全的重要标志。一个心理健康的人，常常行动目的明确、态度主动，善于明辨是非、当机立断、果断独立行事，耐挫力强、坚持性高。

（四）人格统一

人格是指一个人的整个精神面貌，即具有一定倾向性的个性心理特征的总和。人格的各种特征不是孤立存在的，它们之间密切相关，形成一个有机的整体，对个体的行为进行调节和控制。如果各种特征之间关系协调，个体的行为就是正常的；如果各种特征之间关系失调，就会造成人格分裂，产生不正常的行为。双重人格或多重人格是人格分裂的表现。一个人的人格一经形成，就具有相对稳定的特点。因此，形成一个统一、协调的人格与一个残缺、失调的人格对个体心理发展的影响是截然不同的。

（五）人际关系和谐

人际关系和谐既是心理健康的重要标准，也是维持心理健康的重要条件。具体表现为：在人际交往中，心理相容、互相尊重，而不是心理冲突、相互排斥；对人真诚善良，而不是冷漠无情；以集体利益为重，关心集体、乐于奉献，而不是私字当头、损人利己。

（六）行为协调适度

心理健康的人，其行为方式须与其年龄阶段相一致、与其承担的社会角色相匹配，其行为反应强度须与刺激强度相一致，因为行为具有一贯性和统一性。

三、职业院校学生心理健康的标准

职业院校学生特有的年龄阶段和角色特征，决定了职业院校学生的心理健康状态具有独特性，有着区别于一般人群所特有的内在特质与外显表现。概括起来，职业院校学生要拥有健康的心理状态，需符合以下标准。

（一）了解自我，悦纳自我

心理健康的学生能感受到自己存在的价值，既能了解自己，又能接受自己，有自知之明，对自己的能力、性格和优缺点能做出恰当、客观的评价；不苛求、不苛责、不过分期待，对自己总是满意的；努力发展自身的潜能，即使面对自己无法补救的缺陷，也能泰然处之，心态平和淡定。

（二）接受他人，善与人处

心理健康的学生认同"我不完美，你也不完美，但这没关系，我们可以一起创造美满的关系"，因此能与他人相互沟通和交往，认可他人存在的重要性和作用，同时也能被他人和集体所理解、所接受，人际关系协调和谐；既能与人共享欢愉，也能独处自安；在与人相处时，积极的态度（如同情、友善、信任、尊敬等）总是多于消极的态度（如猜疑、嫉妒、畏惧、敌视等），因而在社会生活中有较强的适应能力和较充足的安全感。

（三）接受现实，适应环境

心理健康的学生，能妥善处理生活和学习上的困难，积极地发展自己；对周围事物和环境能有客观的认识和评价，并能与现实环境保持良好的接触；既有高于现实的理想，又不会沉湎于不切实际的幻想与奢望。

（四）热爱生活，乐于学习和工作

心理健康的学生能珍惜和热爱生活，积极投身于生活，并从中尽情享受人生的乐趣；保持良好的学习兴趣和学习能力，能够为自己未来的发展做好准备；尽力发展潜能，使自己的学习和工作更有效率，也更有成效。

（五）心境良好，善于调节情绪

心理健康的学生愉快、乐观、开朗、满足等积极情绪总是占优势，当然也会有悲、忧、愁、怒等消极情绪体验，但一般不会长久；他们能适度地表达和控制自己的情绪，喜不狂、忧不伤、胜不骄、败不馁；对于无法得到的东西不过分追求，尽量在社会允许的范围内满足自己的各种需要；对于自己所能得到的一切都感到满意，依然能够在职业院校这片广阔天地愉快地学习和生活。

（六）人格完整和谐

心理健康的人，气质、能力、性格、理想、信念、动机、兴趣、人生观等各方面均衡发展，人格作为人的整体精神面貌能够完整、协调、和谐地表现出来；他们思考问题的方式是适中和合理的，待人接物能有恰当灵活的态度，对外界刺激不会有偏颇的情绪和行为反应；他们能够与社会的步调合拍，也能和集体融为一体。

（七）心理行为符合年龄特征

在人的生命发展的不同阶段，都有相对应的心理行为表现，从而形成不同年龄阶段独特的心理行为模式。心理健康的学生应具有该年龄段多数人所符合的心理行为特征，如开始学习独立、处理自己的无助感、摆脱依赖心理。

当然，必须强调的是，心理健康是一种持续性的心理状态，一个人偶尔出现一些不健康的心理行为，并不代表这个人的心理不健康。心理健康状态并非固定不变的，而是不断变化的，既可以从不健康转变为健康，也可以从健康转变为不健康。心理健康的标准只是一种理想尺度，它不仅为我们提供了测量指标，更为我们指明了努力的方向。

🔗 成长链接

心理活动与体验

一、活动在线

下面两个学生，谁能更快适应？你更像谁？

学生 A：

入校后安排好行李，马上就到校园各

处熟悉情况，了解教室、澡堂、开水房甚至商店、快递点的位置，了解教室、图书馆的使用规定，食堂的开放时间，甚至学校有几个门等。

学生 B：

刚到新的环境中，非常拘束、胆怯、缺乏方向感，生怕走动一点儿就迷路，又不好意思开口向别人求援，所以尽量少走动、少说话，有必须要办的事只能跟在别人后面或者结伴而行。

启示：(1)自己独立摸索很重要：看看 A，你就知道了；(2)主动求助更重要：向高年级同学或者同乡、老师请教。

二、体验分享

每年都有成千上万的学生离开家进入职业院校，和一群来自五湖四海的人住在同一个宿舍。这意味着你启程自己独立的人生，你开始试着独自管理自己的生活、解决遇到的各种难题，你为自己终于自由、自主了而感到激动和兴奋，但内心似乎还有隐隐的不安全感，你不确定是否搞得定自己、生活能否如意、一切会否失控。那么，扫描下方二维码，诚实地评估一下自己是否积极地掌控着自己的生活吧。

请试着和同学分享讨论一下你可以在哪些方面加强自我导向能力以及如何加强。

三、心海扬帆

在离家求学的过程中，"想家"是同学们需要面对的最为平常的问题。大多数人在他（她）一生的某些时刻会经历不同程度的想家问题。

从某种角度而言，想家是一种积极的情感，它说明家是你的情感归宿和安全基地；但是，想家的感觉并不是很好，你因此会感到悲伤、脆弱或不适应。那么，你可以做些什么？

（1）承认自己想家的情绪，并理解这是很自然和正常的反应，要知道很多同学与你的感觉是一样的，只是他们可能没有告诉你。因此，请允许想家这种感受的出现和存在。

（2）饮食规律、睡眠充足，适当的休息和营养对情绪及身体健康都是必需的。

（3）与老师、学长、朋友或同学谈心。

（4）和家人保持联络，通过电话、短信、微信告诉他们你的经历，但注意不要过分依赖。

（5）和你在其他学校的同学保持联系，分享彼此的经历。

（6）参加一些学生社团或活动，尽量融入你的同学圈。

（7）探访校园和周边环境；邀约朋友一起出游，感受生活的乐趣；回到家后与家人和朋友分享你的见识和感悟。

（8）充分利用学校的资源，积极参加一些人文/学术讲座、文娱活动和体育锻炼。

（9）计划好回家的时间并做好安排，这有助于减弱回家的冲动并使调整的过程变得轻松。

（10）给自己一定的时间去调整。克服想家对很多人来说是一个逐步的过程，但如果你持续地想家或由于想家明显影响到学习或人际交往，应考虑与学校的心理咨询师谈一谈。

💜 心灵天地

➕ 心理保健

一、方法指南

从哪些方面可以初步判断一个人是不是有心理问题呢？心理问题通常会伴随一些异常情况，如果在以下几个方面出现明显的异常，就需要考虑是不是有某方面的心理问题或者心理障碍了。

（一）行为

行为是人们表现出的各种举止、反应，它是判断个体是否有心理障碍最为直观和有效的评估指标。可以通过以下行为初步判断个体是否需要进行心理咨询。

☆你能否保持正常的学习、生活能力；

☆你的行为活动是否与其身份相符；

☆你是否表现出他人难以理解的言行举止；

☆你的行为活动是否有明显的减少或增多；

☆你是否保持与周围人群的正常沟通；

☆你是否表现出自杀意向、行为或制订自杀计划；

☆你是否有威胁周围人群和环境的意向或行为。

（二）情绪

情绪是人的各种感觉、思想和行为的一种综合的心理和生理状态，是对外界刺激所产生的心理反应以及附带的生理反应，如喜、怒、哀、乐等。情绪是个人的主观体验和感受，在情绪的支配下，个体会产生各种行为，情绪本身也会影响到认知。怎样通过情绪初步判断个体是否需要心理咨询呢？可以参考下面的因素。

☆你的总体情绪感受如何；

☆你的情绪反应是否和环境、诱因匹配；

☆你是否存在消极情绪（忧伤、愤怒、焦虑等）；

☆你的情绪是否稳定，是否存在波动，波动程度如何；

☆你的情绪是否受其本人的控制，是否有失控的倾向；

☆你是否存在情感解体或混乱的表现。

（三）认知

认知是指人认识外界事物的过程，即对作用于人的感觉器官的外界事物进行信息加工的过程。潜在危机评估过程中的认知评估，指的是评估人的总体思维能力（分析能力、记忆力、注意力等）和个体对问题以及他人的看法。可以通过以下判断初步决定个体是否需要进行心理咨询。

☆你对所面临的问题的解释如何，是否符合实际；

☆你是否能够有效地解决所面临的问题；

☆你的注意力水平如何，是否能够保持必要的注意力；

☆你的记忆力水平如何，是否存在长时、短时记忆的损害；

☆你的逻辑思维能力如何，是否存在思维混乱的现象；

☆你的认知范围是否发生变化，是否过于狭窄；

☆你的自我认知如何，是否存在自我怀疑、自我否定等现象；

☆你是否存在强迫性思维等异常思维表现。

（四）生理表现

生理表现是指和心理问题相关联的、可以观察到的一些生理层面的表现。评估内容包括以下几个方面。

☆你的睡眠状况如何，是否有入睡困难、睡眠质量不高、早醒（与抑郁症相关）等症状；

☆你的饮食状况如何，是否存在厌食、拒食、过度饮食等；

☆你是否存在物质依赖表现，如吸烟、酗酒或者借助其他物品消磨意志等；

☆你是否有身体不适等感受，如抱怨自己身体感觉不好或其他症状；

☆你的整体生活节奏是否有明显改变。

上述内容只是给同学们提供一个初步判断的依据，并非因此而下定论，如果你或者他人有上述异常情况存在，应考虑求助心理咨询或治疗。通常情况下，如果这些异常情况持续时间比较短，如几天或一周的时间便恢复正常，一般不用太在意；如果持续两周以上，则需要引起重视并采取一定的措施。

二、课堂实战演习

全班同学一起做一做"滚雪球"游戏：

每个人找一个自己不认识的人，彼此做自我介绍，包括姓名、家乡、三个形容词描述性格特点以及近期印象深刻的一件事，每人2分钟；每个小组找另一小组不认识的人，每个人负责把自己的组员介绍给对方，每人2分钟，轮流介绍；每个大组去找另一大组不熟悉的人，形成一个团队，快速认识之后，做如下四件事：选出你们的队长；为你们的团队取一个名字；分享你们每个人心目中心理健康的重要特质以及最能代表这种特质的人；从这些人中推选出一位成为你们团队的"精神领袖"。

团队名称：＿＿＿＿＿＿＿＿＿＿＿

队长姓名：＿＿＿＿＿＿＿＿＿＿＿

队员姓名：＿＿＿＿＿＿＿＿＿＿＿

＿＿＿＿＿＿＿＿＿＿＿＿＿＿＿＿

精神领袖及其重要特质：＿＿＿＿＿

＿＿＿＿＿＿＿＿＿＿＿＿＿＿＿＿

小贴士

主题 2   职业院校学生心理发展特点与影响因素

　　职业院校学生具备当代青年学生共同的心理特征，如勤于思考、独立自主的人格意识、批判性思维、情绪不稳定、情感世界敏感而丰富等，但是他们在人员构成、入学途径、知识结构、文化水平、价值取向、思想倾向、学习目标、兴趣爱好等方面又有其自身特点，呈现出独特的面向。

🔍 心理探索

一、成人初显期的形成及主要特征

　　由于接受教育年限的增加、婚龄和育龄的推迟、职业不稳定性持续时间的延长，形成了一个从 18 岁持续到 25 岁的成人初显期，很多职业院校的学生就处于这个阶段。成人初显期并不是"延长的青春期"，因为它同青春期存在巨大的差别，年轻的他们在这一时期很少受父母的管束，更多的是独立探索。同时它也不是"成年初期"，因为成年初期意味着个体已初步达到成年期，但大多数年轻人尚未获得承担责任、独自决策、经济独立等标志成人地位的感觉，所以并没有进入成年初期的感受与体验。

　　成人初显期的主要特征是：这是自我同一性的探索时期；这是不稳定的时期；这是自我关注的时期；这是一段处于过渡和夹缝感的转折时期，既不属于青春期，也不属于成年初期；这是存在多种可能、充满机遇的时期。

二、职业院校学生心理发展的特点

　　多数学生的年龄在 18~25 岁，处于我们上面所说的"成人初显期"，这是同学们不断自我成长、逐步走向成熟的阶段，具有以下心理发展特点。

（一）两面性

　　心理的两面性是青春期的一般特征，职业院校学生心理尚未完全成熟，容易表现出急于求成的蛮干、有勇无谋的傻干、受挫后的情绪失控、自以为是的自我中心等消极的一面。但是，随着自我概念的发展、自我同一性的确立，职业院校学生的心理也在迅速走向成熟，并且表现出积极的一面，例如情感丰富、精力充沛；敢想敢干、勇往直前；善于思考、敢于创新等。

（二）矛盾性

　　职业院校学生的心理发展不平衡，容易引起矛盾冲突。主要有：理想的我与现实的我的矛盾；独立与依赖的矛盾；交往需要与封闭孤独的矛盾；自尊自信与怯懦自卑的矛盾；强烈的求知欲与识别力低的矛盾；情感与理智的矛盾；积极勇敢与消极退缩的矛盾等。这些冲突虽然会使学生感到焦虑苦恼、痛苦不安，但也促使他们设法解决矛盾、促进自我发展，使心理发展更加趋于成熟。

（三）统一性

职业院校阶段是个体逐步走向成熟和独立的阶段，无论内心有怎样激烈的矛盾冲突，同学们在某一时间、地点的外在表现总是尽量统一的。绝大多数学生会努力消除矛盾冲突，使自己趋近社会评价高、体现个体成熟的一面，如努力改善现实自我，让现实趋近理想；修正不切实际的过高标准，使理想趋近现实等。

（四）阶段性

职业院校学生的心理发展可以分为入学之初的适应、中期的探索分化和临近毕业的整合三个阶段，不同阶段的心理特征有所不同。

1. 适应阶段

入学适应是每位新生都要经历的一个阶段。在这一阶段，学生面临升学的变化，不仅生活环境、人际关系、生活方式和学习方法不同了，而且在这个阶段，会经历从家庭到学校、再从学校到社会的人生变迁，社会角色也不断变化，原有的心理平衡被打破了，但是又必须面对这些变化，有所成长，形成新的平衡。新生只有积极适应，才能顺利度过"过渡期"。

2. 探索分化阶段

经过入学适应，学生进入稳定发展阶段，这是学生最主要、最长久的发展阶段。多数学生的专业兴趣渐浓、求知欲强烈、兴趣广泛、思维活跃、人际交往能力增强；也有学生遇到许多困难和问题，出现某种程度的心理障碍，但总能在自己的努力和他人的帮助下解决这些问题或障碍，并不断发展和完善自我。在这个过程中，学生会逐渐增加自我了解，不断探索自我和成长，为未来发展打下基础。

3. 整合阶段

学生阶段即将结束时，很多同学会进入求职就业阶段，这是从学生生涯向职业生涯过渡的时期。毕业在即，学生大多面临毕业考试、毕业设计、论文答辩、求职择业等棘手问题，这既是同学们的毕业准备阶段，也是就业准备阶段，更是从学校生活向职业生活的心理过渡阶段，因此心理压力和冲突将会不断出现。绝大多数学生经过专业的学习和心理发展，具备了比较稳定的人生观、丰富的知识以及良好的心理调控能力，但也有部分学生因在学业或求职中遇到挫折，产生种种心理问题或悲观失望、无所适从。

三、职业院校学生心理健康的影响因素

当代职业院校学生心理健康的影响因素是多方面的，内因和外因都起作用。

（一）个人因素

1. 生理原因

职业院校的学生一般处于 18~25 岁，生理发展处于迅速成熟而又没有完全成熟的过渡期。生理活动是心理活动的物质基础，如果大脑与神经系统没有发育成熟或有某些缺陷，个体的某些心理活动就不能正常进行。另外，大脑与神经系统的生理特点直接决定了个体的气质类型，这些气质类型在情绪方面尤其值得注意，如果不能恰当地予以引导，就有可能导致某些心理异常。

2. 人格特征

学生的心理健康与其人格特征有非常密切的关系：情绪不稳定和倔强的人格特征可增加心理问题的产生；外向型人格特征会减少心理问题的产生。总体而言，良好的人格特征（稳定性、兴奋性、有恒性、自律性较高）有利于心理健康；反之，不良的人格特征（敏感性、怀疑性、忧虑性、紧张性较高）不利于心理健康。心理健康水平又影响着人格的发展。

3. 成长经历

成长经历会影响学生的自我概念和认知能力。在成长过程中得到父母过分呵护的学生心理发展滞后，缺乏独自面对和独立解决困难的勇气和能力，承受挫折和应对逆境的心理能力较差，在生活和学习中碰到一点困难就无法承受；一些学生缺乏人际交往的技巧，缺少可以倾诉的朋友，内心极其脆弱，一旦遇到困难，就容易产生心理问题，甚至陷入心理危机。

（二）家庭因素

1. 父母教养

父母是孩子的第一任老师，父母的语言、情绪、教育态度、教育方法等对塑造孩子的个性、生活习惯和行为方式的养成都有重要影响。教养方式过于严厉、缺乏沟通、对孩子的认可度较低，会使孩子背负着过大的心理压力，在人际交往中往往会表现得不自信、没主见，甚至会破罐破摔，产生较强的逆反心理。父母对子女抱有过高的期望，这种外在的价值观逐渐内化为孩子自己的价值观，一旦期望没有达到，他们就会对自己极度失望，从而出现各种心理行为问题。

2. 家庭结构

家庭经济条件影响学生的心理健康：经济条件相对宽裕有利于学生心理健康成长；低收入家庭可能给学生带来较大的心理压力，有些学生还会因此自卑并表现得比较消极，在人际交往中非常敏感、多疑、

自卑，遇到困难时不愿意寻求别人的帮助。父母离异、家庭破裂容易使学生因为家庭关系的不稳定、亲密关系的丧失产生焦虑、紧张、自卑、抑郁等不良情绪。

（三）学校因素

1. 学校教育设置

近年来，职业教育蓬勃发展，竞争激烈。学校往往更注重规模的扩张、条件的改善、品牌的创立，而对学生心理健康教育之类的内涵建设重视不够，学校对于学生心理健康教育的理解和认识不够，有的学生被当作学校心理健康教育的重点对象，心理健康教育只注重预防矫治功能，轻视发展服务功能，经费投入不足，师资力量薄弱等。

2. 同学与师生关系

良好的同学关系有助于学生的心理健康。同学之间友好相处、团结互助有利于人格健康发展，更容易取得成功；相反，与同学或舍友关系紧张会使个体心理紧张度较高，容易导致一些学生产生孤独、压抑、空虚等不良情绪。良好的师生关系也有利于学生的心理健康，是促进学生学习和减少问题行为的关键因素，有利于学生思想品行的养成、学业成绩的提高、智能的培养，以及促进其身心和个性的全面发展；师生关系紧张则容易使学生产生冷漠、逆反、畏惧、失望等心理，不利于学生的心理健康。

（四）社会因素

1. 价值观冲击

当今时代是一个急剧变化的时代，网络信息时代的到来，新事物、新潮流的迅速涌现，使原有的传统、稳定的价值体系受到很大冲击。校园里出现了拜金主义、享乐主义、个人主义等思潮。学生很难对怎样才能实现人生价值等一系列问题达成共识，常常产生不安和焦虑，久而久之，这就成为心理问题产生的一个诱因。

2. 网络影响

在经济全球化、信息现代化的时代，网络已经成为人们生活、学习和工作不可或缺的工具，它已经影响到学生的心理行为的发展。一些学生沉迷于网络，不但影响了正常的生活、学习和工作，还损害了他们的身心健康，主要表现为：情感反应障碍、人际关系萎缩、自我分裂、社会理想淡化等。

3. 就业压力

越来越大的就业压力也影响学生的心理健康。首先，职业院校学生面临的岗位大多是一线工作，工资较低，这与其教育成本和工作预期会有较大差距；其次，相当多的企业往往选择有工作经验的毕业生，这使得即将毕业的学生非常紧张，为积累工作经验，他们上学期间就要实习。最后，贫富差距等社会问题，也会不断加剧一些学生的就业压力，使他们对自己能否适应社会和职业生活产生怀疑。

成长链接

心理活动与体验

一、活动在线

自我认同感的形成要花一些时间，大约要等到青春晚期（大致在大学期间），青少年才能从混乱或提前结束水平进入延缓偿付水平，然后才能达到认同感的获得。但这并不意味着自我认同感已完全形成，许多成年人仍然为之困扰。以下是四种认同水平，同学们可以结合自己的情况，看看自己处于哪种水平。

（一）认同感混乱

处于这一水平的个体对认同问题不做思考或无法解决，对将来的生活方向未能澄清。例如：我对未来职业没有多少考虑；我想我并不知道自己喜欢什么。

（二）提前结束

这一水平的个体获得了自我认同感，但是这种认同感并未经历在"寻求什么是最适合自己的"时所体验到的危机。例如：我父母是教师，我长大了也做教师；我就是这样长大的。

（三）延缓偿付

这一水平的个体经历了认同危机，正在主动提出生活价值的问题并寻求答案。例如：我对自己的信念加以评判，希望能获得一种适合我的；"努力就能成功"的信念伴随我成长，在很长一段时间我都相信它，但我越来越发现这个想法太过绝对，不努力很难成功，努力了可能成功也可能不成功。

（四）认同感获得

认同感获得的个体通过为特定的目标、信念、价值观树立个人承诺来解决认同问题。例如：在对我的信念和其他人的信念进行比较之后，我最终知道我该坚持什么了。

自我心理行为特点分析

学习心理与行为特点分析	
人际交往心理与行为特点分析	
消费心理与行为特点分析	
恋爱心理与行为特点分析	
职业心理与行为特点分析	
网络使用心理与行为特点分析	
其他	

二、体验分享

和同学分享，看看你们在各个维度上有哪些共通之处，能否据此总结出你们这一代人的一些心理行为特点呢？

_____

_____

_____

三、心海扬帆

有人说，人生分为四个阶段：不知道自己不知道，知道自己不知道，不知道自己知道，知道自己知道。一般来说，学习任何一种技巧都需要经历以上步骤，这也是学习的四个层次。

我们刚接触新事物的时候不仅不懂，也不知道自己是无知的，这就是不知道自己不知道。例如有一个学生，家人之间都不太将情感表达出来，他在这样的家庭长大，也许会成长为一个很不善于表达同情和鼓励的人，他恐怕也不会与人同乐或与人同悲。不过他很可能意识不到这一点，直到他进入新的学习环境、住进集体宿舍，舍友们开始批评他冷漠、对别人的苦乐无动于衷。起初他不相信，认为是那些新同学不了解他，但是后来他问那些要好的朋友，他们很小心地告诉他，那些批评意见是对的，他确实是看上去没有感情。于是，这位同学开始想："是的，我给别人留下不关心人的印象了。"于是他进入第二阶段，知道自己不知道，意识到自己不能。这个

阶段最令人难过，自我怀疑和困惑都会来临，因为不知如何改变，内心非常烦恼，很多人因为不喜欢或者受不了这种痛苦，常常会决定往后退而不是向前进，例如这位同学可能会放弃关注人际关系，埋头学习或自己去运动、游玩，使自己可以分心，不去面对问题。

但是长期这样下去也不是个办法，这位被人批评太冷淡的同学决定试着改变。他观察其他同学和老师，看他们怎样表达同情和关爱，并开始模仿操练，起初他可能很不习惯，所幸他一直坚持下来，因为他的心里的确是有着温暖和同情。慢慢地，他觉得习惯多了，他的舍友、同学中有好几位对他表达出来的温暖和同情很感激。但是他自己可能还不是十分确信是否习得了这种能力，他进入了第三阶段。

大概一两年之后，他与人交往时不自觉就会从情感层面考虑，连说话方式都改变了，他的言谈不知不觉流露出强有力的情感语调，达到了第四阶段，他知道自己是可以的，从此以后他一直都会使用这个情感表达的技巧。

💙 心灵天地

➕ 心理保健

一、方法指南

在职业院校的学习可能是我们一生中最后一个系统性地接受教育、可以将大段时间用于学习的人生阶段；最后一个可以拥有较高的可塑性、集中精力充实自我的成长历程；最后一个相对宽容的、可以置身其中不断学习/练习为人处世之道的理想环境……因此，在这个阶段，我们应当认真把握每一个"第一次"，让它们成为未来人生道路的基石；也要珍惜每一个"最后一次"，不要让自己在不久的将来追悔莫及。

有同学可能会对自己职业院校学生的身份妄自菲薄，可能会说："我能在职业院校有什么收获？"怎样挥别这种迷茫感、获得更高质量的职业院校生活？同学们具体可以从以下四方面入手。

（一）树立阳光心态

世界是我们自己心态的镜子，所以树立阳光心态至关重要。

首先要延迟满足、接受改变。当个体对某些人、事、物习以为常后，便会产生"舒适区"；而改变，就会变成"非舒适区"。人们大多会选择待在舒适区，抗拒改变，但是，生活中唯一不变的就是变化，抗拒改变只是徒劳，地球不会围着我们转

动，我们能做的唯有积极适应。

其次是克服恐惧。既要克服对失败的恐惧，也要克服对成功的恐惧。有人会问："成功不是人心所望吗？怎么还有'恐惧成功'这回事？"这是美国心理学家霍纳于20世纪60年代末提出的概念，指的是人们往往认为自己的成功必然伴随消极的结果，例如"一旦我获得自己想要的，就不会有动力做任何事情了""越是成功，就越有人不喜欢你"等。由于预期成功会伴随使人恐惧的结果，所以在从事某项活动时，个体可能会放弃积极行动，改以消极应对。

最后要改变习惯、自我激励。当你的习惯导致了负面结果时，那就是改变的时候了。清理出那些制约自己走向成功的坏习惯，制订一个改正的实践表，限期整改，同时培养出一些好习惯，这样就可以把自己放置在一个良好的环境系统中。

（二）正确评估自我

评估自我是基础，了解自己的人格类型，也要评估自己的价值观。"我是一个什么样的人？""有着什么样的品性、特点？""我为什么会成为这样一个人？"这一部分内容会在第二章和第三章做具体介绍。价值观是个体做人和行事的规范，是决定成功与否的最终要素，可以决定人生命运。因此要明确人生目标，回答"为了实现我的人生目标，我必须拥有何种价值

观""除了目前的价值观体系，我还应拥有哪些价值观""为了实现人生目标，有哪些价值观必须从我的价值列表中剔除掉"等问题。为此你可能要花费很长时间和很多精力，但非常值得。

（三）合理管理时间和设置目标

"时间管理"就是如何减少时间浪费，以便有效地完成既定目标，它教会我们新的学习方式和生活习惯（设定目标、妥善计划、权衡轻重、分配时间等）。杜拉克曾说："世界上最糟糕的事情就是把不必要做的事情做得很完美。"我们首先要学会对任务进行分类——紧急任务和重要任务，前者做不成对你有消极影响，后者做成了使你有积极收获。紧急任务和重要任务有四种不同的象限组合：紧急且重要，紧急不重要，不紧急但重要，既不紧急也不重要。看看你罗列出的事情可以落到哪个象限呢？舍弃不必要的，然后把剩下的任务排序，以便优先处理紧急且重要的任务，这样就能快速高效做事了。要分清事情的轻重缓急，避免拖延和浪费时间。

（四）培养健康的生活方式

首先是情绪管理。情绪管理不仅是通过不对自己过分苛求、对他人期望不要太高、疏导自己的愤怒、偶尔要忍让、暂时回避、找人倾诉烦恼、为别人做些事情等方式让自己保持良好的情绪状态，而且要在出现负面情绪的时候，承认而不压抑，积极地宣泄以求排解。

其次是健康管理。积极参与到科学的有氧运动中，跑步、登山、游泳等都能缓解紧张与疲劳，起到镇静的作用。同时，在运动中融入社会和自然，也可以增强亲和力、交往能力，培养团队精神和互助互爱的品质，豁达心胸。也要注意自己的睡眠和饮食，多数情况下，失眠是偶然的、暂时的，属于正常现象。睡眠时间是因人而异的，只要一觉醒来没有严重的睡眠不足感，即使睡眠不足 8 小时也不必担心；接连几个晚上睡眠不好也不必焦虑，因为每个人的睡眠都会呈周期性变化，顺其自然，多做运动，疲劳了总会睡好。同时养成规律饮食的习惯，避免暴饮暴食和不合理节食。

最后是金钱管理。花钱要有计划，首先要考虑生活中哪些开支是必要的、基本的，哪些是可有可无的；还要了解父母的经济能力和自己勤工助学挣钱的可能性。分析了这些基本情况，再确定自己的"消费计划"，使之切实可行，然后尽量按计划执行。

二、课堂实战演习

某学生 A 因不能正确处理人际关系与同学积怨，产生报复杀人的恶念，并经周密策划和准备，先后将 4 名同学残忍杀害。

　　某学生 B 开车从校区返回市区，途中将前方同方向行驶的 C 撞倒，学生 B 恐其找麻烦，随即持刀捅刺 C 数刀，将其杀害，在逃跑途中又撞伤 2 人。

　　诸如此类的校园恶性事件给你什么样的震撼和启示？你从中发现了 A、B 两名学生的哪些心理特点？

小贴士

主题 3 职业院校学生常见心理问题与调适方法

职业院校学生的心理及行为或多或少存在着"正常—异常—正常"的转化状态，或表现为不显著的隐性状态，或表现为显著的突发状态。可以说，心理问题人人都有，只不过存在的形式和程度有所不同罢了。

心理探索

一、什么是心理问题

心理问题是指心理及行为异常的各种情形。心理有正常和异常之分，判断一个人心理是否异常，统计分析的观点主张从常态分布的概念来区分；社会规范的观点主张用个人行为是否符合社会规范和社会标准来区分；社会适应的观点主张以是否适应环境来区分；主观感受的观点试图以个人是否主观感受到情绪和身体的痛苦来划分常态与变态。

心理学家把心理问题分为两种：发展性问题和障碍性问题。发展性问题，就是在某一发展阶段遇到的问题，如果不能顺利地完成这个发展阶段的任务，就可能会出现问题，这些问题是大家都可能会遇到的，例如学生的适应问题、情感问题，这些是很多人会遇到的，或者是某个阶段、某个年龄段尤其高发的；另一个典型的便是职业生涯规划问题，确切地讲这并不是一个问题，而是我们希望能够对未来有一个更好的规划而产生的问题。障碍性问题则是人们在生活、学习、工作及各种人际关系中出现的困难和烦恼，心理难以适应，导致较严重心理障碍的问题，例如抑郁症和焦虑症。一般来讲，学生的心理问题以发展性问题为主。

二、职业院校学生常见的心理问题

根据心理问题的严重程度，我们可将之划分为心理困扰、心理障碍和精神疾病三类。有学者提出心理健康"灰色区"的观点，也可以帮助我们更好地理解心理问题（见图 1-1）。

（一）职业院校学生常见的心理困扰

1. 人际关系问题

大量事实表明，人际关系问题是最为频发的问题，相信很多同学会有为宿舍关系头痛心烦的时候。来到学校，同学来自天南海北，有着不同的个性、风俗习惯、成长经历、家庭背景不尽相同，有些学生甚至和大家语言不通，再加上青春期心理固有的封闭、羞怯、敏感和冲动，使他们

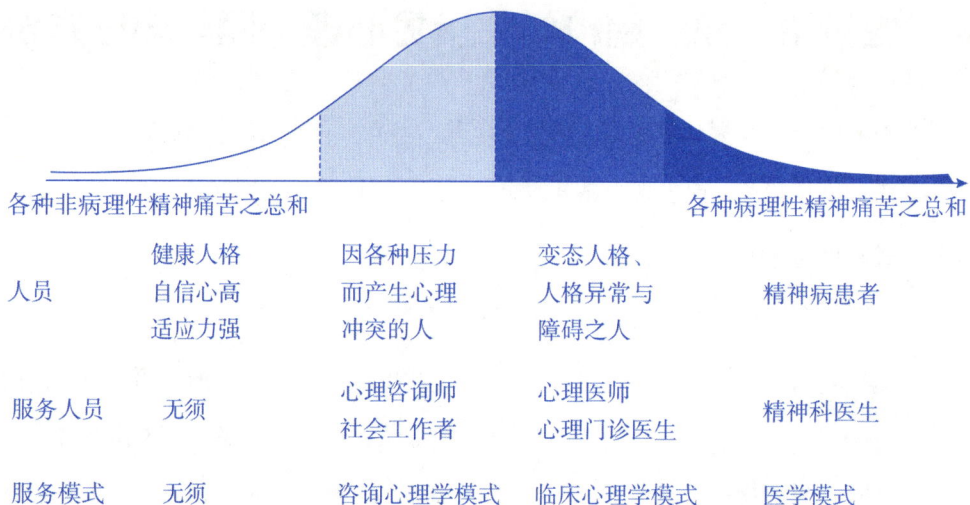

各种非病理性精神痛苦之总和			各种病理性精神痛苦之总和	
人员	健康人格 自信心高 适应力强	因各种压力 而产生心理 冲突的人	变态人格、 人格异常与 障碍之人	精神病患者
服务人员	无须	心理咨询师 社会工作者	心理医师 心理门诊医生	精神科医生
服务模式	无须	咨询心理学模式	临床心理学模式	医学模式

图 1-1　心理健康"灰色区"示意图

在人际交往过程中不可避免地遇到各种困难。人际关系问题常常表现为难以和他人愉快相处、没有知心朋友、缺乏必要的交往技巧、过分委曲求全等，以及由此引发的孤独苦闷、缺乏支持和关爱等痛苦感受。

2. 情绪问题

情绪问题一般会伴随着其他人际关系、学业、情感等问题。学生的成熟度较低，对外界的压力刺激不能理智地对待，也不能找到一个合理的渠道或途径来缓解心中的郁闷或不满，因而更多地采用消极、不成熟的方式，用简单粗暴的极端方式来解决问题。这种不成熟的排解压力的途径和方式对问题的解决不但没有帮助，往往还会使事情复杂化，使矛盾激化，"郁闷""悲催"等描述紧张、焦虑、抑郁、孤独、愤怒等情绪的词不绝于耳，严重的甚至导致神经衰弱、抑郁症、焦虑症等心理

障碍或心理疾病。

3. 情感与性的问题

职业院校学生恋爱与性教育问题是不可回避的。学生时期的恋爱由于其自身特点而有不同的表现：恋爱动机多样化、周期短、频率高等，这就使学生容易对爱情产生失落感、虚无感以及建立在爱情梦想破灭基础上的人生缺失感、幻灭感，学生往往不能理性地对待恋爱中的挫折，表现为恋爱率高、巩固率低、能发展为婚姻关系的寥寥无几。还有个别学生认为"人活着就是为了爱"，整日沉溺于男女之情，不思进取，置学习于不顾。学生恋爱问题中常见的心理问题还有性别认同偏差、性行为不当等，严重的还会导致性心理障碍。

4. 人格及个人成长问题

在人格发展的过程中，由于各种主客观因素的影响，学生可能会出现一些不良

的表现，从而导致人格发展缺陷，严重的还会发展为人格障碍。常见的不良人格特征有：自卑、怯懦、依赖、猜疑、神经质、偏激、敌对、孤僻、抑郁、冷漠、悲观、急躁、嫉妒等。

5.学习问题

职业院校的部分学生学习基础较差，在学习方法、学习能力、学习意识及学习动力方面较欠缺，他们就读职业院校并不是因为自身渴望学习，而是应对就业压力或出于应付家长的需要。因此，升入职业院校后，他们的学习习惯较差，缺乏良好的学习态度和积极的学习动机，对读书的价值产生错误的认知，没有树立明确的学习目标，而且没有有效的学习方法，学习主动性差，学习动力严重缺乏。

6.生涯规划及就业问题

近年来，随着就业压力的增大，职业院校学生的就业心理问题也随之增多。在即将步入社会时，学生往往感到很困扰，不知道如何选择自己的职业、如何规划自己的生涯、求职需要哪些技巧等。职业院校学生存在的就业心理问题主要包括：自我定位不准确，自我期望太高；在求职过程中不会选择，不能应对拒聘后的心理挫折；缺乏竞争意识，自我逃避等。

7.适应问题

初入职业院校，同学们面临着诸多方面的不适应，尤其表现在新生身上。离开了熟悉的生活环境，进入一个全新的生活环境，在气候、饮食习惯、住宿条件等方面都可能会感到不适应，加上面临的新的学习环境和人际交往人群，可能会加重他们的不适应感。还有一些学生，由于没有考上自己理想的学校，理想和现实的差距使他们倍感失落。面临着上述诸多的不适应，许多学生产生了紧张、焦虑、孤独和抑郁情绪，如果这些情绪不能及时得到调整，就会伴随整个学习过程，从而影响他们的学习生活。

（二）职业院校学生常见的心理障碍

心理障碍指初始反应剧烈、持续时间长久、内容充分泛化和自身难以克服的精神负担。职业院校学生常见的心理障碍表现为神经症、人格障碍和性心理障碍。

1.神经症

神经症是一组起病与工作、学习负担过重或心理应激因素相关的轻度精神障碍。一般没有任何可以查明的器质性病变，但又确实有比较严重的心理异常表现，患者虽适应困难、心理上痛苦，但还未严重到必须住院治疗的程度，是临床上常见的心理疾病之一。

（1）抑郁症。有史以来，抑郁一直折磨着人类。早在两千多年前，古希腊著名医生希波克拉底就将抑郁界定为一种气质类型——抑郁质。因此，我们或多或少会具有抑郁的潜质，就像我们都具备爱、焦虑、痛苦的潜质一样。

抑郁症是因大脑5-羟色胺（5-HT）和去甲肾上腺素（NE）等神经递质系统功能失调所致的心理障碍，临床主要表现为情绪低落、思维迟缓和意志活动减退这"三低症状"。情绪低落包括自我评价过低、自责或有内疚感、对前途悲观失望、反复出现死亡的念头或有自杀、自伤行为，有人将其概括为"三无三自"，即：无助、无望、无价值感，自责、自罪、自杀（发展到严重程度时）。思维迟缓指自觉思考能力下降、联想困难、反应迟钝、注意力难以集中、记忆力减退。意志活动减退包括话少、音低、常独处、丧失爱好和生活乐趣、性功能减退、精力下降、睡眠障碍、疲乏，严重时可达不吃不喝、不言不动的抑郁性木僵程度。抑郁症并不可怕，只要及时接受正确的治疗，是可以治愈的。

（2）焦虑症。焦虑症是以发作性或持续性情绪紧张恐惧为主要临床特征的神经症。焦虑症影响正常生活，常伴有头昏、头晕、胸闷、心悸、呼吸困难、口干、尿频、出汗、震颤和运动性不安等明显的躯体症状，其紧张或惊恐的程度与现实情况不符。学生中常见的有考试焦虑症、社交焦虑症。

（3）强迫症。强迫症是以反复出现强迫观念和强迫动作为基本特征的一种神经症。患者的痛苦来自"强迫"和"反强迫"同时存在——能意识到强迫冲动和观念来自自我，也可能意识到强迫症状是异常的，但又无法摆脱。对大多数人来说，强迫现象只是轻微的或暂时性的，当事人不觉得痛苦，也不影响正常的生活和工作，就不算病态，也不需要治疗，例如反复检查门锁，很多人有这种毛病，如果每天重复的次数不多，强迫行为对自己的生活没有什么妨碍，不用管它。

（4）恐怖症。恐怖症是指患者对特定物体、具体活动或场景产生长期的、不必要的恐惧，例如怕尖状物、怕高、怕与人对视、怕去空旷的地方等。尽管患者明知所恐惧的对象不会对自己造成伤害或没有危险，也知道他的害怕是过分的、不合理的，但就是不能控制自己的情绪，并从行动上极力回避，患者会因此而苦恼。恐怖症的原因尚未明确，一些患者的性格有胆小、害羞、依赖、内向、过分认真等特点，有些患者起病有现实的诱因。

2. 人格障碍

人格障碍又称病态人格、人格异常，是指明显偏离正常人格并与他人和社会相悖的一种持久、牢固的适应不良的情绪和行为反应模式。其基本特征是：法治观念淡薄，行为受原始欲望所驱使，知行脱节，具有高度的冲动性和攻击性，缺乏羞愧、自责和责任感。各类人格障碍的突出特征是紊乱不定的心理特点和难以相处的人际关系。

常见的人格障碍有三类：第一类以行为怪诞、奇异为特点，包括偏执型人格障碍和分裂型人格障碍；第二类以情感强烈、不稳定为特点，包括癔病型人格障碍、自恋型人格障碍和反社会型人格障碍；第三类以紧张、退缩为特点，包括回避型人格障碍和依赖型人格障碍。

3. 性心理障碍

性心理障碍泛指以两性性行为的心理和行为明显偏离正常，并以这类性偏离作为性兴奋、性满足的主要或唯一方式为主要特征的一组精神障碍。最常见的有性偏好障碍和性身份障碍，其中性偏好障碍是指多种形式的性偏好和性行为障碍，如恋物癖等。性身份障碍指从心理上否认自己的生理性别，强烈希望转换成异性，即易性症。如果出现上述任何一种症状，将会严重影响到生活和学习，影响今后的职业发展，所以应当及时向专业人员寻求咨询或治疗。

（三）职业院校学生常见的精神疾病

精神疾病是大脑机能活动发生紊乱，导致认知、情感、行为和意志等精神活动出现不同程度障碍的总称。许多精神疾病患者有妄想、幻觉、错觉、情感障碍、哭笑无常、自言自语、行为怪异、意志减退等症状，绝大多数病人缺乏自知力，不承认自己有病，不主动寻求医生的帮助。学生群体中常见的精神疾病包括双相情感性精神障碍和精神分裂症。

1. 双相情感性精神障碍

双相情感性精神障碍属于心境障碍，主要表现为情感高涨和低落两者交替出现。其特点是：情绪高涨时，伴有联想加速、活动过多、话多和夸大等症状；情绪低落时，伴有悲观、缺乏乐趣、缺乏精力以致动作和思维迟钝等症状。患者出现两次或多次情感和活动水平明显紊乱的发作，至少有一次表现为情绪高涨，一次表现为情绪低落。起病年龄在18~24岁，情感症状发生得越早，罹患双相障碍的风险越大。

很多双相障碍患者的发病是因为生活中的事件，不愉快的、令人难过的有时甚至是开心的事都能引发双相障碍。当然，每个人的诱因不同，其中包括：没有规律的睡眠、滥用酒精或毒品、停药、开始抗抑郁治疗或其他疾病等。双相障碍不能完全治愈，但完全可以控制，80%~90%的患者通过药物或其他治疗可以正常地生活、工作和学习。

2. 精神分裂症

因为精神分裂症是对一组相关障碍的称谓，描述"典型的"精神分裂症症状是不可能的。我们可以把精神分裂症定义为以思想、直觉和情感的严重混乱，古怪的行为和社会退缩为特征的一组相关障碍。这些障碍的基本特征包括精神错乱（即幻觉，如听到不存在的声音），自我照顾能力和社会关系严重受损，以及其他严重的混乱。以下是其他症状。

（1）言语障碍。精神分裂症患者显著的特征之一是他们奇特的语言使用方式，不仅在形式上，而且在思想和说话的内容上。他们的思想冗长而离题，杂乱的话语之间的联系十分松散。

（2）扭曲的信念。思维混乱，包括错觉——没有现实基础的信念。例如，患者觉得他们被家庭成员所监视或者密谋。

（3）扭曲的知觉。精神分裂症患者观察世界的方式似乎和其他人不同，而且，许多精神分裂症患者有幻觉——在没有任何适当外部诱因的情况下产生的感觉，最常见的幻觉是听到声音命令他们去做一些被禁止的行为，或者谴责他们做了一些可怕的错事。

（4）迟钝和不适当的情感。精神分裂症患者的特征之一是情感迟钝，或者在更严重的情况下，情感缺乏。精神分裂症患者的表达空洞，或者用平坦、单调的声音说话。他们还会表现出不适当的情绪，例如在谈论一些痛苦经历时哈哈大笑。

（5）社会退缩。精神分裂症患者喜欢独处，喜爱动物、自然或无生命的物体甚于人的陪伴。他们避免与人目光接触，并倾向于站着或坐着的时候与别人保持比其他人更大的距离。他们在情感上也是疏远的，很难和他人建立令人满意的亲密关系。

精神分裂症最初通常发生在青春期或成年早期，常常由强烈的心理压力导致，如失业、失恋或者父母死亡。这种障碍会突然出现，在几天或几周内行为明显发生变化，也可能在许多年中功能逐渐损坏。在最初阶段，患者回避社会，他们显得情感迟钝或肤浅，难以和他人沟通，他们可能忽视个人卫生、学校功课或者工作。

三、职业院校学生心理调适的方法

（一）超越自我，积极自助

我们是自己心理健康的主人，需要在心理学理论的指导下，通过自身努力，采取切实可行的有效方法，及时解决日常心理问题，矫正异常心理，达到和维护心理健康。

1. 踊跃参加心理健康教育活动

心理健康是一门科学，是一门可以影响我们终身发展和幸福的学问。我们要树立重视心理健康的观念，积极参加各种心理健康教育活动，学习心理健康的科学知识，掌握心理调适的基本方法。

2. 学会应对挫折

在生命的旅途中，挫折是免不了也少不了的，如果对挫折缺乏足够的心理准备，导致性格孤僻、自卑等，就会影响心理健康。我们要学会理性认识挫折，用乐观、自信的态度面对困难，用坚强的意志铸造通向成功的阶梯，成就真正的自我。

3. 积极进行人际交往

心理学家罗杰斯认为：人与人之间的交往不仅可以交流思想，还可以分享很多隐私的情感。因此，同学们应开展积极的人际交往，既要学会欣赏别人的优点，也要接纳别人的不足，要宽容大度、真诚待人，使自己在良好的人际交往中健康成长。

4. 学会管理和调整情绪

良好的情绪有助于发挥人的潜能，有助于学习和工作效率的提高。在学习和生活中，经常记录自己的点滴收获是培养积极情绪的有效方法，愉快的体验是收获，在失败中成长也是收获，积极参加各种有益的活动，培养自己的多种兴趣爱好，学会自我放松，积极调控自己的不良情绪。

（二）开放自我，心理咨询

心理咨询是指由受过专门训练的专业人员运用心理学知识、理论和技术，针对来访者的各种适应与发展问题，通过与来访者协商、交谈、启发和指导，帮助来访者达到自立自强、增进心理健康水平和提高社会适应能力的目的。

1. 什么情况下需要做心理咨询

自己主动去做心理咨询的人，都是正常的人。只要你觉得自己心理上、情绪上有了痛苦烦恼，就可以去做心理咨询或去看心理医生；当你在个人发展、学业事业上遇到困扰时，也可以找心理咨询师帮助。例如：当某些事引起了你强烈的心理冲突，自己难以解决时；当你的人际关系出现了较大问题时；当你睡眠不好如失眠、做噩梦或梦游时；当你情绪极差、难以自拔，如过度抑郁或长期抑郁，对某些事过度敏感焦虑时；当你的恋爱或家庭中出现了难以解决的问题时；当你的身体没有器质性病变但仍感到疼痛不适时；当你有明显不正常的感觉或行为时，例如，总听到一个声音指挥你、控制你，害怕花草等并不可怕的事物，脑子里总不停地想一些无意义的小事或不停地洗手、关门等。

另外，如果你希望进一步完善自己的性格，也可以在心理咨询师处获得帮助。总之，只要遇到和心理有关的问题，都可以向心理咨询师寻求帮助。

需要说明的是，并非每个心理咨询师都可以解决所有的心理问题，心理咨询师都有其擅长的特定领域，你可以多做尝试，找到一位适合自己的心理咨询师。

2. 心理咨询有哪些形式

面对面的心理咨询有个体和团体两种形式。咨询师与来访者采取面对面的形式交谈，详细了解、分析来访者的心理困扰，帮助他们摆脱有碍于身心健康的不利因素，提高他们解决问题、适应环境的能力。面对面咨询掌握的情况全面，能够更深入地为来访者提供有效的帮助，是首选的心理咨询形式。

心理咨询的形式还有电话咨询、信件咨询、网络咨询、专栏咨询等，同学们可根据实际情况选择适合自己的形式。

🔗 成长链接

∿ 心理活动与体验

一、活动在线

每个人都希望拥有幸福快乐的生活，但无论是我们自己还是周围的同学亲友都有可能遇到这样或那样的心理问题，有时甚至是比较严重的心理问题。那么，如果你真的在某方面遇到问题时，你会到谁那里去寻找打开心锁的钥匙呢？想一想，把你想到的结果写在下面。

当我在学业上遇到问题时，我可以去求助于：_____、_____、_____。

当我在恋爱与性方面遇到问题时，我可以去求助于：_____、_____、

_____。

当我在与舍友或父母的关系方面遇到问题时，我可以去求助于：_____、_____、_____。

当我在个人发展方面遇到问题时，我可以去求助于：_____、_____、_____。

当我在其他生活方面遇到问题时，我可以去求助于：_____、_____、_____。

二、体验分享

影片《心灵捕手》（外文名 *Good Will Hunting*）是一部描写青年人走过青春阴霾、解除封闭自守、释放心灵的感人电影。故事梗概是：麻省理工学院的一位数学教授，在系上的公告栏写下一道他觉得十分困难的题目，希望他那些杰出的学生能写出答案，却无人能解。一个年轻的清洁工威尔在下课打扫时，发现了这道数学题并轻易地解开了这个难题。威尔聪明绝顶却叛逆不羁，甚至到处打架滋事，被少年法庭宣判送进少年看护所。数学教授有心提拔这个不羁的天才，要他定期研究数学和接受心理辅导。数学难题难不倒他，但对心理辅导威尔却特别抗拒，直至遇到一位事业不太成功的心理辅导专家尚恩教授。在尚恩的努力下，两人之间由最初的对峙转化成互相启发的友谊，使威尔打开心扉，

走出孤独的阴影，实现自我。

请欣赏这部影片，并和同学们讨论分享这部影片给你留下印象最深的是哪一段？为什么？这部影片让你对心理问题和心理咨询有了哪些新的认识？

————————————————

————————————————

————————————————

————————————————

三、心海扬帆

我们如何驾驭生活，如何解决各种问题，首先取决于我们拥有哪些行之有效的方法，心理障碍的发生也可以归因于缺乏行之有效的应对方法。下面介绍三种方法以帮助同学们克服心理障碍。

（一）有信心和处事能力

每个人的需要都很重要，因此你有权要求得到满足；还要学会自信，接触别人，同别人进行交往。如果一个人因为害怕被拒绝而离群索居，那么，他虽然过得很安全、很保险，却远离了生活和其他人。

（二）积极的自我概念和自我价值感

正确对待自己，不应妄自菲薄，这也是防止产生心理障碍的有效方法。有些人不能挺起腰板儿做人，难字当头，不论做什么都觉得没有价值、不重要，自我价值感极差，这种人最容易产生心理障碍。要改变这种状态，就必须学会正确对待

自己。

（三）健康、实事求是的思想

健康、实事求是的思想是一种很重要的克服心理障碍的方法。有心理障碍的人经常粉饰和夸大他们经历的事情，经常认为生活中只有自己倒霉，别人都称心如意，在他们眼里只有自己坏的一面，没有好的一面，他们把一切都往最坏处想。要克服心理障碍就意味着要改变思想，让自己具有健康、实事求是的思想。

💙 心灵天地

➕ 心理保健

一、方法指南

目前很多学校会提供心理咨询服务，同学们对心理咨询的认识也更趋于理性和开放，越来越多的学生走进心理咨询中心寻求帮助。那么，在心理咨询之前以及过程中，我们应该做哪些心理建设呢？

（一）心理咨询前的心理准备

1.本人有心理咨询的愿望

这样有助于正视心理问题，充分提供

真实清晰的心理状况。敞开心扉、适度倾诉本来就有治疗意义。

2. 建立良好的互动关系

咨询师有为来访者的隐私保密的义务，所以你的坦然相告有利于咨询师做出判断和提供帮助，相互信任、尊重的咨询关系是成功的开始。

3. 心理咨询的时间观念

"病来如山倒，病去如抽丝"。心理问题是各种原因长久"积蓄"的结果，解决它需要时间和过程，更需要当事人的耐心和努力，急于求成的态度不可取。一般来说，每次心理咨询50分钟左右，每周1次，按时进行。效果的产生需要较长的一段时间，前3次咨询一般用来充分收集来访者信息。

4. 当事人能够得到什么

不要期望咨询师在具体问题的"决策"上为你拿主意，他们能做的事情是帮助你澄清事实、分析利弊、开阔和转变思路、疏导不良情绪，帮助你发现自己的优势和潜能，促进你的成长。

5. 当事人的主动参与至关重要

心理咨询的终极目的是助人自助，帮助来访者将不愉快的经历当作自我成长的良机，在危机中看到生机，在困难中看到希望，在挫折中认真反省，总结经验教训，增强生活智慧，利用现有条件充分发挥自身能力，实现自我价值。这种改变只有当事人主动参与才能实现。

（二）心理咨询时该有怎样的心态

1. 积极准备、主动参与

心理咨询不能像去医院就诊那样，把病情向医生一说，就被动地等待医生开药方、配药。在整个心理咨询过程中，来访者必须是一个积极主动的角色，咨询师往往只是配角，其作用在于帮助来访者独自面对现实、采取恰当的方法解决自己的心理问题。

2. 建立较强的咨询动机

要想在心理咨询中获得满意的效果，必须要有改善或改变自己某一方面状况的真诚愿望。在去咨询前，要首先给自己提两个问题："对自己的现状，我确实不满意吗？""我确实愿意在某个方面、某种程度上改变自己吗？"如果你的回答是肯定的，就可以去心理咨询；如果你的回答是否定的，那么，你就很难从心理咨询中得到真正有价值的帮助。

3. 切勿浅尝辄止

心理困扰、心理障碍不可能像感冒那样吃几片药片就会很快恢复，它需要有一个过程，要耐心实施心理咨询师的指导计划，切不可因一时看不到明显的咨询效果就放弃。

4. 开门见山"直奔主题"

不要羞于开口或含糊其词，或许你的

问题是人性共同的弱点。不必有太多的顾虑或力求赢得对方的好感，咨询师关注的是你叙述的内容而不是其他。

5. 心绪平静后再约见咨询师

心情特别糟糕的时候去见咨询师的效果未必好，因为波动的情绪定会影响你对事物的看法，判断缺乏客观性，且此时也不大能听得进他人的建议。

6. 在咨询室里，你是安全的

保密是心理咨询师的基本职业道德，是每个咨询师必须遵守的职业伦理。对于你的个人隐私，咨询师会为你保密，这一点请你尽管放心。

7. 做好遇到困难的准备

心理问题的最终解决必须依靠来访者自己的力量，在这一过程中必定会有波折和困难，咨询师作为陪伴者与来访者一起渡过难关。因此，咨询过程并不会一帆风顺，而克服困难的过程本身就是治愈心理问题的关键步骤。

二、课堂实战演习

上重点大学一直是我的梦想，然而，天有不测风云，高考时的一场大病使我与梦想擦肩而过，不得不进入现在就读的这所职业院校。收到录取通知书的时候，有人对我说，高等职业教育是朝阳事业，是培养高等技术应用型人才的摇篮，大有前途，鼓励我珍惜机会，好好学习，立志成才；也有人告诉我，职业院校的学生在社会上没地位，并竭力劝我复读一年，来年再冲刺重点大学。由于家庭经济困难，在犹豫、徘徊之后，我还是选择了职业院校。

几天来，通过学院的入学教育以及辅导员、班主任对高等职业教育的宣传、讲解，我对高等职业教育有了一定的了解，但"职业院校的学生在社会上没地位"的说法一直在我耳边萦绕，特别是当我看到就读于重点大学的高中同学在朋友圈畅谈他们的喜悦和感受时，我就更羡慕他们，心里更加自卑、苦闷、消沉，后悔当初的选择。我呐喊：完了，前途完了！一切都完了！我该怎么办？我真想放弃高职的学习……

如果你看到这样一篇日记，你会怎样帮助他重新树立对学习与生活的信心？

_____

_____

_____

_____

_____

📱 **小贴士**

本章核心概念

健康；心理健康；心理健康标准；职业院校学生心理发展特点；影响因素；心理问题；心理困扰；心理障碍；精神疾病；心理咨询

本章小结

1. 现代的科学健康观包括生理健康、心理健康、社会适应和道德健康。

2. 从广义上讲，心理健康主要是指一种高效而满意的、持续的心理状态；从狭义上讲，则指人的基本心理活动的过程内容完整、协调一致，即知、情、意、行和谐统一。

3. 职业院校学生心理健康的标准包括：（1）了解自我，悦纳自我；（2）接受他人，善与人处；（3）接受现实，适应环境；（4）热爱生活，乐于学习和工作；（5）心境良好，善于调节情绪；（6）人格完整和谐；（7）心理行为符合年龄特征。

4. 职业院校学生心理发展呈现出两面性、矛盾性、统一性和阶段性的特点。

5. 职业院校学生心理健康的影响因素分为内因和外因两部分，学生个人因素有生理原因、人格特征和成长经历；环境因素包括家庭、学校和社会。

6. 心理问题是指心理及行为异常的各种情形。心理学家把心理问题分为两种：发展性问题和障碍性问题。学生的心理问题以发展性问题为主。

7. 职业院校学生的心理困扰常常来自人际关系、情绪、情感与性、人格及个人成长、学习、生涯规划及就业、适应等方面。

8. 职业院校学生常见的心理障碍有神经症、人格障碍和性心理障碍。

9. 职业院校学生常见的精神疾病包括双相情感性精神障碍和精神分裂症。

10. 职业院校学生进行心理调适既要超越自我、积极自助，也要开放自我、寻求心理咨询。

心理测试

心理健康测试

辅导案例

拓展阅读资料

［1］俞国良主编.心理健康（第5版，中等职业教育课程改革国家规划新教材）.北京：高等教育出版社，2020.

［2］俞国良主编.大学生心理健康（第2版，根据教育部《高等学校学生心理健康教育指导纲要》编写）.北京：北京师范大学出版社，2022.

［3］陈娜，徐颖主编.高职大学生心理素质模块训练.北京：航空工业出版社，2012.

［4］［德］罗尔夫·梅尔克勒著.心理自助 ABC.王匀煦，蒋仁祥译.北京：中央编译出版社，2008.

［5］［美］卡伦·达菲，伊斯特伍德·阿特沃特著.心理学改变生活.邹丹等译.北京：世界图书出版公司，2011.

第二章
认识自己　信任自己

聪明的人只要能认识自己，便什么也不会失去。

——［德］尼采

⭐ 学习目标

通过本章学习，了解自我概念的含义、结构、功能、核心特征，以及职业院校学生自我概念的特点和常见偏差。在精神分析学派的三我理论、沟通分析的自我状态理论和埃里克森的自我发展八阶段理论的指导下，把握自己的人格特征，认识个人成长轨迹，梳理与原生家庭的关系，从而达到认识自我、理解自我和相信自我的目的，培养积极的自我概念，实现个人健康成长。

主题 4　我是谁：天生我材必有用

　　铭刻在太阳神阿波罗神殿上的箴言"认识你自己"，和我们熟知的谚语"人贵有自知之明"，都表明人类在认识自然的同时，提出了认识人本身的要求。从某种意义上说，一个人认为自己是怎样一个人，比他真正是怎样一个人更重要，因为每个人都是按照他自己认为的样子而行动的。职业院校学生正处于对自我认识迷茫而又感兴趣的阶段，让我们就此踏入自我探索之旅吧。

🔍 心理探索

一、自我概念的含义和结构

　　自我概念（自我意识）是对自己存在的觉察，是意识的核心部分，是一个人在社会化过程中逐步形成和发展起来的对自身生理状态、心理状态以及自己与周围的关系的多方面、多层次的认知、体验和评价，包括生理自我、心理自我和社会自我三个部分，它是个体关于自我全部的思想、情感和态度的总和。例如，当我们进行公开演讲时，自我意识到"我正在做一番演讲，我对自己的状态还比较满意，也期待我的观点得到大家的认同"。所以，自我概念是对自己身心活动的觉察。自我概念具有目的性、社会性、能动性等特点，对人格的形成、发展起着调节和监督的作用。

　　具体来说，由于自我概念既是心理活动的主体，又是心理活动的客体，属于涉及认知、情感、意志过程的多层次、多维度的心理现象，所以，自我概念的结构表现在自我认知、自我体验和自我调控方面（见表2-1）。

表 2-1　自我概念的结构

	自我认知	自我体验	自我调控
生理自我	对自己身体、外貌、衣着、风度、家属、所有物等的认识	英俊、漂亮、健康、迷人、有吸引力	追求身体外表、物质欲望的满足，维持家庭的利益等
心理自我	对自己知识、能力、情绪、兴趣、爱好、性格、气质等的认识	有能力、聪明、优雅、敏感、迟钝、感情丰富	追求信仰，注意行为符合社会规范，要求智慧与能力的发展等
社会自我	对自己在群体中的地位、作用以及自己和他人关系的认识	自尊、自信、自爱、自豪、自怜、自恋、自卑	追求名誉地位，与他人竞争，力求得到他人的好感等

自我认知主要解决"我是一个什么样的人"的问题，包括自我感觉、自我观念、自我观察、自我分析、自我评价、自我批评等，还包括现实自我和理想自我的冲突，特别是当理想自我远高于现实自我但又无法接纳理想与现实的差距时，人们往往会表现出自卑和自暴自弃。

自我体验产生在自我认知的基础之上，回答"我对自己感觉怎么样"，属于情绪范畴，以情绪体验的形式——自尊、自爱、自信、自卑、自怜、自弃、自恃、自傲、责任感、义务感、优越感等表现出人对自己的态度。

自我调控也就是自制力，包括自我激励、自我暗示、自强自律三方面内容，主要表现为人的意志行为——自主、自立、自强、自制、自律、自卫等，它监控人的行为活动，调控对己、对人的态度。自我认知决定自我体验，而自我体验又强化着自我认知，自我调控是自我概念结构中的最高阶段。

二、自我概念的功能与核心特征

（一）自我概念的功能

伯恩斯（1982）在《自我概念发展与教育》（*Self-Concept Development and Education*）一书中，系统论述了自我概念的心理作用，提出自我概念具有三个功能。

1. 自我概念对个体行为具有导向性

在社会生活中，当现实有悖于个体的主观愿望时，个体可能会产生心理矛盾，自我概念会使个体内心达到一种新的平衡。面对相同的情境，不同的个体有不同的心理反应，其行为也带有浓郁的个人色彩，这是由于他们有着不同的自我概念。同时，自我概念使同一个体在不同的情境中可以保持自己一贯的、区别于他人的风格。可见，通过保持个体的内在一致性和一贯性，自我概念对个体行为具有导向性。

2. 自我概念决定着个体对经验的解释

自我概念就像过滤器，对任何新经验、新事物都具有经验解释作用，根据已有经验赋予新经验特定的意义。如果个体已有的自我概念是消极的，则每一种经验都会与消极的自我评定联系在一起；如果自我概念是积极的，则每一种经验都可能被赋予积极的含义。这些积极或消极的经验，均会对个体的心理健康水平产生不同程度的影响。

3. 自我概念影响着个体的自我期望水平

个体对自己的期望建立在自我概念基础上，并与自我概念相一致，因而个体后续的行为在某种程度上取决于自我概念的性质。

自我概念的这些功能在客观上决定了它对行为的调节与定向作用。一切外部影响因素只有经过自我价值系统审定之后，被纳入自我概念的结构，成为自我概念有机的组成部分，才可能真正转化为内在的个性品质。因此，我们应该高度重视培养自己积极的自我概念。

（二）自我概念的核心特征

自我概念一旦形成，就会表现出较高的稳定性，正如我们看待自己的方式随时间的流逝仍保持一致。自我的核心由我们认为很重要的几个方面组成，这个核心往往会延续下去。

1. 自我一致性

很多人并不是在无条件认可自己的环境中成长的，而是感觉到只有满足某种期望和赞同才能够被关爱、被接受。被父母或生命中其他重要的人所认可的一切都会融入我们的自我概念中；反过来，自我概念就成为我们所见或所听之事的过滤器。与我们的感官反应和自我概念都相一致的体验往往被精确地标记或"象征"，并且完全进入我们的意识中，这些自我知觉组成了自我概念的核心；而与我们的感官反应及自我概念都不一致的体验将被选择性地感知，这样的体验或者被扭曲，或者不进入意识。

2. 自尊

自尊是我们对自己的评价，以及由此获得的与自我概念相关的价值感。自尊受到很多因素的影响，包括与父母相关的童年成长期经历、我们自己的标准（或理想自我）以及我们的一般文化特质。

3. 自我提升和自我验证

通过和他人的互动，我们了解到他人是如何看待我们的。事实上，我们常常通过行动或直接询问，有意、主动地去获取这些信息。根据自我提升理论，人们试图获得肯定自己优点的正面反馈，不过通常是针对那些他们自认为是优点的特征，因为积极的自我看待方式通常具有适应性。相反，根据自我验证理论，人们想保护自己的自我形象，因此他们希望获得确认其自我知觉的反馈。自我验证对我们很重要，因为在一个无法预测的世界里，自我验证赋予我们一种稳定性。

三、职业院校学生自我概念的特点

具体来说，职业院校学生在自我概念方面表现出以下几个特点。

（一）自我概念的分化

五年一贯制职业院校学生正处于青春期，青春期自我概念的发展是从明显的自我分化开始的。原来完整笼统的"我"被打破了，出现了两个"我"：主观我（I）和客观我（me）。伴随着主我和客我的分化，"理想我"和"现实我"开始分化。分化是自我概念开始走向成熟的标志。

（二）自我概念发展的积极倾向

1. 强烈关心自己的发展

职业院校学生的内心世界广阔丰富，能够进行长时间的沉思反省，能够对未来生活进行规划和设想。当他们接触到社会上各种劳模人物并有所触动时，对比自己的生活、学习，他们往往会问自己"我究竟是怎样的人；我在周围人眼中有什么地位"。职业院校学生关注个人发展、职业和社会的关系，并能够积极主动地探索自我，能自觉地把自己的命运和集体、国家的命运结合起来。

2. 自我评价能力趋于客观

由于各类知识增多，生活经验扩大，感性与理性趋于成熟，职业院校大多数学生对自己的分析、评价逐渐变得客观、全面。自我评价并不都是偶然为之，而主要是为了使自己成为"理想的自我"。

3. 自我体验丰富而复杂

一般来说，职业院校学生自我体验的情绪情感基调是积极的、健康的。大多数学生自尊心和好胜心较强，他们喜欢自己、满意自己、相信自己。但是，其自我体验也比较复杂，他们敏感、闭锁，且有一定程度的波动性。

4. 自我控制能力提高

职业院校学生自我控制的能力有很大提高，自觉性、坚持性、独立性和稳定性显著发展，有强烈的自我设计和自我规划的愿望，希望根据自我设计的目标自觉调节行为。绝大部分学生奋发向上，同时强烈要求独立和自由。

5. 自我概念水平存在年级差异

职业院校不同年级的学生在自我概念的发展方面存在显著差异，一、三年级的学生自我概念水平随年级升高而升高，二年级是学生自我概念水平最低、内心矛盾冲突最尖锐、思想斗争最激烈、回顾与展望时间最多的时期，是其自我概念相对稳定阶段中的不稳定时期，但会伴随一次新的上升时期，因此也称为学生自我概念发展的转折时期。

（三）自我概念的矛盾

自我概念的分化带来了自我概念的矛盾，职业院校学生表现出明显的内心冲突，甚至有很大的内心痛苦和激烈的不安感。主要表现在以下几个方面。

1. 主我与客我的矛盾

主我是处于观察地位的我，如"我希望成为一个怎样的人"，客我是处于被观察地位的我，如"我是一个怎样的人"。职业院校学生富有青春激情，对自我抱有较高期望，但由于生活范围比较窄，自我认识有局限性，使其主我与客我产生矛盾。

2. 理想我和现实我的矛盾

"理想我"是指希望自己成为怎样的人，具有怎样的特征和品质，对将来或者想象的自我的认识，如"我想成为一个怎样的人""我应该是怎样的一个人"。"现实我"是指我认为自己现在所具有的特征和品质，如"我是怎样一个人""别人对我有怎样的评价"。职业院校学生富于理想、成就欲望强，然而，他们较少接触社会，还不能很好地把理想和现实有机地结合起来，所以产生理想我与现实我的矛盾在所难免。

3. 独立意向与依附心理的冲突

职业院校学生的独立意识迅速发展，迫切地希望自己能在经济、生活、学习、思想等各方面独立，摆脱家长的束缚。但是在心理上又依赖成年人，无法真正做到人格独立，所以必然造成独立和依赖的矛盾。

4. 交往需要和自我闭锁的冲突

职业院校学生迫切需要友谊、渴望理解、寻求归属和爱。他们有强烈的交往需要，希望与朋友探讨人生、分享喜怒哀乐。然而，他们同时又存在着自我闭锁的趋向，把自己的内心世界深藏起来，与人交往时有意无意地保持一定距离。这也使不少学生常处于孤独感的煎熬中。

🔗 成长链接

🎗 心理活动与体验

一、活动在线

认识与众不同的自我

找一找：假设你的父母、老师、朋友或其他十分了解你的人正在议论你，他们使用了一些自认为能精确描述你的词汇。阅读下面的词汇，请在你认为他们可能使用的词汇上打钩。

①友好　②可爱　③机智　④抑郁
⑤有益　⑥敏感　⑦充实　⑧大方
⑨勤奋　⑩讥讽　⑪轻率　⑫古怪
⑬热情　⑭迟钝　⑮自然　⑯可爱
⑰神秘　⑱快乐　⑲恶毒　⑳刻板
㉑冷漠　㉒平和　㉓细心　㉔自制
㉕开放　㉖坦白　㉗能干　㉘诚实
㉙狡猾　㉚忧虑　㉛可靠　㉜知足
㉝怡然　㉞自私　㉟善良　㊱守时
㊲坚强　㊳迷人　㊴爽快　㊵得意
㊶冷僻　㊷幽默　㊸美丽　㊹典雅
㊺勤快　㊻得体　㊼容忍　㊽可恶
㊾和善　㊿安静　51亲切　52凶狠
53满足　54可怜　55自卑　56热心
57死板　58冷酷　59无趣　60反叛
61嫉妒　62稳重　63虚假　64无奈
65无聊　66强迫　67脆弱　68残忍
69空虚　70无耻　71无情　72痴情
73愚蠢　74骄横　75尊贵　76宽容

⑦亲近　⑧神奇　⑨爱传话

⑩不安全　⑪有爱心　⑫从容不迫

⑬脾气急躁　⑭通情达理

⑮有创造力　⑯卓越非凡

⑰如鱼得水　⑱自由自在

⑲胸有成竹　⑳含糊不清

㉑身心舒畅　㉒神采飞扬

㉓自甘堕落　㉔自作自受

㉕不慌不忙　㉖六神无主

㉗不知所措　㉘平易近人

请你对这些词进行分类：

（1）正向的词汇：

_____

_____

_____

（2）负向的词汇：

_____

_____

_____

　　现在你对自己有了一个大致的认识，你对自己具有的正向品质感到高兴吗？考虑一下哪些是你想有但目前并未真正具有的品质。这些品质有哪些表现？当你想表现出这些品质时你能做到吗？如果能，为什么不随时表现出这些品质呢？试试看，并讲给你的同学听，听一听他们的建议。

　　对以上你不喜欢的品质，试着找出一些生活中的具体例子。说一说你再次看到这些例子时的内心感受。

二、体验分享

20个我是谁

　　目的：强化自我认识，促进自我接纳。

　　操作：

　　（1）写出20句"我是……的人"，要求尽量选择一些能反映个人风格的词句，避免出现类似"我是一个男生"这样的句子。

　　①我是一个_____

_____的人；

　　②我是一个_____

_____的人；

　　③我是一个_____

_____的人；

　　……

　　（2）将陈述的20项内容做如下归类。

　　①身体状况（你的体貌特征，如年龄、身高、体形、是否健康等）。

　　编号：_____

　　②情绪状况（你常持有的情绪情感，如乐观开朗、振奋人心、烦恼沮丧等）。

　　编号：_____

　　③才智状况（你的智力、能力情况，如聪明、灵活、迟钝、能干等）。

　　编号：_____

　　④社会关系状况（与他人的关系、如何和别人合作应对问题、对他人常持有的态度和原则，如乐于助人的、爱交朋友的、

坦诚的、孤独的等）。

编号：＿＿＿＿＿＿＿＿＿＿＿＿＿＿

⑤其他。

编号：＿＿＿＿＿＿＿＿＿＿＿＿＿＿

说明：分类是为了了解自己对自己各方面的关注和了解程度，某一类项目多，说明你对这方面关注和了解多；某一类项目少或没有，说明你对这方面关注和了解少或根本没关注、不了解。健全的自我概念应能较为全面地关注和了解自己。

（3）评估你对自己的陈述是积极的还是消极的。在你列出的每句话的后面加上正号（＋）或负号（－）。正号表示"这句话表达了你对自己肯定满意的态度"，负号的意义则相反，表示"这句话表达了你对自己不满意、否定的态度"。看看你的正号与负号的数量各是多少。如果正号的数量远大于负号，说明你的自我接纳状况良好。相反，如果负号将近一半甚至超过一半，这显示你不能很好地接纳自己，你的自尊程度较低，这时你需要认真内省，寻找问题的根源，例如是否过低地评价了自己？是什么原因使你成为这样？有没有改善的可能？

（4）交流分享。4~6人组成一个小组，在组内进行交流，交流对自己的认识以及对活动的感受。每组派一名代表在班内进行小组交流情况或个人体会的发言。

三、心海扬帆

我是我自己

维琴尼亚·萨提亚

在这个世界上，没有一个人完全像我。

某些人有某部分像我；但，没有一个人完完全全像我。

因此，从我身上出来的每一点、每一滴，都那么真实地代表我自己。

因为，是我选择的。

我拥有一切的我——

我的身体，和它所做的事情；

我的大脑，和它所想、所思的；

我的眼睛，和它所看到的、所想象的；

我的感觉，不管它有没有流露出来——愤怒、喜悦、挫折、爱、失望、兴奋；

我的嘴，和它所说的话，礼貌的，甜蜜的或粗鲁的，正确或不正确的；

我的声音，大声或小声的；

以及我所有的行动，不管是对别人还是对自己的。

我拥有我的幻想、梦想、希望和害怕。

我拥有关于我的一切胜利与成功，一切失败与错误。

因为我拥有全部的我，因此我能和自己更熟悉、更亲密。

由于我能如此，所以我能爱自己并友

善地对待自己的每一部分。

于是，我就能够做我最感兴趣的工作，

我知道某些困惑我的部分和一些我不了解的部分。

但，只要我友善地去爱我自己，我就能够有勇气、有希望地寻求途径来解决这些困惑，并发现更多的自己。

然而，任何时刻，我看、我听、我说、我做、我想或我感觉，那都是我。

这是多么真实，表现了那时刻的我。

过些时候，我再回头看我所看的、听的，我做过的，我所想、所感觉的，

有些可能变得不合适了，我能够丢掉一些不合适我的，保留合适的，并且再创造一些新的。

我能看、听、感觉、思考、说和做。

我有方法使自己觉得活得有意义，使自己亲近别人，使自己更丰富和有创意，

并且明白这世上其他的人类和我身外的事务。

我拥有我自己，因此我能驾驭我自己。

我是我，而且我是可以的。

💙 心灵天地

✚ 心理保健

一、方法指南

下面是正确认识自我的三种途径。

（一）比较法

唐太宗李世民有句名言——"以铜为鉴，可以正衣冠；以人为鉴，可以明得失"。他人是反映自我的镜子，通过与他人比较来认识自己是个体获得自我概念的主要来源。在比较中可以认清自己的优势和不足，取长补短。但在比较时要注意选择比较的对象、比较的内容以及横向纵向比较相结合。

与谁比较、比较什么，往往反映了我们看重和关注什么、希望在哪方面发展提升自己。职业院校学生应该更多在学习成绩、职业技能、生活习惯、品德、意志行为等方面与人比较，而不是在经济条件、家庭背景等方面比较。通过比较可能会发现自己占有优势，不要因此沾沾自喜甚至骄傲自满；发现自己居于劣势，也不要因此灰心丧气、自怨自艾，认识到自己的不足正好为我们提供了努力的方向和前进的动力。

（二）反省法

古人曰："吾日三省吾身。"内省是指通过反省自己、分析自己来进行自我认识。白天有时间的时候静下来想想已经过去的

这段时间做了什么，接下来的时间应该做什么，注意保持平和的心态，对自己的言语行为保持知觉。晚上睡觉之前，回想一下一天来自己是否完成了任务，查漏补缺，有哪些事情做得比较顺利、值得鼓励，有哪些做得还不到位、需要吸取经验教训，争取下次做得更好。同学们可以从以下几个"我"中去认识自己：（1）自己眼中的我；（2）别人眼中的我；（3）自己心中的我。

（三）评价法

与他人交往，从别人对自己的态度和评价中认识自己，是自我认识的重要途径之一，它可以帮助我们纠正自我认识的偏差，克服自我认识的主观性和片面性，有利于做出较为客观的自我改变。面对他人的评价和态度要注意：一是正确对待熟悉自己或与自己打交道比较多的人的评价，他们对自己了解得比较全面，评价比较客观；二是要特别重视具有一致性的评价，如果不止一个人说到自己某些共同问题，那么，可能自己在这方面的问题已经很明显了；三是既要重视与自己一致的观点，也要听取与自己不一致的观点；四是与人交往时要用开放的心态，这样才能更多地了解自己。

说来容易，实际上要真正接受他人的评价就难了。因为有时候他人的评价带有指责、批评的情绪，用词可能也不恰当，虽然我们第一反应认为确实是自己的问题，但往往会本能地激发出自己的对抗情绪，不但不愿承认对方的评价，还会反唇相讥、无理搅三分。即使对方是心平气和地指出自己的问题，自己也知道问题的所在，但还是会觉得不舒服，甚至受到伤害。面对他人的批评，这时候作祟的不是自尊心而是虚荣心，怕因为被指出缺点而被人看不起，有了缺点就低人一头，或者认为对方是有意要贬低、反对、伤害自己。

"闻过则喜，从善如流"是我国古人正确面对他人评价的榜样，也因此流传下来很多脍炙人口的故事。能够虚心接受他人的意见和批评，并且表示感谢，又能够善加分析，不盲目听信，从中发现自己真正的问题所在，正是一个人不断要求进步、自我完善的强烈愿望的表现。

二、课堂实战演习

寻找我是谁

活动材料：画笔，白纸

活动时间：20分钟

活动程序：

（1）将4个学生分为一组，按照一定顺序排序（排序先后无影响，可通过小游戏的方式对4人排序）。

（2）排序第一的学生画出一张自己的画像，无须过分修饰，只需表现出自己心中真实的形象。其余3人根据自己对这位同学的了解共同为他画一张像，按照排序依次画，每次只画一种五官或是装饰品，共画五轮。画像完成后，3个人分别在画像的背面写上描述排序第一的同学的一句话。

（3）按照上述规则，分别在排序第二、第三、第四的同学为自己画像时，其余3位同学为其画像。

（4）待八张画像均完成后，每个人拿到属于自己的两张画像，并进行比较。

✓ 自己对自己的认识与他人对自己的认识是否相同？

_____

_____

_____

✓ 有哪些是自己认为不好，别人却没有这种感觉的？

_____

_____

_____

✓ 有哪些优点是自己没有发现，别人却知道的？

_____

_____

_____

✓ 自己是否对于自我形象过于自卑或自信？

_____

_____

_____

🔲 **小贴士**

主题 5　我从哪里来：生命都是唯一的

自从懂事我们就开始好奇"我从哪里来"的问题。其实，对于这个问题的好奇并不会被其答案终结，而会伴随我们这一路的成长，只是年龄越大我们的答案就会越丰富。那么，我们是怎样变成现在这样一个独一无二的"我"呢？让我们从了解自我的结构和发展说起，然后重点梳理一下家庭对我们的塑造。

🔍 心理探索

一、自我的结构

（一）精神分析学派的三我理论

精神分析学派的创始人弗洛伊德认为，人格结构随着人格的发展而发展，并且由三个相互作用的概念或过程组成：本我、自我、超我。

"本我"是人格中最原始的部分，由一些与生俱来的冲动、欲望或能量构成。本我不知善恶、好坏，不管应该不应该、合适不合适，只求立即得到满足，所以本我受"快乐原则"的支配。新生儿就处于这种状态，2岁前只有本我。只有很小的孩子可以爬着并肆意地去抓父母或别人盘子里的食物而不会受到批评，即不受社会约束，并且婴儿会被悉心看护，以避免接触烫的或锋利的物体，即不受物理约束。弗洛伊德甚至认为本我的冲动永远存在，它们必须被健康成人人格的其他部分加以限制。《西游记》里的猪八戒就是本我的典型代表。

"自我"遵循"现实原则"，主要以考虑情境现实性的方式满足本我冲动，从1.5~2岁开始建立。一个人的人格形成就像盖房子一样，自我的这些约束，就像打地基，在教育、训练的唤醒中，个体人格中的自我即约束能力慢慢形成。《西游记》里的沙僧代表着自我。

"超我"是人格的最高部分，代表社会的特别是父母的价值和标准，它对能做的和不能做的事有更多的限制，大约萌芽于5岁。超我又包括自我理想和良心，自我理想是自己行为的理想标准，良心是使自己的行为免于犯错的限制。如果自己的行为符合自我理想，个体就感到骄傲；如果自己的行为违反了自己的良心，个体就感到焦虑。因此，超我遵循的是"道德/完美原则"。显然，《西游记》里的唐僧就是超我的代表了。

上述人格中的三个部分，分别代表着三种不同的力量，本我追求快乐，自我面对现实，超我则追求完美，所以冲突是不可避免的。有些人能经常使它们保持相对的平衡与和谐，强大的自我不允许本我或超我过分地掌管个体，我们就说这些人的人格是健康的；有些人不能使三者之间保持相对的平衡与和谐，如一味放纵本我，或者过分要求完美的超我，都可能导致生活适应的困难，甚至心理失常。

（二）沟通分析的自我状态理论

沟通分析理论（transactional analysis，TA）指出：（1）每一个成人都曾经是小孩；（2）每一个脑部机能良好的人，都有适当应对现实的潜能；（3）每一个长大成人的个体，都有父母或可取代父母功能的"其他人"。这三项绝对事实把个体的"自我"分为三种：父母自我（P）、成人自我（A）和儿童自我（C），这三种状态在每个人身上都交互存在着，构成人类的多重天性。

父母自我对应着个体从周围重要人物（按其本身的知觉）映射的感觉、思想和行为。父母自我状态就像一台录音机，它是生活中预先记录、预先判断或偏见规则的收集者。它有两个主要功能——使个体像父母一样有效行动，促进人类的生存；父母自我状态可以做出许多自动反应，用以保存大量的时间和精力。当个体处于父母自我状态时，他的思考、感受及行为方式像他的父母或抚养他长大的某些人。

成人自我包括针对当下现实的自主性感觉、思想和行为。处于成人自我状态时，人脑就像一台计算机，会运用逻辑思维来解决问题，确保程序不被儿童自我状态或父母自我状态中的情绪因素污染，人们可能由此得出结论认为情绪是不好的，但这只意味着我们在做理性和逻辑思考时需要排除情绪干扰，而理性和逻辑性并不是在任何时候都是最好的方式。成人自我状态有一个非常重要的功能，即它可以预告结果，使人们选择目标时根据事实评价采取有效行为，这种基于事实的批判功能与基于价值判断的批判型父母自我是不同的。

儿童自我指一套自个体童年遗留下来的感觉、思想与行为。当我们处于儿童自我状态时，我们的行为表现像个孩子，而且我们思考、感受、看、听及反应都像个几岁的孩子。儿童自我状态经常被人们指责为麻烦的来源，因为随着成长，儿童自我状态的自我中心、情绪化、强烈的叛逆等也随之产生。儿童自我状态也被看作是创造力、娱乐消遣及生命力的来源，是使生命常新的唯一来源，儿童自我状态不仅可以在孩童时期长时间存在，在成人世界某些允许儿童自我状态出现的情况下也可以观察到。

一个人在生命的不同阶段，都可能同时存在着三种状态并在其中自由切换。一般来说，没有哪一种自我状态代表好，哪一种自我状态代表不好，关键在于你是否以合理的方式运用，且能更进一步地觉察该于何时何地、选择何种自我状态以使自己感觉舒服。

二、自我的发展

埃里克森在《童年与社会》（*Childhood and Society*）中提出了闻名于世的自我发展八阶段理论（见表2-2）。他认为个体在其成长道路上面临着八种危机或冲突，每一种冲突都有其出现的特定时间，它是由个体在一生中某个特定时间所体验到的生物成熟与社会要求决定的。个体必须妥善地处理好每种冲突，才能为圆满解决下一种冲突做好准备。个体的自我概念是逐渐形成的，而且一定要经过几个顺序不变的阶段，每个阶段都有一个特定的心理发展任务。如果个体解决了冲突，完成了本阶段的任务，就能形成积极的自我概念；否则就会形成消极的自我概念。每个个体完成任务的程度各不相同，一般在积极和消极两个极端之间的某点上，健康的自我概念应倾向于积极的那一端。埃里克森认为，在这八个阶段中，青春期是自我概念发展的关键期，并提出了"自我同一性"的概念，他认为自我概念的同一性是个体健康人格和优良道德品质的基础，而且形成自我同一性是终生的任务。

表2-2　埃里克森的自我发展八阶段

阶段	年龄	发展危机	发展顺利者的心理特征	发展障碍者的心理特征
1	0~1.5岁 婴儿期	信任对不信任	对人信任，有安全感	面对新环境时会焦虑不安
2	1.5~3岁 儿童期	自主行动对羞怯怀疑	能按社会要求表现目的性行为	缺乏信心，行动畏首畏尾
3	3~6岁 学龄初期	自动自发对退缩愧疚	主动好奇，行动有方向，开始有责任感	畏惧退缩，缺少自我价值感
4	6~12岁 学龄期	勤奋进取对自贬自卑	具有求学、做事、待人的基本能力	缺乏生活基本能力，充满失败感
5	12~18岁 青春期	自我统合对角色混乱	有了明确的自我观念与自我追求目标	生活无目的无方向，时而感到彷徨迷失
6	18~25岁 成年早期	友爱亲密对孤僻疏离	与人相处有亲密感	与社会疏离，偶感寂寞孤独
7	25~65岁 成年期	精力充沛对颓废迟滞	热爱家庭，关怀社会，有责任心，有义务感	不关心他人与社会，缺少生活意义
8	65岁以上 老年期	完美无缺对悲观绝望	随心所欲，安享余年	悔恨旧事，消极失望

根据埃里克森的观点，职业院校学生适应和发展的主要任务是确立一个正确的自我概念，即能够独立地做决断；承担社会责任；与他人建立亲密关系，或在其中获得相互认同。但必须承认的是，获得同一性的过程是很曲折和痛苦的。学生中属于平静的、富有恰当目标的、意志坚强的人占很小一部分，绝大多数同学体验着各种各样的同一性矛盾。当我们产生认同矛盾时，常会出现同一性的混乱，其表现是：（1）权威性混乱；（2）时间混乱（或者急躁，或者拖拉，或者希望时间停滞不前）；（3）两性混乱；（4）自我肯定的怀疑和困惑（对自己的认识缺乏信心，并怀疑自己留给他人的形象是否一致）；（5）工作瘫痪（难以正确认识努力工作与预期效果的同一性，对成就不抱希望）；（6）角色混乱（不能认识自己是何种人，甚至出现一种超人感）；（7）观念混乱（在文化、哲学等方面找不到真实的意义）。这些自我同一性混乱的出现，严重影响了学生正常的学习与生活，使部分学生的学习生活或缺乏目标，或目标不切实际，容易产生对自我不满意的情绪，甚至出现自卑、自厌心理。

当然，需要强调的是，逐渐长大成人的我们，除了反省成长过程中父母对我们的影响，更要思考我们要怎样去当好一名合格的子女。根据埃里克森的生命八阶段理论，当我们处于青春期或成年早期时，我们的父母处于成年期或面临进入老年期，面对"精力充沛对颓废迟滞""完美无缺对悲观绝望"的内部冲突，他们有自己的遗憾或未完成的心愿，想让孩子替他们完成，而我们的长大离开也会对他们产生或大或小的心理冲击。所以我们换位思考一下父母在这个年龄段的不易，或许能从另一个角度组建更和谐的亲子关系，共同建设一个更加健康美满的家庭。

三、自我发展的动力

自我的形成与发展受制于许多因素，主要分为遗传和环境两大类。遗传提供了自我发展的基础和可能性，环境是自我发展的外部条件，对人格的形成起着塑造和促进作用。

（一）生物遗传因素

个体的生物遗传基础与人格的形成密不可分。个体神经系统的特性、体内的生化物质是人格形成的基础。大脑是人格的主要物质基础，无论多么复杂的人格和行为，都是大脑活动的产物。人格特征与个体大脑皮质细胞群的配置特点、细胞层结构的特点都有关。身体外貌对人格形成也有一定影响，身体外貌的特点如肤色、脸型、身高、体重等，具有社会适应的意义，受到社会价值和所在群体的评判，从而也会影响一个人的人格。

（二）环境因素

环境因素分为家庭环境、学校环境和社会环境，其中占主导地位的是家庭环境。家庭是个体生活中最主要的环境，绝大多数儿童是在家庭中生活、在父母的养育中长大的。精神分析学认为，从出生到五六岁是个体人格形成的最主要阶段，一个人的人格在这个时期就基本上形成了。可见家庭对个体人格的形成有多么大的影响。

父母的教养方式、家庭的组成状况（如单亲家庭、家庭规模）、出生顺序、家庭的社会经济地位等都对个体的人格发展有影响。其中，父母的教养方式是非常重要的一个方面，心理学家把父母对子女的教养态度分为民主（宽容）、权威（独断）及放纵（溺爱）三种类型。

民主的教养方式既满足孩子的正当要求、尊重孩子的自由和独立，又给孩子一定的限制或禁止；既保护孩子的活动，又给以社会和文化的训练；既能客观地评价孩子的行为，又对孩子富于爱心。在这种教养方式的影响下，儿童多表现为富有创造性和独立精神、忍耐力强、对人友善。

权威的教养方式强调孩子要听话、要服从，用各种清规戒律约束孩子，干预孩子的个人意志，防止和制止孩子的独立行为，经常发出各种指示和禁令，如不许淘气、不许乱跑等。这种教养方式容易使孩子产生恐怖心理，缺乏自信，常以说谎自卫，深具反抗性与攻击性，严重者自尊丧失、自暴自弃或脾气暴躁等。

放纵的教养方式则表现为盲目接受孩子的要求，虽对孩子富有爱心却缺乏理性。这种教养方式容易使孩子形成任性、自私、懒惰、缺乏独立和进取精神等不良品质。

🔗 成长链接

心理活动与体验

一、活动在线

（1）闭上眼睛，回忆你6岁前的时光。尝试回忆那些早期"有形"的记忆——你记忆中真实发生在你身上的事情，而不是别人告诉你的。花点时间回忆一些细节，试着重新经历那些事件带给你的感受。写下你最早的那些记忆：

_____

_____

_____

（2）你对爸爸妈妈和其他亲人的最早记忆有哪些？

_____

————————————————

————————————————

（3）回忆你在6岁之前生活中的突出事件，尤其是你在家庭中的地位、家庭成员对你的反应以及你对每个家人的反应。在你看来，你儿时在家庭中的感受与你现在的感受有什么联系？你认为家庭对你有什么影响？对于你现在的性格，这些早期经验又有着什么样的影响？

————————————————

————————————————

————————————————

（4）做一做下面这些自测题，迅速作答，如果你认为其中的描述和你儿时的经验相符，请写"T"，如果你认为不相符，请写"F"。

____在孩提时，我感到被爱和被接纳。

____基本上我对世界充满信任。

____我感觉我是一个被人们接受的、有价值的人。

____我感觉我需要为了他人的赞扬而去做一些事情。

____在孩提时，我经常感到羞愧、缺乏自信。

____我认为表达愤怒是一件不好的事情。

____父母信赖我，他们认为我有能力自己做一些事情。

____我认为对于身体以及性别角色，

我发展出了健康、正常的认同感。

____年幼时，我的朋友很少。

____我感觉我可以与父母讨论我的问题。

检查你的反应，大家认为你现在是一个怎样的人？如果可以重新过一次童年，你想要如何度过？

二、体验分享

这是一个开放性活动，最好与你已经认识并信任的人在一起，在轻松、随意的氛围下体验。你不仅会更多地了解自己，也能更多地了解身边的其他人。规则如下。

● 小组应有2~5人。

● 一个人从下面列出的项目中选择一个主题，然后介绍。其他小组成员只能倾听，并在发言结束后发表自己的评论。

● 每人都应轮到，也可以选择放弃。

● 自行选择介绍项目的多少（和顺序）。

（1）你最早的记忆。

（2）你第一位好朋友。

（3）童年时期在家中最喜欢的一个地方。

（4）和父/母（监护人）在一起的一段特殊时光。

（5）上中学以前，你会在夏季做什么？

（6）和父/母（监护人）中的一人有多像？或多不像？

（7）学校中喜欢的科目。

（8）学校中不太喜欢的科目。

（9）喜欢的一位老师。

（10）一个难忘的童年假期。

（11）童年或者青少年时期崇拜的一位英雄人物。

（12）目前你最喜欢的声音或口味。

（13）描述你生活中取得的一项重要成功。

（14）描述你生活中的一项失败或是僵局。

（15）两件令你高兴的小事（小小的快乐）。

（16）现在你最喜欢去的一个地方。

（17）你非常渴望（还没发生）的一次重要经历或成就。

（18）一件珍贵的财产。

（19）一个你希望和他/她在一起的人（家人或重要他人除外，可以是一位历史人物）。

（20）能够鼓舞你的事情。

（21）一种恐惧。

（22）你何时会感到孤独？

（23）现在的你和14岁时的你相比，有何不同？有哪些地方相同？

（24）你喜欢为另一个人做的事情。

（25）你希望并需要进一步提高的方面。

三、心海扬帆

亲子关系不是一种简单的关系，也不是孤立的，它与整个家庭系统有关，与祖先模式一脉相承。亲子关系是非常特殊的一种血缘关系，爱、痛、恨常常纠缠在一起。改善与父母的关系对个人和家庭都有许多好处。

（一）情感支持

良好的亲子关系可以提供情感上的支持和安慰，让人感到被理解、被接纳和被关爱。这种支持可以在生活中的困难时期帮助人们更好地应对挑战。

（二）家庭和睦

亲子关系是家庭的重要组成部分，直接影响到整个家庭的和谐与稳定。改善与父母的关系有助于减少家庭冲突和矛盾，营造出良好的家庭氛围。

（三）人生指导

父母通常拥有丰富的生活经验和智慧，他们可以为孩子提供宝贵的人生指导和建议。与父母建立良好的关系，有助于孩子从父母那里获得更多的支持和指导，更好地应对学习与生活中的各种挑战。

（四）自我成长

与父母之间的良好关系可以促进个人的成长和发展。通过与父母的沟通和交流，人们可以更好地了解自己，认识自己的优点和缺点，并不断改进和提升自己。

如果一个人不能接受自己的父母，无法与父母建立良好的联结，则很可能根本无法接受和喜欢自己，无法经营幸福的家庭，无法正确地爱孩子，个人的表现也可能会出现无力感。

改善与父母的关系需要时间、耐心和努力。下面的练习非常简单但非常有效，经常练习有助于接纳父母、完成联结。

（一）共同准备一顿家庭晚餐

邀请父母一起准备一顿家庭晚餐。在这个过程中，可以一起商量菜单、购买食材、准备食物，并共同动手烹饪。这不仅是一个增进亲子关系的过程，还是一个有趣的共享时光的机会。在共同享用晚餐的时候，可以聊天、分享彼此的日常生活和感受，增进彼此之间的理解和沟通。

（二）共同制定家庭规划或目标

召开一次家庭会议，邀请父母一起制订家庭的规划或目标。可以讨论家庭中的问题和挑战，一起思考解决方案，并共同设定未来的发展方向和目标。共同参与规划和决策的过程，不仅可以增进家庭成员之间的互信和合作，还可以增强彼此之间的归属感和责任感。

这些有仪式感的活动不仅可以增进与父母之间的亲密感和理解，还可以营造出家庭和谐的氛围，促进家庭成员之间的沟通和合作。共同参与这些活动，可以增强彼此之间的情感联系，建立更加牢固的家庭关系。

♥ 心灵天地

➕ 心理保健

一、方法指南

家庭基本分为三种形态：第一种是健康的家庭，有清晰和积极的人生观，家庭成员彼此有深厚感情，具备健康人际关系的技巧。父母双方对他们的家庭背景带来的问题已经获得了有效的解决之道。从这样的家庭出来的孩子容易信任别人，并常常假定每个人的家庭背景都大致如此。第二种是注重表现的家庭，有爱的表达，也有一定的健康人际关系技巧，但是自我认识并不清晰。父母双方还没有对家庭背景带来的问题获得成功的解决之道。在这种家庭长大的孩子习惯于报喜不报忧，对建立亲密关系会有所挣扎。第三种便是功能失常的家庭，家庭成员感觉不幸福，长期受到酗酒或其他瘾癖困扰，家里常常有身体虐待、情感虐待或忽视，自我认识负面或是不知道该怎样看待自己。孩子们会使用防御机制来保护自己不受伤害，如果家里的压力持续不断，孩子就会不自觉地把这些防御方法带入成年生活，每当遇到压力这些防御机制就再度出现。

每个人在某些时间里都可能与家庭有过冲突，尤其是在进入青春期之后，对某些人来说，可能终其一生都在家庭问题带来的困惑和痛苦的漩涡里挣扎，如那些来自功能失常家庭的人，他们有时面对的家庭问题是如此严重以至于危及生命安全。当我们离家求学时，饱受家庭问题困扰的同学是希望因此缓解或屏蔽掉家庭压力的，但很遗憾的是，这种离开家或把注意力放在学校而不是家庭只会使问题更糟糕，有些同学仍然无力地发现自己还是以这样或那样的方式受到家庭混乱的影响，其他同学都期盼着寒假暑假回家与家人相聚，而他们却害怕放假，因为他们不想回家却不得不回去，回去之后带回来的又是一颗疲惫受伤的心灵。那么，是不是我们只能一直这样无助、无力呢？当然不是！

（一）转变

我们必须认识到改变取决于自己，而不是取决于环境、取决于家庭。所以，与其望父成龙、望母成凤，不如把焦点转回到自己身上，先从自己做起，看看自己能采取什么与以往不同的想法、做法，以自己的改变唤起他人的改变。

（二）解脱

为了从功能失常的家庭模式中解脱出来，个体必须改变他对控制和责任的认识。

职业院校学生逐渐长成和父母具有同等法律地位的成年人，不再是躲在父母的羽翼之下了，个中含义就是我们不能再指望父母全方位的保护，更不会再受到父母一手遮天的管控。所以，你有权利也有责任做自己生活的主人。当一个人开始担负起自己生活责任的时候，就会开始一个摆脱责备的过程，取代责备的是找到自己在功能失常家庭中的角色定位，因为角色是可以改变的。我们要学会设定底线：在这种关系中，你愿意做什么、不愿意做什么、宽容度有多大，而且要让别人对你的底线有比较清晰的了解和理解。

（三）建立支持系统

有很多人不能从功能失常的家庭里走出来，是因为他们走出来了也没有地方去，内心对归属感和安全感的需求依然得不到满足。所以解脱出来也意味着要发展出一个新的、更加健康的支持系统，有时候我们从当前的关系中就可以找到这个系统，有时候则必须去寻求、建立新的关系格局，例如有共同爱好的俱乐部、社团组织、团体辅导小组等。

请记住：你不负有改变或"修复"整个家庭功能的责任；你有责任照顾好自己并做好自己想要做的改变；改变是困难的，需要花时间，要有耐心。当你这样做的时候，你会发现这条路可以通向更加祥和安定、满意的生活。

二、课堂实战演习

我如何成为今天的我——我的生命线

请每人准备好一张白纸、两支颜色不同的笔（需一支较鲜艳、一支较暗淡，要用颜色区分心情）。把白纸横放摆好。

（1）画一条线，在线条的左侧写上数字"0"，在线条右侧写上你为自己预计的寿数。在这条标线的上方写上"×××（你的名字）的生命线"。

_____的生命线

_____

生命的开始　　　　　　生命的终结

（2）标一个点代表当下，然后在标志的左边，即代表着过去岁月的那部分，把对你有重大影响的事件用笔标出来。例如，6岁你上学了，就找到6岁相对应的位置，填写上学这件事。注意，如果你觉得这是件快乐的事，就用鲜艳的笔来写，写在生命线的上方；如果你觉得非常快乐，就把这件事的位置写得更高些。假如，8岁时，你有亲人去世了，他的离世对你造成了极大的创伤，你就在生命线8岁的位置下方，用暗淡的颜色把它记录下来。依此操作，你就通过不同颜色和不同位置，记录了自己在今天之前的生命历程。

（3）过去的部分已经完成，请看一看、数一数，在影响你的重大事件中，位于横线之上的部分多，还是位于横线之下的部分多？位置高低怎样？最重要的是你个人对这件事的感受，而不在于世俗的评判。

（4）在你的生命线上，把你这一生想

做的事，例如家庭愿景、职业生涯、个人兴趣等都标出来，尽量把时间注明。视它们带给你的快乐和期待的程度，标在线的上方。如果它是你的挚爱，就用鲜艳的笔墨，高高地填写在你生命线的上方。当然，在将来的生涯中，还有挫折和困难，例如亲人去世、孩子离家、生病、职场或事业方面可能出现的挫折等，不妨用暗淡的颜色——将它们在生命线的下方大略勾勒出来，这样我们的生命线才称得上完整。

（5）看看你写下的这些事件，是位于线的上半部分较多还是下半部分较多？也就是说，是快乐的时候比较多，还是痛苦的时候比较多？这不是评判你选择的正误和你生活质量的优劣，而是看你感受如何。如果你觉得这样还好，不妨如此继续下去；如果你不甘心，可以尝试改变。如果你所标示的事件大部分在生命线以下，那么，是否可以考虑调整一下自己看世界的眼光？你对未来的估计是不是太灰暗了？如果是，你对自己的情况是否满意？如果满意，这就是你的性格所选择的生活。如果你的所有事件都标在了生命线之上，也并非就是一件值得恭贺的事情，因为人生中总会有不如意的时候。

📖 **小贴士**

主题 6　我爱我自己：阳光总在风雨后

青春是花季，因为青春美好无限；青春也是雨季，因为青春有时也会迷茫一片。我们的自我概念可能在这期间的某个时期出现各种各样的偏差，有些同学张狂自大，有些同学黯然自卑……每年的 5 月 25 日是心理健康日，因为"525"谐音"我爱我"，可见，"我爱我"是权利，更是责任和使命。

🔍 心理探索

一、职业院校学生常见的自我概念偏差

职业院校以培养适应生产、建设、管理、服务第一线需要的德智体美劳等方面全面发展的高等技术应用型人才为目的，要求学生注重自身综合素质的锻炼与拓展。当前职业院校学生的主流心态是积极、健康发展的，但由于同学们正处在自我同一性发展的关键阶段，真正的社会化过程才刚开始，缺少做人做事的经验，心理发展存在着某种程度上的不成熟性和矛盾性，因而自我概念发展会出现偏差，具体表现在自我认知、自我体验和自我调控三个过程中。

（一）自我认知偏差

不少职业院校学生未能处理好主观的我与客观的我这对矛盾，常出现两种自我认知的偏差，一种是只看重"自省"而发展为"自我中心"；另一种是一味受"人言"左右而变得丧失自我，也就是"盲目从众"。

1. 自我中心

独立意识是学生自我发展中显著的标志之一，但独立意识并不意味着独来独往，不顾社会行为规范我行我素。很多同学把独立理解成凡事自己来，不需要别人帮助，不依赖他人，其结果是在现实生活中遇到困难挫折只能自吞苦果，活得沉重而辛苦。其实，一个真正成熟的个体是独立的，他对自己负责任，但不排除接受他人的帮助。另外，以自我为中心的人往往凡事从自我出发，很少站在别人的角度思考问题，不能设身处地地为他人着想，总把自己的意志强加于人，习惯让别人服从自己、迁就自己，自己却不愿意为别人受委屈，因而不能赢得他人的好感与信任，造成人际关系不和谐。

2. 盲目从众

对于职业院校学生而言，还有一种常见的心理偏差就是对自我缺乏正确的评价，导致盲目心理，对什么都感兴趣，什么都想学，什么都想去尝试。有的同学去图书

馆看书，没有任何选择，于是决定从第一个书架的第一本书开始读起，表面上好像很勤奋好学，其实这样很容易造成学习效率的低下和时间的浪费，因为一个人的精力必然有限，不分主次，眉毛胡子一把抓，往往会失去目标，这实际上是一种无目标的盲目心理，什么都抓也就什么都抓不住。

同时，盲目导致盲从，即通常所说的随大流。部分同学自我概念弱化，独立性较差，缺乏个体倾向性的世界观、人生观、价值观，这是消极的"从众行为"导致的。职业院校学生的从众现象主要表现为：学习从众、消费从众、恋爱从众、作弊从众、择业从众、社会活动从众等。

（二）自我体验偏差

过度的自我接纳与自我拒绝产生于现实我与理想我的矛盾中，同属于自信的误区。一般来说，现实我与理想我总是不一致的，二者之间总是有着距离，如何看待这二者的距离直接关系着自我体验。

1. 过度的自我接纳

自我接纳是指认可自己、肯定自己，对自己的才干、长处短处等都能有一个客观的评价，不会过多地抱怨或责备自己。能否自我接纳也是显示心理是否健康的重要标志之一。过度的自我接纳是指过高地估计自己，对自己的才能、个性等的肯定评价超越了自身的实际，例如，有些学生

认为自己的外貌是漂亮的、品德是高尚的、人际关系是融洽的、聪明才智是远远未发挥出来的等。过度自我接纳的人用放大镜来看自己的长处，用显微镜来看别人的短处，其人际交往的模式是"我好，你不好；我行，你不行"。过度自我接纳的人对自己评价过高，容易骄傲，听不进别人的意见和建议，也不容许别人有意见，不易处理好人际关系，遇到挫折通常不能很好地进行自我反省，总是抱怨别人和周围的因素，甚至愤世嫉俗，抱有怀才不遇的心理，很难适应公共生活与社会生活。

2. 过度的自我拒绝

自我拒绝是指不喜欢自己，不能接纳自己的缺点和短处，否定苛责自己。其实，每个人都有拒绝自己的时候，例如做错了事或心情特别沮丧，就会自责自怨，骂自己不争气等。其人际交往的模式是"我不好，你好"或"我不好，你也不好"。恰当的自我拒绝可以表现一个人的反思能力，但如果这种拒绝超过了一定限度，如把自己说得一无是处，甚至从根本上否定自己存在的价值，就会带来严重后果。它使人无视自己的任何优点，却目不转睛地用显微镜注视自己的各种缺点，最终会摧毁自己对生活的全部兴趣，这种程度的自我拒绝无异于自我毁灭。

著名心理学家、认知疗法重要的发展

者之一伯恩斯提出"自我攻击信念"这一概念，并指出那些自我攻击的信念会使人感到失败和沮丧。例如，如果我们认为个人价值仅仅由成就决定，那么，个体只有在事业有成、达到目标或达到理想的水平时才会感到满足。常见的自我攻击信念有以下一些表现。

（1）行为上的完美主义：我绝不能失败或者犯错。

（2）认知上的完美主义：人们不会接受有缺陷的我。

（3）成就成瘾：我的价值体现在成就、智力、才能、地位、收入及相貌上。

（4）认可成瘾：我需要得到每个人的认可。

（5）被爱成瘾：如果不被爱的话我就不能得到满足或高兴；如果不被爱生活也就失去了意义。

（6）害怕被拒绝：如果有人拒绝了我，那么一定是我的问题。

（7）取悦他人：我应该让他人高兴，尽管这个过程可能会使我感到不适。

（8）冲突恐惧：所有人都应该互敬互爱，不应该发生争执。

（9）自责：人际交往中的问题一定都是我的错。

（10）责怪他人：人际交往中的问题一定都是别人的错。

（11）权利：别人应该以我期待的方式对待我。

（12）真理：我是对的，你是错的。

（13）绝望：我的问题永远不可能解决，我永远也感受不到快乐或满足。

（14）无价值感/自卑：我基本是毫无价值的、有缺陷的、比别人差的。

（15）情感的完美主义：我应该一直是高兴的、自信的、有把握的。

（16）愤怒恐惧：愤怒是危险的，应该不惜一切代价来避免。

（17）负性情感恐惧：我永远都不应该感到悲伤、焦虑、不足、嫉妒或脆弱。我应该隐藏自己的情感，不让任何人不开心。

（18）认知上的自恋：我在乎的人都是可要求的、可操控的及强大的。

（19）火灾谬误：人们的想法都是类似的。如果一个人看不起我，那么这会像山林火灾一样蔓延，很快所有人都会这样。

（20）聚光灯谬误：与人交谈就像在聚光灯下表演。如果我不表现得机智、幽默和风趣，他们就不会喜欢我。

（21）期待奇迹的思维：如果我足够担心，那么一切都会好起来。

（22）低挫折耐力。我不应该感到沮丧，生活应该永远是容易的。

（23）超人思维。我应该坚强，永远不会软弱。

（三）自我调控偏差

1. 逆反

逆反心理也是职业院校学生自我概念发展中的一种非理性产物，是学生展现自我形象、强调个人意志的一种手段，其实质是为了寻求独立与自我肯定，为保护正逐渐形成的还比较脆弱的自我而抵抗和排除他们认为压抑自己的力量的一种要求。逆反心理具有两面性：一方面它说明了学生蔑视权威的反抗精神和独立意识；另一方面，学生中还有不少人不能确切地把握这种心理，表现出过分逆反，不分正确与错误、精华与糟粕，理性分析少，情绪化成分多，逆反对象多是家长、老师及社会言传的观念，结果往往是阻碍了学习新的和正确的经验，不利于自己的健康成长。

2. 消极怠惰

消极怠惰混日子是另一种缺乏目标意识、不能形成积极的理想自我的心态。在职业院校中，有的同学认为寒窗十余载，现在可以轻松自在了，对什么学习都没兴趣，麻木不仁，对自我发展的目标不明确，对个人发展、职业和社会的关系进行的主动积极的自我探索很少，不能主动把自我的命运与集体和国家民族的命运结合起来。这都是自我发展不成熟的表现。

二、职业院校学生积极的自我概念和个人成长

什么是积极的自我概念？衡量自我概念是否健全不是很容易的事情，但我们可以认为，具有积极自我概念的人应该是一个自我肯定、自我整合的人；是一个自我认知、自我体验、自我调控协调一致的人；是一个独立、同时又与外界保持协调的人；是一个主动发展自我且具有灵活性的人；是一个不仅自己能健康发展，而且能促进社会文明和进步的人。对职业院校学生来说，积极的自我概念包括以下指标。

（1）接受自己的生理状况，不自怨自艾。

（2）对自己的心理素质有较清晰的认识，知道自己的长处和短处。

（3）对自己所处的环境有较清晰的认识，包括学校、家庭和社会环境。

（4）对自己的经历有正确的评价。

（5）对未来自我发展有较明确的目标。

（6）对自己的需求有清楚的认识。

（7）知道生活中什么是应该珍惜的，什么是应该抛弃的。

（8）对妨碍自己达到目标的因素有较清楚的认识。

（9）对自己能够做到的事情有较清楚的认识。

（10）对自己的希望和能力的差距比较清楚。

（11）能正确评估自己的社会角色。

（12）对自己的情绪有较为清楚的

认识。

（13）明确自己能力的极限。

那么，如何调整自我概念中的偏差、形成积极的自我概念、实现个人成长呢？下面是三点建议。

（一）全面客观认识自我

全面客观地认识自我是形成积极自我概念的基础。具体而言，应从以下几条途径进行：（1）积极参加社会交往，充分表现自我，发现自己的优点和不足。（2）合理运用社会比较策略。每个人在认识自我的过程中，免不了要与别人进行比较，合理运用社会比较策略，对于积极自我概念的形成具有重要意义。（3）留意他人对自己的态度和评价，特别是留意来自父母、老师、同学、朋友、异性等多方面的信息，这样就能够逐步形成对自我全面客观的认识。

另外，要觉察并克服生命的限制。有时候我们会觉得生命中有一种无力感，觉得自己被环境、被现实限制住了，实际上束缚我们手脚的是烙印在我们内心深处、在成长过程中形成的许多无形的限制。沟通分析学派的高登夫妇在做治疗的过程中，发现个体所接收的禁止信息可以综合归纳在几个重要的范围内。1976 年，他们将之归纳为如下十二种。

（1）不要存在。

（2）不要做你自己（的性别）。

（3）不要做小孩。

（4）不要长大。

（5）不要成功。

（6）不要做。

（7）不要变得重要。

（8）不要有归属感。

（9）不要亲密。

（10）不要正常或健康。

（11）不要感觉。

（12）不要思考。

我们要克服这些限制，学会反驳那些对自己不利的想法，学会挑战内心的家长和批评专家。因为我们已经成年，可以检验这些信息了，那些童年时我们深信不疑的信念只要稍加质疑就会发现它是站不住脚的。当我们把这些限制去除掉后，潜能也就能更顺利地被发掘出来了。

（二）积极悦纳自我

悦纳自我是发展积极自我概念的核心和关键。一个人首先应自我接纳，才能为他人所接纳。悦纳自我就是要无条件地接受自己的一切，无论是好的还是坏的、成功的还是失败的、有价值的还是无价值的，凡自身现实的一切都应该积极悦纳。要平静而理智地对待自己的长短优劣、得失成败。要乐观开朗，用发展的眼光看自己，既不以虚幻的自我来补偿内心的空虚，自欺欺人，也不消极回避自身的现状，更不能以哀怨、自责甚至厌恶的态度来否定自己。在自我悦纳的基础上，培养自信、自立、自强、自主的心理品质，从而发展自我、完善自我。

（三）不断完善和超越自我

认识自我、接纳自我，都是为了完善自我、超越自我。在生活和学习中，我们免不了会遇到困难和挫折，在困难和挫折面前不灰心、不丧气，保持自信和乐观的态度，是积极的自我概念的体现。这就要求大家要有强烈的实践和锻炼意识，积极参加各种社会实践活动，努力提高自己的挫折耐受力和各方面素质。自我的完善和发展必然会促进积极自我概念的形成，积极的自我概念反过来又会促进自我的完善和发展。

🔗 成长链接

⚙ 心理活动与体验

一、活动在线

做下列一个或多个活动，看一看你对自己的感觉有什么变化？

◇列出你的五个优点。

◇列出你钦佩自己的五件事情。

◇描述五种你可以使自己笑的方式。

◇列出你善待自己的五件事情。

◇你最近参加过的带给你快乐的五个活动是什么？

◇到目前为止，你生命中最大的五个成就是什么？

◇你能够为别人做并且使他们感觉良好的五件事情是什么？

二、体验分享

影片《死亡诗社》（外文名 *Dead Poets Society*）讲述了发生在威尔顿预备学院这样一所以沉稳凝重的教学风格和较高的升学率闻名的学校里的故事。故事梗概是：新学期文学老师基汀带原本一心只想着死读书升名校的学生们在校史楼内聆听死亡的声音，反思生的意义；让男生们在绿茵场上宣读自己的理想；鼓励学生站在课桌上，用新的视角俯瞰世界。基汀老师自由发散式的哲学思维让学生内心产生强烈的共鸣，他们渐渐学会自己思考与求索，勇敢地追问人生的路途，甚至违反门禁，成立死亡诗社，在山洞里击节而歌。

请欣赏这部影片，并和同学们讨论分享这部影片中最令你感动的时刻或引起你共鸣的情节。通过这部影片你对自我认知和自我珍爱有了哪些新的认识？

————————————————

————————————————

————————————————

————————————————

三、心海扬帆

与自己握手言和

直面内心的恐惧，就要更好地接纳自己，融合自身的冲突和分裂。神经语言程式学（Neuro-Linguistic Programming，MLP）简快心理疗法的自我整合法就可以处理涉及"身份"信念的矛盾，下面让我们一起了解具体做法。

（1）准备两张纸、不同颜色的笔，在两张纸上分别写上自己的名字，代表内心的两个部分（如渴望成功和恐惧成功）。把两张纸相对地放在地上，相隔0.7~1米。

（2）先站在做事失败了被批判、责备的"自己"上面。想一遍做了的事，问一问自己：做这件事的目的是什么？想得到什么？（找出所追求的价值，也就是找出正面动机）一遍又一遍地找出上一个答案背后的价值需要，直到找到"身份"或更高层次上的正面动机（例如"使自己更好""肯定自己的能力""证明我可以照顾自己"等）。

（3）走出来，站在另一个"自己"上面。想一想自己怎样批判、责备对面的自己，然后问：责备批判的目的是什么？想得到些什么？（找出所追求的价值，也就是找出正面动机）一遍又一遍地找出上一个答案背后的价值需要，直至找到"身份"或更高层次上的正面动机（例如"使自己更好""肯定自己的能力""证明我可以照顾自己"等）。

（4）你会发现，追究下来，原来两边的自己有着相同的正面动机。再站在第一张纸上，回想一下自己做了的事和对面的自己的批判责备。对对面的自己说出如下话语。

● 我做这件事是为了（找到的正面动机）；

● 你责备批判我，也是为了（找到的正面动机）；

● 原来我们都是为了使（自己的名字）更好；

● 当我们的力量结合在一起时，我们就更能帮助（自己的名字），使（自己的名字）更好；

● 现在，是时候让我们结合在一起了。

（5）闭上眼睛，伸出双手，想象握住对面自己的双手，慢慢地把"他"拉过来，拥抱"他"，感受"他"把头靠在自己的肩膀上，然后在"他"的耳边轻柔地、细声地说出两句只有"你俩"知道的话，去肯定两份结合的力量会多么有力地帮助（自己的名字）变得更好。再听听"他"在你的耳边说出的两句话，只有"你俩"知道，"你们"的结合怎样使（自己的名字）更好。然后，感受一下融合在一起的感觉，安静地好好享受这份舒服同时充满力量的感觉。

💙 心灵天地

➕ 心理保健

一、方法指南

过去的已经过去，无法改写，但我们可以改变看待它的角度和感受，例如有些人说当年那件事对我来说实在是太可怕了，好在现在的你已经不是当年的你了，仔细想想还有那么可怕吗？可能没有了，所以你也可以更加理性地思考了。

如果个体对生活中的灾难、挫折和不幸能够坚持理性、灵活的信念，并不把他们理性的需要和愿望提升到刻板僵化的"必须""应该"或"一定"时，他们就会得出现实的结论。这些结论采取下列形式。

（1）表现出忍耐："我当然希望……但如果不行，我也可以接受，不是非要那

样不可。"

（2）百分比的思维模式：这个与第一条的"忍耐"相关，就是从非对即错、非黑即白的思维方式，转变为增加能够容忍黑白之间的灰色地带，判断是非对错时能够以百分比进行分割，而不是"一刀切"、一概而论。

（3）承认"人无完人、对事不对人"的观念：这同样与前两点相关，因为能够容忍人的错误与缺点，知道没有什么人或事会是百分百的完美，所以能够允许自己或别人的瑕疵、过错甚至失败。即便发生了特别不如意的事情，也不影响对这个人客观的评价。

（4）对恶劣情况的非极端评价："这不是我所希望的，这样很不好，但不可怕，没有糟糕透顶。"

二、课堂实战演习

每个人都是特别的。请与小组同学从以下三个方面展开讨论，影响自我形象的因素有哪些。

（一）外貌——"我长得怎么样"

我们在评价自己和他人的时候，首要因素就是外貌。那什么样的长相可以接受，什么样的长相不可以接受呢？

（二）成就——"我做成了哪些事情"

你认为像你这样年纪的人应该取得什

么成就？例如职业技能学习成绩、体育成绩、与父母的关系等。

将个人的价值建立在这些事情之上是否有错误？为什么？

（三）地位、影响力、重要性——"我有多重要"

当领导好还是被人领导好？为什么？

地位的高低会对自我形象产生哪些影响？为什么？

自我形象是每个人的信念体系作用的结果，你所信以为真的东西决定着你如何解释周围的世界，包括对自我的看法。感觉实际上是内心活动的一面镜子，决定我们看待所遇到的一切事物的方式。同样是考试得到 70 分，可能有人会觉得很高兴，自己又一次及格了；可能有人会觉得很难过，自己没有达到优秀。同样的事情，不同的人反应是不同的，同样，每个人对自我形象的评判是不同的。

认真想一想你的自我形象是什么样子的？是高估了自己，还是低估了自己呢？

📱 小贴士

本章核心概念

自我概念；自我概念的特点；本我；自我；超我；父母自我；成人自我；儿童自我；自我的发展；自我概念的偏差；积极的自我概念

本章小结

1. 自我概念（自我意识）是对自己存在的觉察，是意识的核心部分，是一个人在社会化过程中逐步形成和发展起来的对自身生理状态、心理状态以及自己与周围的关系的多方面、多层次的认知、体验和评价，包括生理自我、心理自我和社会自我三个部分。

2. 自我概念的结构表现在自我认知、自我体验和自我调控方面。

3. 自我概念对个体行为具有导向性；自我概念决定着个体对经验的解释；自我概念影响着个体的自我期望水平。

4. 自我概念的核心特征包括自我一致性、自尊、自我提升和自我验证。

5. 职业院校学生自我概念的特点：自我概念的分化、自我概念发展的积极倾向、自我概念的矛盾。

6. 按照精神分析理论，自我分为本我、自我和超我；按照沟通分析理论，自我分为父母自我、成人自我和儿童自我。

7. 按照埃里克森的观点，自我的发展分为八个阶段。其中青春期会出现自我同一性混乱的危机。

8. 自我的发展受到遗传和环境的影响，其中家庭影响中父母的教养方式分为民主型、权威型和放纵型。

9. 职业院校学生常见的自我概念偏差有：自我中心与盲目从众，过度的自我接纳与自我拒绝，逆反与消极怠惰。

10. 职业院校学生积极自我概念的养成和个人成长可从三个方面入手：全面客观认识自我，积极悦纳自我，不断完善和超越自我。

心理测试

气质类型量表

辅导案例

拓展阅读资料

［1］俞国良主编.心理健康（第5版，中等职业教育课程改革国家规划新教材）.北京：高等教育出版社，2020.

［2］俞国良主编.大学生心理健康（第2版，根据教育部《高等学校学生心理健康教育指导纲要》编写）.北京：北京师范大学出版社，2022.

［3］［美］詹姆斯·W.范德赞登等著.人类发展.俞国良等译.北京：中国人民大学出版社，2011.

［4］［奥］阿尔弗雷德·阿德勒著.自卑与超越.杨惠译.北京：世界图书出版公司，2019.

［5］张沛超著.我的内在无穷大.北京：人民邮电出版社，2021.

第三章

发现自我 探索自我

与其做个好人，我宁愿做个完整的人。

——［瑞士］荣格

★ 学习目标

通过本章学习，了解人的潜能的存在以及无法发挥的原因，无意识中自我保护的三种方式——自我设限、自我妨碍和自我实现预言，自我价值感的定义以及职业院校学生自我价值感的特点，自我实现的定义及特征；理解几种自我价值感——自信、自卑、自恋和自负的心理机制；树立自我突破、自我悦纳、自我超越的信念，从而达到发掘潜能、建立自信、实现理想的目的。

主题 7　发现自我：我能行

　　盲目自卑是目前职业院校学生比较普遍的心理现象，很多同学会因为学业上曾经的失利而妄自菲薄，他们在校园里畏首畏尾，不敢放开手脚去施展才华，"我不行"这样的心理咒语使他们原本可以流光溢彩的校园生活黯然无光。其实，职业院校学生一样有自己的潜能，要发现自己的潜能，突破自己的心理局限，为自己的人生增值！

心理探索

一、人的潜能和价值

　　人类既有显现的能力又有潜在的能力。大脑的潜能世界是一个未被打开的宝库，那里蕴藏着惊人的能量。

　　根据美国人类机能研究者的报告，人具有 15 种不同的自然天赋，分别是：（1）归纳思考能力；（2）分析思考能力；（3）对于数字的灵敏；（4）精密地使用小型工具的能力；（5）观察力；（6）设计图记忆能力；（7）音乐方面的能力；（8）数字记忆能力；（9）数字思考能力；（10）语文能力；（11）预测能力；（12）颜色感知能力；（13）图表能力；（14）创意思维能力；（15）结构视觉化能力。一般来说，每个人至少具有 3~4 种能力，很少有人具有 7 种以上上述能力。这就是说，除了学习成绩，我们还有广阔的领域有待发掘和拓展自己的潜能。

　　对职业院校学生来说，学业上可能我们不是优秀的毕业生，造成学习成绩不好的主要原因不是智力上存在问题，更多是学习习惯和方法不当，造成潜能没有得到有效开发。从多元智力理论的角度来看，职业院校的学生与其他高校学生的智力差异主要在于类型而非层次，由于现今学生的选拔主要采用单一的纸笔测试，这种测试只关注那些以纸笔测试能测得的能力，主要为语言和逻辑能力，而其他诸如节奏智力、空间智力、动觉智力、视觉智力、动手能力等无法测出。所以职业院校学生要坚定自己具有巨大潜能的信念，相信只要措施得当，就能激发、引导并开发出自己的优势潜能。

　　虽然我们在理性上确信潜能是存在的，但是落实到个体身上，我们又不那么确定了，很多人有可能会说"我不行""我做不了，换别人吧"，尤其是从未做过类似的事情的时候。顶尖潜能学家安东尼·罗宾对此解释说："更好地发挥潜能和个体的价值观是分不开的。许多人牺牲自己的价值观，去做自己不愿意做的事，这就是他们不能发挥自己潜能的原因。"人本主义心理学家马斯洛也说过："音乐家作曲，画家作画，诗人写诗，如此方能心安理得。"我们的行为若无法与内心最重要的愿望相符，那么便会在内心产生对立，成功遥遥无期，更别谈发挥潜能。

若想发挥潜能，获得改变、成长和兴盛，需要清楚自己以及他人的法则，知道衡量成败的标准，这大概是马斯洛所说的"自由地真正成为自己"——去发现存在于自己的感觉和反应中的统一与和谐。开放地对待自己的机体经验；相信自己的身体是感知生活的最佳工具；承认自己有责任做一个有个人特色的人；最后，意识到自己的生命是一个不断流变的前进过程，并力图在这个经验的流程中不断发现自我的新内容。

因此，同学们要多关注心理学，认识到"没有人能够学会需要学会的一切东西"，自己在某方面的弱势表现并不表明在其他方面也必然呈劣势，相信任何成功者都不是天生的，成功的根本原因是开发了潜能，因此，应该充分利用校园资源尽可能多地开发自己的潜能。只要你抱着积极的心态去开发自己的潜能，就会有用不完的能量，能量会越用越多，你就能更好地适应变化的社会。当然学校也应该采取积极有效的措施激发学生的潜能，具体参考做法有：进行思维练习和开展素质拓展活动、通过问卷和测评对学生进行优势能力发掘、引导学生学会情绪管理以及激发情商认知、教师尽可能多地与学生进行沟通和交流以促进理解。

二、无意识中自我保护的几种方式

（一）自我设限

科学家做过一个有趣的实验：他们把跳蚤放在桌上，一拍桌子，跳蚤迅即跳起，跳起高度均在其身高的100倍以上，堪称世界上"跳得最高"的动物。之后，他们在跳蚤头上罩了一个玻璃罩，再让它跳，这一次跳蚤碰到了玻璃罩。连续多次后，跳蚤改变了起跳高度以适应环境，每次跳跃总保持在罩顶以下高度。接下来逐渐改变玻璃罩的高度，跳蚤在碰壁后都会被动改变自己的跳跃高度。最后，当玻璃罩接近桌面时，跳蚤几乎无法再跳了。科学家把玻璃罩打开，再拍桌子，跳蚤仍然不会跳，变成"爬蚤"了。

跳蚤变成"爬蚤"，并非它丧失了跳跃的能力，而是由于一次次受挫学乖了、习惯了、麻木了。最可悲之处在于，当玻璃罩已经不存在时，它却连"再试一次"的勇气都没有了。玻璃罩已经罩在了跳蚤的心灵上，行动的欲望和潜能被它自己扼杀了。

跳蚤不能跳到原来的高度是它已默认了玻璃罩的高度是自己永远无法逾越的。人有些时候也是这样，现实生活中，有的人之所以没有在事业上取得成功、没有达到想要达到的目标，并非完全受能力素养、环境条件等因素的影响，而可能是在面对多次失败后心灰意冷，心甘情愿地停留在自己默认的"高度"上，失去向上一跃的勇气。

自我设限即个体在心中为自己设了一个"高度"，这个"心理高度"常常暗示自己：没有能力，不够优秀，成功的概率几乎是零等。在成长的过程中，如果受到外界尤其是重要他人太多的批评和打击，或者多次的失败以及别人的失败让自己看不到成功的曙光，就很容易形成害怕失败同时又对失败习以为常，不思进取、不敢拼搏的个性特征，不知不觉间已经给自己设了限。就像部分学生认为"我是职业院校学生，我比别人差""学历低、能力差、就业难"等都是自我设限的表现。有一句特别响亮的广告语说得好：心有多大，舞台就有多大。要走出自己画的那个圈，我们就需要重新找回失落的本真的自己，保持积极的心态，学会积极的心理暗示，给自己一片没有设限的天空，自由翱翔，就会发现自己潜在的力量。

（二）自我妨碍

我国学者黄希庭认为，所谓自我妨碍是指个体针对可能到来的失败威胁而事先设置障碍的一种防卫行为。莱里和谢普德根据个体能否对行为进行控制，将其分为行动式自我妨碍和自陈式自我妨碍。前者包括一系列个体所能控制的对学习不利的行为和事件，如不好好准备、不好好休息、减少练习的时间等；后者指个体为将来可能的失败寻找一系列不可控的借口，包括考试焦虑、紧张和疾病等。

有趣的是，抬举他人也被后续的研究者加入到自我妨碍的种类当中。其定义特殊性表现在：个体在面临竞争或比较的情境时，并不选择某行为或声称某行为对自己产生影响，而是提供给竞争者或比较者额外的信息或帮助他们使其有更好的表现，而自己同样尽力以求最佳表现。若失败，则可将之归因于竞争者所获取的额外利益，从而避免他人及自己对自己能力的怀疑；同时还可博取不自私、有爱心的美名。抬举他人的策略既可以是一种实际行为，也可以是一种想象行为，即通过想象竞争者所拥有的优势以实现其目的。

职业院校学生在学习中自我妨碍主要表现在：减少努力，如不做作业、不听老师讲课或沉溺于网络和电子游戏中；给自己揽大量的事情，如参加大量的课余活动、热衷于交友聚会等来使自己无法专心学习；服用能妨碍成绩的药物/物质，如感冒药或喝酒等；设立很低的目标，使自己能在必然的成功中放慢学习的脚步；设立很高的目标，以便自己能在必然的失败中得过且过。总之，任何对成功不利的事情都可以被他们用来作为自我妨碍的一种手段。

虽然自我妨碍行为具有暂时维护自我

价值感的短期利益，但某些自我妨碍行为常常会影响个体成功的机会，还有可能使其人格受到污辱。更严重的是，长期的自我妨碍，会使个体经常处于失败的境地，最终必定损害其自我价值感。因此自我妨碍并不是面对困境时的正确应对方式，它是一种消极的、回避式的策略。扪心自问，你有没有在某些重要事件和关键时刻"掉链子"的行为，那可能就是你的自我妨碍。

（三）自我实现预言

所谓自我实现预言是指如果一个人预测或期盼未来的行为或事件将要发生时，这些预测或期盼对行为互动改变很大，因此会增大这一行为或事件发生的可能性，甚至产生预期的结果。

"自我实现预言"也被称为"皮格马利翁效应"，但二者又不完全一致。皮格马利翁是古代神话中的一个雕刻家，他塑造了一个自己理想中的女子的象牙雕塑。这个雕塑如此美好，竟使皮格马利翁爱上了"她"（他自己的创造），他向雅典娜祈求赋予雕塑生命，雕塑果真活了，与皮格马利翁幸福地生活在一起。人们讲述这个故事的时候，通常隐去了女神雅典娜的帮助，而只强调皮格马利翁的心向，他的强烈愿望使雕塑感动，结果使不可能的事情变成了可能。人们借用这个故事说明人的期待效应。

自我实现预言有积极和消极自我实现之分，积极的自我实现预言鼓舞个体积极向上，获取成功；消极的则相反。举个例子，有位女同学，刚入学时家人就反复叮咛千万别考不及格，最后落个退学回家的下场。因此她总把家人这句话牢记在心，生怕有朝一日会考不及格，特别是在不会时，考试中经常有偷看书或笔记之类的事。谁知有一天老师随便说了句"考试时要加强监考"，一下子让她万分焦虑起来。她整天静不下心来学习，甚至饭也吃不香、觉也睡不着，最后她因患严重的抑郁症不得不退学。在我们的成长过程中，应当充分利用两者的区别，发挥自我实现预言的作用：教师应怀有开放性和发展性的"自我实现预言"，充分激发学生的潜力和创造力；学生应克服错误的"自我实现预言"的引导和限制，给自己一个正确的方向。

🔗 成长链接

ஃ 心理活动与体验

一、活动在线

每个人都有自己想要成为的"那个人"，只要努力，我们都有潜力变成我们想

要成为的"那个人"。

（1）我要成为像＿＿＿＿＿＿那样的人。

（2）我喜欢他的＿＿＿＿＿＿，所以我想成为他。

（3）我需要做到＿＿＿＿＿＿，才能成为他。

（4）我相信我可以成为像＿＿＿＿那样的人。

（5）我有＿＿＿＿＿＿方面的潜能，因此我一定能成为他。

（6）在未来的＿＿＿＿＿＿时间内，我会实现我所期望的。

二、体验分享

掌声响起来

你的潜能有多大呢？让我们做这样一个实验：你认为如果一直不停地鼓掌可以鼓掌多少下呢？

（1）请拿出一张白纸，在纸的左上角写下你认为你一分钟内可以鼓掌的次数，不用过多思考，只需把第一个进入你脑海的数字记录下来。例如10下、50下、100下。

（2）写下掌声数后，把左上角折下来，将刚写好的数字盖住。

（3）现在开始用尽全力鼓掌，直到时间到了1分钟再停下来。想象一下，此刻你正在观看一台精彩的演出，台上是你最

喜爱的偶像。此刻，演出结束了，演员向你们走来，你无比激动，拼命地鼓掌。鼓掌时双手的距离不必过大，大约3~5厘米就可以了。

（4）将实际所鼓的掌声数写到白纸的正中间。

（5）打开左上角，对比一下左上角和正中间的数字。

你对自己潜能的估计是小了还是大了？这说明了什么？和同学分享一下你对自己的看法。

＿＿＿＿＿＿＿＿＿＿＿＿＿＿

＿＿＿＿＿＿＿＿＿＿＿＿＿＿

＿＿＿＿＿＿＿＿＿＿＿＿＿＿

＿＿＿＿＿＿＿＿＿＿＿＿＿＿

希望同学们相信自己的潜能，相信自己的价值。因为你的力量，常常比你自己估计的要大得多，就像一块璞玉，不经琢磨，你无法全面地看到它夺目的光辉，然而让它闪光的唯一方法，不是等待，而是打磨。如果你有一天灰心丧气了，就看看你的这张纸，看看你写在左上角的数字，再看看你写在纸中央的数字。请记住，你的潜能就像深藏不露的泉水，如果不去挖掘，你就无法知道它究竟能不能成为汇入大海的一条河流。

三、心海扬帆

开发潜能的方法有很多，介绍下面几

种方法，希望能对大家有所启发。

（一）选择合适的目标

真正能激励人奋发向上的是既宏伟又具体的远大目标。许多人惊奇地发现，他们之所以达不到自己孜孜以求的目标，是因为他们的主要目标太小，而且很模糊，使自己失去了动力。如果你的主要目标不能激发你的想象力，目标的实现就会遥遥无期。当然，这个远大的目标并不是不切实际的，在树立这个宏大目标的同时，你需要用很多小的近期目标去配合这个大目标的实现。

（二）勇敢地接受挑战

你是不是经常说"我不行！"或者"我做不到！"其实，当你说这些话的时候，就已经放弃了一次机会，一次让你认识自己与自身潜能的机会。如果你不去尝试，就永远不会知道自己的潜能在哪里。有时候我们不做一件事，是因为我们没把握做好。如果我们认真对待，一旦做起来就会乐在其中。

（三）变危机为生机

危机能激励我们竭尽全力。当然，我们不必坐等危机或悲剧的到来，从内心挑战自我是我们生命力的源泉。勇敢地迎接危机的挑战，战胜恐惧，哪怕克服的只是小小的恐惧，也会增强你对自己生活能力的信心。

（四）把握好情绪

人在开心的时候，体内会发生奇妙的变化，从而获得新的力量。但是，不要总想在自身之外寻开心，令你开心的事不在别处，而在你身上，因此，找出自身的情绪高涨期，不断地激励自己，同时，保持乐观的心态，对于你潜能的开发也是非常有帮助的。

（五）点滴中展示自我

"不以善小而不为，不以恶小而为之。"点滴小事中也可以展示出自己的潜力。创造自我，如同绘一张巨幅画，如果把自己当作一幅正在创作中的杰作，你就会乐于从细微处做改变。一件小事做得与众不同，也会令你兴奋不已，一点一滴的改变对你都很重要。

💙 心灵天地

➕ 心理保健

一、方法指南

克服自我设障，可以尝试以下方法。

（一）正确归因，培养健康的自我概念

个体对成败原因的解释，会导致形成不同的自我概念，进而影响是否自我设障。因此，进行积极的再归因训练，有助于增强个体未来的成就动机，提高对未来学习成功的期望，引起情绪反应方面的积极变化，建立积极的自我概念，从而减少自我设障。

（二）接纳自我，培养健康的自尊感

盲目的过度自尊的人往往会更要"面子"，因而更容易自我设障。健康的自尊感是意识的免疫系统，它赐予我们坚定和力量，使我们对自己的想法和选择有信心，期待自己的耕耘有所收获。健康的自尊虽然不能使我们在逆境中永不受焦虑或沮丧的侵扰，却能使我们持之以恒地去面对并跨越逆境。

（三）调整认识，挑战不合理信念

如果个体头脑中有不合理信念，往往妨碍其心理与行为的恰当反应，从而导致自我设障。所以要挑战不合理信念，改变原有的认知和行为，积极进行认知矫正，改变不合理认知，这样就容易接受自己，也就可以减少自我设障。

（四）寻求支持，建立社会支持系统

一是要拥有自己可靠的人际关系，当心情压抑痛苦时，可以向同学或朋友倾诉，获得理解和帮助，也就可以避免在问题面前自我设障。二是寻求专业的心理援助，最科学的支持系统当属学校的心理咨询机构，如能及时获得专业心理咨询的帮助，当然是最佳的选择，很多人经过心理咨询跳出了自我设障的怪圈。还要主动与人交往，扩大人际交往圈，为自己创造一个良好的支持环境，帮助自己朝希望的方向转变，也就避免了自我设障。

（五）进行训练，学会自我肯定

研究发现，自我肯定经验能降低自我设障的动机和倾向。自我肯定使个体积极的特征更加明显，当一个人专注于成功的经验时，很难同时去想失败的经验。如果个体能够表现自己的积极特征，就很少会自我设障，并且能承受外界对自己能力的评价。要具备自我肯定这一特质，就必须进行自我肯定训练，包括认知训练和行为演练，长期坚持，逐渐形成自我肯定观念与行为，也就可能避免自我设障。

二、课堂实战演习

他天生严重残疾，罹患癌症，但他挑战死亡；他从小受尽歧视和折磨，依然笑对人生；他只能依靠双手行走，却成为运动健将；他只能算"半个人"，却是世界上著名的激励大师。在一百九十多个国家，他用自己的亲身经历，激励过二百多万人。

他告诉自己，永远都不要说不可能。他的名字是约翰·库缇斯。

　　世界上有很多诸如约翰·库缇斯这样的励志大师，他们借用自己不平凡的人生经历给予他人希望和激励。有人说："人生第一快乐是，做到自己认为自己做不到的事；人生第二快乐是，做到别人认为自己做不到的事。"你赞同吗？在班级里收集一些你和伙伴们成功颠覆被自己或他人不看好的经历吧。

_____

_____

_____

_____

_____

_____

_____

小贴士

主题 8　悦纳自我：我很棒

　　"人无完人"说起来好像是人所共知的事实，可是又有多少人面对自己的不完美可以淡然处之呢？悦纳自我可以用另一句话作为注解：有勇气改变我能改变的，有胸怀接受我不能改变的，然后有智慧地区分这二者。职业院校学生应建立恰当的自我价值感，走出盲目自卑的漩涡，走向自信光彩的人生新天地。

心理探索

一、自我价值感

　　心理学家沃尔特·米歇尔认为，自我价值感是个体对自身价值的判断；我国心理学家张春兴教授认为，自我价值感是指个体对自身的感受，认为自己重要、有价值，因而接纳自己、喜欢自己。一个人的自我价值感是在其成长过程中逐步建立起来的。在孩童阶段，身边的成人如何引导他去理解每一件事和做出反应，决定个体能否培养出足够的自我价值感。简单地说，自我价值感就是自信、自爱和自尊。

　　自信是信赖自己的能力，是能够带给个体正面价值的能力。任何能带来很多价值的东西，个体都会爱护它，有了爱护之心，才会尊重它的存在。自信不足的人不会爱护自己，也会做出许多事使得别人不爱护自己；自爱不足的人不会在乎如何尊重自己，也不会在乎别人对自己的尊重。所以，必须先有足够的自信，才能够建立足够的自爱；有了足够的自爱，才能建立足够的自尊。

　　自我价值感是人格最核心的部分，对人格的统整和健全起着决定性作用。当前部分职业院校学生之所以产生人格障碍，形成封闭、孤独、偏执、自恋或自卑等不健全或畸形变态人格，与他们不良的自我价值感有很大关系，而自我价值感过高或过低都会对个体人格的形成和发展产生不良影响。1986年，心理学家沃尔特·米歇尔的研究发现，低自我价值感者表现为自卑、失望、抑郁、不可爱、怕别人注意自己，这些特点影响学生自我概念的内涵及其稳定性，使学生自我评价过低，易形成消极的自我概念，造成个体内心的激烈冲突和斗争，产生痛苦和焦虑等心理问题，最终导致人格障碍。然而，高自我价值感也并不一定就有利于人格发展，如果高自我价值感是建立在不切实际、过分夸大或提升的自我概念之上，则容易出现自我膨胀、自负甚至自恋心理，最终同样可能导致人格障碍。职业院校学生往往以前者居多。

二、不同自我价值感的内在心理机制

（一）自信

自信是我们每个人都需要的，它涉及个体对自己是否有积极的态度，是否感到自己有许多值得骄傲的地方，是否感到自己是成功的和有价值的。一个有足够自信的学生，会拒绝不良分子引诱他尝试做不合法纪纲常的事，如打架斗殴、吸毒偷盗等，因为他觉得"我有很好的能力，能够做很多事情，有很多方法找到乐趣和满足，我不需要这些。何况我要保全自己的积极形象，争取别人对我的尊重，这些不好的事情能够给我的都是消极形象，不值得我去做"。

自信源于无条件的自我接纳，如果非要说有什么条件的话，那么前提只有一个，即自己是一个独特的个体，个体本身存在的价值不容置疑，不需要论证。自信的"我"可以有不足、可以失败、也可以不完美，这都不影响"我"存在的价值。做事情时，自信的人更可能选择自己喜欢的事情，全身心投入，关注过程和体验，从过程和体验本身获得极大的满足感，学习与生活自然就可以轻松快乐。而且，当一个人全身心投入一件事情时，即使不问结果，结果通常也会比较好。相应地，其心理和行为特征通常表现为追求开放的结果，通常不会设定诸如"我一定要成功""我必须要得到大家的认可"等要求；他们愿意尝试多种可能性，会接受失败和错误是正常的过程、是学习和成长的新起点。这种理念可以减少个体因为担心结果不好而分散注意力，这样，自信的人就更可能把主要精力集中在真正提高自我、发展个人潜能的事情上。真正的自信牢牢地建立在"我是一个独特的个体"的基础上，因此，自信的人承受失败和挫折的能力更强，也更敢于面对自己的不足，他们不需要掩饰，因为他们接受自己的不完美。

具体到某一个方面或任务上的自信就是自我效能感，班杜拉（1986）定义自我效能感是个体对自己能否在一定水平上完成某一活动的判断、信念或主体自我把握与感受，它是个体在面临某一活动任务时的胜任感及其自信、自爱与自尊等方面的感受。

我们的自我效能感是怎样形成的呢？首先取决于我们实践的成功经验，这是最基本、最重要的，之前成功过，再做时确信自己能够成功的概率就高，这是很好理解的。如果一个学生经常被老师当着全班同学提问，那么在全班同学面前发言、竞选演讲对他来说就不是一件特别困难的事。其实这是一些替代性经验，主要是参照对比我们和其他人的能力水平，如果能力差不多甚至比自己差的人都能完成，那么自己也能完成的自信心就会强很多；如果连能力比自己强很多的人都难以完成，自己也就会生出畏难之心。当然还有一些言语引导，包括鼓励、鞭策也会起到一些推动作用。

（二）自卑

个体心理学创始人阿德勒提出"自卑情结"的概念，指出每个人都有先天的生理或心理缺陷，作为人就意味着要体验自卑、不足和无助。人"总是被自卑感占据和驱动"，从本质上看，所有的人格都是由自卑感发展而来的，这种自卑感是个体未能达到社会理想或自己虚构的标准而产生的持续感受。他强调自卑感不是变态的象征，而是完全正常的，正是它的存在，才促使人寻求补偿。补偿作用是推动个体追求卓越目标的基本动力。

自卑即低估自己的能力，觉得自己各方面不如人。一个自卑的人，他接纳自己是建立在一系列条件的基础上的，只有达到了某些标准，才能接纳自己作为人存在的价值，例如拥有优秀的成绩、漂亮的容貌、大家都认可和喜欢自己等，只有他拥有这些条件，得到认可、赞扬或羡慕时，他才感觉自信。因为是有条件地接纳自己，自卑者的自信基础非常脆弱，是以他人的评价和标准转移的，而他人是多样的、变化的，所以，自卑者经常否定自我，对自

己有强烈的不满，紧紧盯住自身的缺点、不足或失误。

自卑的原因很复杂，主要有以下几点。

（1）因童年所受到的歧视或对能力的怀疑而形成不良观念。弗洛伊德认为，一个人一生都对他童年时期所形成的不良情结进行强迫性重复，很多孩子小时候因受到别人歧视而形成不良观念。

（2）经历过重大挫折或长时间没有得到对自身能力的认可。心理学家卡罗尔·吉利根从他的研究中发现男孩子更强调个人承担责任，如果没有机会将这种需求表现出来，那么他将会对自己产生怀疑，缺乏必要的自信。

（3）父母一味包办代替。一些父母将孩子的一切考虑得井井有条，认为这样孩子就可以安心学习，殊不知这样做严重地影响了孩子独立处世能力的发展。因为缺乏相应的体验，孩子没有足够的信心面对周围的环境，导致他们在遇到事情又不能及时得到父母的帮助时便会受挫而选择逃避。

有自卑感的人轻视自己，否定自己的长处或对自己的长处没有足够的认识，因而经常表现出胆怯、畏惧、怀疑，担心被人嫌弃和拒绝。其精力主要集中在避免失败或者显示力量的事情上，避免失败可以免于自我否定，显示力量可以为自信加分。自卑的人做事只关注结果，因为过分地担忧结果，容易产生强迫性焦虑情绪，然后

以强迫性的思想和行为来缓解焦虑，因为单一标准的结果要求，强迫性焦虑的个体通常对他人、对自己都是比较苛刻的。这一切的心理和行为最终会让他感到身心疲惫，从而更加自卑，因为自卑，更加追求外在的成功和认可。这时，他已不再满足于常态的成功，而是追求一种超值的过度补偿，以弥补自己的自卑，生活陷入了一个为自己而忙碌却又没有自我参与的循环。根据个人能力和境况的差异，可能出现两种结果：一种是我很成功，但我很自卑；我很优秀，但我不快乐。另外一种是我很失败，我很自卑；我很差劲，我很不快乐。

（三）自恋

自恋的典故源自希腊神话中的一个人物——那喀索斯，当他看到自己在池水中的倒影时，他爱上了自己。自恋即自己对于自己过分相信、过分自满的一种陶醉入恋的心理表现。主要表现为：对自身重要性和独特性的夸大；沉迷于对无限的成功、权力、光辉、美丽和理想化的爱的幻想；爱表现自己；对他人的批评很冷漠或面对批评产生强烈的愤怒感、羞耻感或空虚感；在人际关系中拥有特权感，自私地利用他人来达到自己的目的，缺乏同情心，不愿意承认或认同他人的感受和需求。研究表明，自恋行为正呈上升趋势，而且将来会继续上升。

自恋总是与自尊有着一定的相关性，病态的自尊则是无限扩大的自恋。自恋者诸多的行为均是为其自尊而服务，自恋者为了保护其自身，避免自我怀疑和抑郁，表现出夸大、特权、支配、攻击等行为，对比研究显示，当被侮辱激怒时，自恋者比其他人更具有攻击性。在自恋量表上得分很高的人表现出游戏般的恋爱风格，因为他们认可"我尝试着对我的恋人保持一种不确定且模糊的承诺"。

（四）自负

自负可以理解为过高地评估自己，做事盲目自大，固执己见，不敢承认别人的长处，有时会看不起别人。自负的人往往表现为争强好胜，清高自傲，自我夸耀，只关心个人的需要，强调自己的感受而忽视他人的表现，因此容易使自己不能正确地评价自我，削弱了对周围环境的洞察力，从而降低了分析和判断问题的能力，以致与本来很适合自己个性发展的理想环境对立。由于眼高手低，好大喜功，常常遭遇失败，而好强的个性又不能经受失败、忍受挫折，长期恶性循环最终导致自我价值感的丧失。

三、职业院校学生自我价值感的特点

大多数学生能够正确认识并坚持我国社会的主流价值观，但随着经济和文化的全球化、多元化，学生的自我价值感也呈现出多元性。调查显示，职业院校学生对自我的总体意识已经基本稳定，但自我价值感低于全国大学生平均水平。与普通高校相比，职业院校学生生源较为多样化，有的来自普通高中，有的来自中职学校和初级中学，这三类学生有着不同的学校背景和文化基础，知识、能力和素质存在着较大的个体差异。

大多数职业院校办学历史不长，在社会上的知名度和信誉度不及特色中专或专科院校，更不及其他老牌的普通院校；社会对职业教育的整体认可度还不够高，对职业教育的地位和作用未形成正确的评价；部分职业院校学生学习基础较差，专业基础不扎实，对自己的学习状况和所学专业没有科学合理的定位思考。基于上述种种原因，盲目自卑是职业院校学生中普遍存在的心理特征。"对我们职业院校学生来说，本科文凭是求职时的第一道槛，所以从进校的第一年起，不少同学就报名参加了自考。"这是来自职业院校学生的普遍看法。抽样调查显示，50%以上的职业院校学生存在自卑心理。在生活上他们缺乏目标和动力，得过且过；学习上提不起兴趣，考试及格即可；常出现情绪低落、彷徨、茫然。部分学生或因家庭经济困难，或因人际关系、家庭背景乃至身体、容貌不如人，或因孤陋寡闻，或因浓重的乡音等方方面面难免有相形见绌的感觉，则更易产生自我认知和自我价值感上的困惑。

四、职业院校学生提升自我价值感的途径

（一）积极正确的人生价值观

职业院校学生的价值观一直处于分化与整合、动荡与生成的过程之中，要在社会与个人、精神与物质、义与利之间的冲突中进行艰难的抉择。这其中既有积极进取、开拓创新、追求人生真、善、美崇高境界的价值观，又有形形色色庸俗、消极、享乐和追求物欲满足的诱惑。我们要处理好个人与集体、理想与现实这两种关系，平衡大我和小我的关系，实现社会价值的同时实现自我价值，获得和提高自我价值感。

（二）有效的自我心理建设

心理学家威廉·詹姆斯提出："一个人的自我价值感等于成功与抱负之比。"换言之，一个人要提高自我价值感有两条途径，即增加对成功的体验与降低抱负水平。每个人对成功的定义不同，对成功的感受和体验也就不一样，因此要保持平和心态，以一颗平常心看问题。在与别人横向比较的同时，也不忘与自己进行纵向比较，看到自己的进步和潜力，进而肯定自身价值，形成良好的自我价值感。因此，在生活、学习中，我们要给自己设立可以实现的、合适的目标，并把这些目标分解为小的目标，在不断

实现目标的过程中提升自我价值感。

（三）积极的自我评价和自我暗示

有的人总是用放大镜去看自己的缺点，夸大自己的失败和别人的成功，忽略自己的成功，看不到别人也有失败的时候，结果觉得自己处处不如别人，丧失自信。我们应该改变认识自己的方式，既要看到自己的不足，也要看到自己的优点，辩证地看待别人和自己，多进行积极的自我暗示、自我激励，不断提升自信心。

🔗 成长链接

⋀ 心理活动与体验

一、活动在线

你能很好地接纳自己吗？扫描下方二维码来测试一下吧！

二、体验分享

我们每个人都像一个特别制造的花瓶，你之所以宝贵，是因为全世界再没有人与你完全相同。现在就拿起笔，为独特的自己写一首小诗吧，然后和同学们一起分享你的诗作。

我　是

我是_____、_____

（你所具有的两种特别的品格）

我好奇_____

（你所好奇的事物）

我听见_____

（一种想象的声音）

我看见_____

（一种想象的景象）

我愿_____

（一种实在的愿望）

我是_____、_____

（你所具有的两种特别的品格）

我假设_____

（你真正想假设的事情）

我感到_____

（你想象的某种感觉）

我触到_____

（一种想象的触觉）

我明白_____

（你真实知道的事物）

我梦想_____

（你真正梦想的事情）

我是独一无二的，因为我_____

我是奇妙的，因为我_____

虽然我有缺点，但是我 _____

三、心海扬帆

以下是积极自尊的四种秘诀。

（1）不要对自己使用下面的词汇：无能、没用、饭桶、废物、蠢货、笨蛋等。当你同别人讲话的时候，你肯定会仔细考虑措辞，你不会对一个你喜欢的人使用这些尖酸刻薄的词语，所以请你也不要对自己使用这样的词。告诉自己：人无完人，孰能无过。

（2）要把你的行为与你个人区别开来，对事不对人。你做了蠢事，但你本人并不蠢；你做了错事，但你本人并不是坏人。你对自己所能说的最严重的话应是：你是个有缺点的人。做一件或几件错事并不能说明你个人有什么问题。做一件错事就好比一张照片，只记录了那一刻，并不涉及你的过去和将来。

（3）当你做了好事，也应夸奖自己。不要对自己太苛刻，该夸则夸。

（4）经常读读下面这段文字，直到你从感觉上认同为止。

我是一个人，有人的尊严。我做的事影响我的尊严，有时我做错事，有时我做得很好，但不管做对做错，我仍然是我。

我一生会常犯错误，因为我不是完人。我是一个有缺点的人，有缺点的人同样能从错误中吸取教训，以便下次不犯错误。

我可以努力把事情做得更好，但我本身并不会因此成为更好的人。同样，我犯了错误也不能说明我就是个坏人或无用的人。我不可能样样都懂，谁也不可能什么都懂。我的错误并不能代表我的价值。

我以后还会犯错误，但这并不能降低我的价值。我可以接受自己及自己的缺点，因为我是个有缺点的人，但同其他人一样，我也有自己的价值。

我要像对待别人一样宽容地对待自己，因为我没有任何理由严于律己、宽以待人，却有充足的理由该对自己宽容。我对自己宽容一些，我的感觉上就会好一些。因此，我要对自己说些积极的事，也要对别人这样说，因为我觉得这样做对别人也有好处。

过去的事已经过去了，我不能耿耿于怀。我为自己做过的某些事感到遗憾，过去发生的一些事虽不合我意，但我无法改变它们。对我来说最好还是容忍我的过去，如果发生了我不喜欢的事，我也要容忍它们，因为我要记住，我不可能主宰一切。我唯一可以改变的是我目前的感觉，我的感觉由自己决定。我决心把自己的错误和缺点作为证明：我是个有缺点的人。

不管我做了什么，做错了什么，我都将容忍和接受自己。

心灵天地

心理保健

一、方法指南

建立自信的策略

自信就像是一块肌肉，每一次的训练都会使它变得更加强大。坚持做下来，你就会发现自己已经成功蜕变了。

（一）列出一份客观的关于自己优势和劣势的清单

停止与他人的比较，你就是你，你有自己的特点，没有必要与别人一样。时常提醒自己你的优势，当审视缺点时，记住不要指望一口吃成个胖子，也不要苛求完美，选择一到两个你的弱点重点进行改变。

（二）根据目标行为清单来确定自我提升的目标

你要知道生活中真正重要的是什么，并且努力让它们进入你的生活。目标设置应始终遵循"SMART"原则，即具体（specific）、可量化（measurable）、可达成（attainable）、相关性（relevant）、有时间限制（time-bound）。例如与朋友相处时行为更加坚定，克服对冲突和愤怒的恐惧，增加对"童年的经历如何影响自我概念"的理解，或者时常赞扬你周围的人。写下你的所有目标，列出一个用来达到目标的简单行动清单。每天重复阅读和关注这些优先目标，按照由易到难的次序，一件件完成，一次难以达成的目标就分成一个个小步骤。当你把这些简单的步骤都完成后，你就会发现，曾经的梦想已经实现。

（三）不要太在乎别人的想法

了解你自己，并且要确定自己想要什么和如何得到它。不要让别人对你的期望左右你的生活，你才是自己的主宰者，做好自己的事情。

（四）对新的经历采取开放的态度

例如尝试一个新的兴趣爱好；学习一门全新领域的课程；学习一门新的技术；通过掌握先进的放松技巧学习与身体保持协调；听取多方面不同于你想法的观点；去一个新的地方旅行；让自己多哭、多笑或常说"我介意""我错了""我害怕"。

（五）积极的自我暗示

我们的行为和感觉被自己的认知而非事情本身所决定。关注你的优点而不是缺点，关注挑战而不是不能完成的任务，关注教训而不是失败本身。学会用"可能、能做、如果、期望、选择、完成、想要"这样的表示"能够"类的词语，代替"不可能、不能、只要、但是、应该、应当、怀疑"这类表示"限制"类的词语。当你对自己说"我本该做得更好"时，不妨退一步告诉自己"我能做得更好"。

（六）正面的自我评价

回忆一下你最辉煌的时刻，把它写下来贴在墙上，以此鼓励自己，并告诉自己我还能做到更好！仔细回想你最常出现的消极的想法，然后写下一个正面的陈述，去抵抗这个负面的、自我伤害的概念。如"我的朋友们喜欢我""我比以前更能控制自己的愤怒""我是一个和善可爱的人"以及"我关心很多事情"等。

（七）做一些挑战自己的事

装作自信，然后做一些你本来很害怕做的事情，可以是找一份工作、邀请某人约会或者去学习空手道。你的态度决定了别人将如何对待你，还有，要记住非言语沟通的力量。可以面对手机镜头或者站在镜子前，练习如何使你的请求或反应变得圆滑，或许第一次这样做的时候你会感觉很奇怪，但尽管试一试，这很有效。

（八）把达到目标的成功感觉形象化

闭上眼睛，想象某个情境、地点、参与者、目标、其中的互动和在当中你的巨

大成功，体会这种胜任、成功和欣赏自己的感觉是多么的美好。当你在真实世界中尝试这些活动的时候，请记住这种感觉。例如，想象一个来自未来的你，非常自信、非常成功，拥有你现在希望的一切，未来的你会对现在的你说些什么？按照他（她）说的做，十年之后，你就会变成他（她）。

如果你在新的尝试中只取得了很小或一般的成功，那么评估经验，做出修正，然后再试一次。要知道，学习永远是件好事，学会享受学习知识的乐趣。改变和对于思维方式的再学习需要一些时间，你最大的优势就是自己真诚地希望改变的决心。所以，如果你能够不断去练习了解自己和自己的目标，然后努力去创造健康的思维方式和态度，并一步步地增强自尊心，你便可以体验到更积极、更自信的感觉。

二、课堂实战演习

魅力测试站

时间：50分钟

程序：

（1）假设情境：你参加了一个夏令营，在这个夏令营里你结识了很多性格迥异的人，有真诚的、善解人意的、乐于助人的、体贴的、热情的、善良的、活泼开朗的、风趣幽默的、聪明能干的、自信的、心胸宽阔的、脾气古怪的、不友好的、饶舌的、自私自利的、自负傲慢的、虚伪的、

恶毒的、不可信任的、性情暴躁的、孤僻的、冷漠的、固执的、心胸狭隘的等。

（2）四人小组讨论：你最不愿意和哪三种人做朋友？最愿意和哪三种人做朋友？简要地说明理由。请每位同学在心底对自己做一个评判（不需要说出来），你认为自己最类似于以上哪两种人（优缺点各选一个）？仔细倾听其他同学对此的评价，从而了解自己的性格在人际交往中的受欢迎程度。

（3）记录各种性格的魅力指数：根据小组成员的发言，记录每种性格的魅力指数。最愿意和哪三种人做朋友，那么根据喜欢程度的高低，这三种性格分别计 +3、+2、+1分；反之，最不愿意和哪三种人做朋友，那么根据讨厌程度的高低，这三种性格分别计 −3、−2、−1 分。所有同学发言完后，计算每种性格的总分，得出该性格的人际魅力指数。

（4）小组讨论："如何培养最受欢迎的三种性格"以及"如何克服最不受欢迎的三种性格"。

📇 **小贴士**

主题 9 实现自我：我的未来不是梦

每个人都怀揣着一份不可复制、无人可夺的梦想，有梦想才会有成功，有梦想就会有奇迹。可是，如何才能让梦想照进现实呢？无数人用他们鲜活的人生经历告诉我们，实现自我是一个多么艰辛又多么美妙的历程，让我们一起跟随他们的步伐，迈向自我实现、自我超越的康庄大道吧。

心理探索

一、自我实现的内涵和表现

（一）自我实现的内涵

自我实现理论是心理学第三思潮——人本主义心理学的主要理论之一，自我实现是人本主义之父马斯洛动机理论中的核心概念（见图 3-1）。

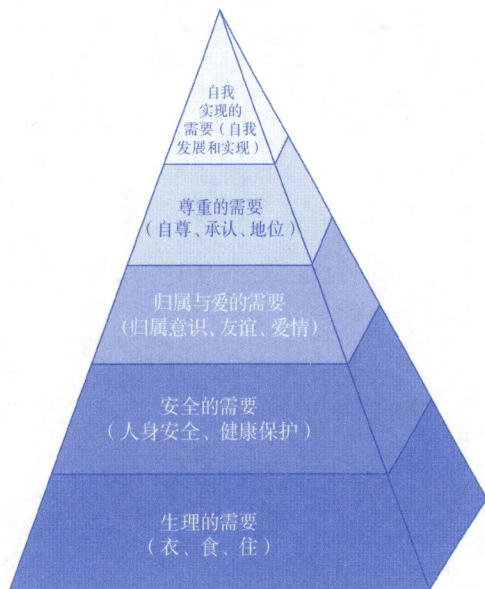

图 3-1 马斯洛需要层次理论图

在马斯洛需要层次的金字塔上，自我实现的需要位于塔尖，属于发展性需求，即人人都有使自己趋于更加健康、道德、智慧、美好的自我实现的需要。马斯洛认为自我实现"是人的机体潜能发挥的一种内驱力，是人的本性中的一种创造性倾向"，也就是"一个人能够成为什么，他就必须成为什么，他必须忠实于他自己的本性"。因此，自我实现实质上就是个体充分发挥自身潜能，充分把握和认可自身固有的本性，永无止境地趋向自身的统一、整合或和谐。马斯洛还认为，自我实现的过程意味着发展真实的自我，发展现有的或潜在的能力，它不是一种终结状态，而是实现潜能的过程，没有时间和质量的限制。

人本主义心理学的奠基人罗杰斯也认为，每个人都有朝着健康、积极的方向发展、成长、变化的潜能。此种潜能是独一无二的，并引导着所有的行为，即人的所有行为都受这种自我实现的倾向制约。他主张自我实现是人格结构中唯一的动机，其他动机都可归属于自我实现倾向之下，而人有自由意志，有尽其所能实现自我价值的内在倾向。

没有完全理解马斯洛思想的人常常会误解自我实现概念。例如，在一个调查中，学生们被问及"你希望实现自我吗？为什么？"四分之三的学生回答愿意，两种回答都反映出了学生对自我实现概念普遍的错误理解。一些回答"愿意"的学生解释说自我实现会带给他们心灵的平静，使他们能够控制自己的思想，成为更强有力的人。一些回答"不愿意"的学生认为自我实现者已经达到了他们所有的目标，这样他们就失去了生活的目的，例如某个人说："我不愿意很快达到自我实现，但是希望在去世之前能够达到。我还有很多生活目标，在达到自我实现之前我想享受欢乐时光。"

（二）自我实现者的类型

马斯洛研究了若干自我实现者以后，发现自我实现者有两种类型。

1. 务实型自我实现者

这种自我实现者的主要特征是务实的和能干的。他们往往是实干家，而不是思想家。

2. 超越型自我实现者

这种类型的自我实现者常常能意识到内在的精神价值，具有丰富的超越自我的体验，他们能够"越过矛盾心理"，超越人与宇宙的对立，他们是超个人主义者，在哲学家、宗教领袖、科学家和艺术家中较为常见。

（三）自我实现者的特点

马斯洛从48位杰出人士身上提炼出14条自我实现者的特征。了解自我实现者所具有的特点，可以为我们提供一个使自己尽善尽美的架构。我们每个人或多或少具有马斯洛所提到的特质，因此，可以将马斯洛的模型视为完美个体的画像。

1. 比一般人更能准确充分地知觉现实

马斯洛发现自我实现者具有透视虚伪、表面或掩饰之事物的神秘能力。他们较少受到自己的希求、愿望、恐惧、焦虑、偏见等的影响，因而能透视事实的真相。他们不仅能忍受模棱两可、暧昧不定的情形，而且喜欢它们。

2. 对自己、他人及大自然表现出较大的宽容，承认任何事物都有两面性

对于自己与他人不可避免的优点与缺点，自我实现者能视为理所当然而不抱怨；对待自己的缺点能够坦然接受，不因未符合文化所界定的理想的美、地位、声誉和其他等就产生莫须有的罪恶感和羞耻感，因而不会受到这些感觉的折磨，他们偶有的罪恶感只在自己有某些可改而未改的缺点（如懒惰、脾气暴躁、嫉妒、偏见）时才会发生；面对自己的优点和优势不矫揉造作，不权充派头人物；尊重每个人都有成为其"真我"的固有权利；接受自然发生的生理变化（如衰老）。

3. 自发性、单纯性和自然性，有流露自己真实情感的倾向

他们的内心生活、思想、行为都比较自然、率真，敢于自我流露，不必处处防卫，不惧怕他人的批评，与人交往时不矫揉造作。

4. 遇事以问题为中心，而不以自我为中心

对事不对人，因此能够心平气和地处理问题。马斯洛发现自我实现者的一项显著特征是热爱自己的职业，感觉自己的工作是重要的，其人生有某种使命待完成，不管是经营家庭、养育孩子还是经营公司。

5. 具有较高的超然于世的品质和独处的需要

许多人认为独处是一项很不愉快的体验，但马斯洛发现自我实现者能享受孤独，而且倾向于寻求独处的时间。

6. 有较强的自主性以及独立于环境与文化的倾向性

自我实现者较不受环境的影响，而且不是他们无法控制的环境变迁下的牺牲者。即使他们面临许多挫折、打击，也能保持比较快乐且宁静的心境。他们能自给自足，依赖自己的潜能和资源来成长并发展。他们不需要他人的好评来支持自己。

7. 具有永不衰退的欣赏力

对自我实现者而言，任何一次日落都那么壮丽，任何一朵花都具有令人屏息观赏的可爱性，任何一个婴孩都是绝妙的杰作。每一次都是全新的认识、感受和体悟，即便在日常生活中，常人熟视无睹的生活细节，也会使他们感到愉快、惊奇、敬畏，甚至心醉神迷。

8. 高峰体验

马斯洛把个体进入自我实现所感受到的那种发自心灵深处的战栗、欣快、满足、超然的情绪体验，那种犹如站在高山之巅上的兴奋，那种短暂却深刻的欢愉感觉称为高峰体验。高峰体验是一种超越一切的成长体验，就像"到自己心目中的天堂去旅行"。其中有更多的自主和对生活的欣赏，较少担忧和焦虑，个体感受到自我与世界的和谐统一，感受到暂时的力量和惊奇。这是一个人自我肯定、自我确证的时刻，在这样的时刻，人最接近其真正的自我，达到了自己独一无二的人格或特点的顶点，潜能发挥到最大限度。当然并非只有自我实现者才有这种体验，大多数人会体验到情绪的成长，并希望考虑高层次的问题。但是自我实现者的高峰体验强度大，出现的次数也更多。

9. 喜欢和所有人打成一片，但仅和为数不多的人产生深厚的个人友谊

虽然自我实现者热爱和关怀的对象只有少数几个，但他们把友谊看得很重要且诚心培养它，他们对大多数人较友善、慈

悲、喜爱。他们也会严厉地批评那些罪有应得的人，尤其是那些吹毛求疵、装模作样及狂妄自大的人，他们会为了对方好而指责他。由此看来，他们的敌意是情境性的，并不是一种人格特征。

10. 民主性

自我实现者为人比较谦虚，因为他们觉得，不论是何种种族、家世、性格、职业、性别的人，都有可取可学之处。他们可以坦然地与迥然相异的人交往和学习，这是一种不可多见的特质，他们对任何人都存有敬意。

11. 强烈的审美感

自我实现者受内心世界指导，具有强烈的审美感，但抗拒适应社会现存文化。他们有强烈的道德观念、确定的行为准则和清晰的是非善恶观念。不过他们心目中的是与非、善与恶，未必与世俗的观念相同。

12. 幽默感

自我实现者能在有意义的生活事件中找到幽默的素材，当事实与所预期的不符合时，他们对自己的缺点和独特性也会自我解嘲。

13. 创造性

自我实现者永不衰退的欣赏力使他们的心灵像孩童那样纯真自然，对任何事情或游戏都会因为想出一套新奇方法而兴奋不已。

14. 能弥合各种分裂和对立从而达到整合协调的状态

在自我实现者的行为中，能够表现出对立的特性。他们既老成持重又童心未泯，既重视智慧又感情洋溢，既纯真坦率又自我克制，既态度严谨又嬉戏风趣。

显然，马斯洛承认自我实现的人并不是完美的。他们也容易受到令每个人头疼的事情和问题的困扰。他们也会不时感到无聊、愤怒或者沮丧。实际上，自我实现的人和其他人是相同的，只是他们不像一般人那样能力受到抑制而已。

二、职业院校学生自我实现的途径和方法

（一）自我实现的途径

（1）充分、无我地体验生活，全身心地投身于工作和事业。

（2）做出连续成长、前进的选择。

（3）承认自我存在，要让自我表现出来。

（4）诚实、勇于承担责任；每一次承担责任，就是自我的一次实现。

（5）能从小事做起，倾听自己的爱好和选择。

（6）要经历勤奋的、付出精力的准备阶段。

（7）获得高峰体验。

（8）发现自己的天性，使之不断

成长。

（二）自我实现的方法

1. 提升需求层次

需求是唤起行为的内在驱动力。由于个体需求的层次不同，成功的层次也就不同。在马斯洛需要层次理论中，生理需求、安全需求、爱和归属的需求都属于较为低级的需求，只有自尊和自我实现才是人性的高级需求。

人格的发展和转化与个体的需要有高度的相关性，而人格发展的核心则是自尊水平的高低，自尊是真我的"起点"，是建立在自爱和自强基础上的一种独立、自信、有成就感和荣誉感的心理素质。一个低自尊的人，会把面前的机会推开，例如那些对待学习成绩"60分万岁"的同学，他们什么都不在乎，只是满足于一份及格的成绩单和毕业证，没有更高层次的需求；一个高自尊的人，对自己是有要求的，他渴望进步，并且有进步的动力，正如教育家苏霍姆林斯基所说："自尊心是青少年最敏感的角落，是学生前进的潜在力量，是前进的动力，是向上的能源，它是高尚纯洁的心理品质。"所以学生在实现自己更高需求的过程中要注意提升自尊。

尊重和自我实现等需要是纯粹属于人的需求，礼、义、廉、耻是做人的基本准则，是人与人相互尊重的基础，对我们每个人都有着重要的影响。在学生的发展过程中，不管你是否承认，你的礼、义、廉、耻的观念水平和行为水平都造就了你的自信、自爱，从而给了你自尊和别人的尊重，最后你都将获得人生的价值。

超越平凡，追求人生的高峰。成功人物有两种：一种是天才人物，他们拥有常人所不具有的天赋与才能；另一种是普通人，他们获得成功是把自己普通的资质发展到了常人难以企及的高度。因此，高峰不是天才的专利，平凡的人一样能达到，高峰是从平凡的一砖一瓦的建设中逐步显现出来的，正如曾经数学考试不及格的数学大师华罗庚，他就是通过不断完善自我，最后卓尔不群的。

2. 加强发展意识

发展意识在发展过程中处于先导性的地位，是个体素质的最高显现，个体的发展意识越强，其生活水平就越高。

驾驭自我，走向成功。虽然人格具有一定的稳定性，但人格又始终处在发展变化之中。一个人的思想决定了他将成为什么样的人，在生活和学习中是成功还是失败，在一定程度上是由自己决定的。如果你认为人生乏味，学习枯燥，那么你很难产生积极的心态，而要想取得成功就需要让希望和信心常驻心中，不断发现自己的惊人潜能，正如高尔基所说："一个人追求的目标越高，他的才能就发展得越快，对社会就越有益。"

发展自我，不断前进。庄子曰："哀莫大于心死。"有两种人绝不会成大器，一种是除非别人要他做，否则绝不主动做事的人；另一种则是即使别人要他做，也做不好事情的人。那些不需要别人催促，就主动去做应做的事，而且不会半途而废的人必然成功，因为他们懂得发展自我，要求自己积极上进，并且努力地去实现自己的要求。

3. 挖掘性格潜能

突出性格专长，展现独特的魅力。性格不是天生就有的，是后天习得的结果，是在社会生活、教育和自身实践的基础上长期塑造而成的，在人的全部活动中以特有的人格特质表现出来。性格是个性最绚丽的花朵，它以鲜明的表现形式勾画出各自不同的个性轮廓。每个人的性格都不尽相同，但人类的总体性格可以总结为几种类型，每种类型的性格各有不同。每种性格都有宜人的地方，但这只是性格好的一面，我们应该学会展示这一方面，同时也应该积极主动地认知性格的另一面。

改变性格弱项，做更宜人的自己。一个人可能不只是某一种性格类型，有时是两种或多种性格类型的混合。每种类型都有独特的优点和个性，当我们利用这些优点和个性来审视自己时，一方面应该注意到自己个性的哪些方面能得到别人的良好反应，从而提升自己的个人形象；另一方面，我们也要留意哪些方面做得太过分，冒犯了别人，直面自己的性格弱项，并下决心努力加以改正，完善自我，成为一个更完整的人。

4. 开发多元智能

世界已进入一个智能时代，在这个时代里，人们崇尚一切带有智能的字眼，智能是通过练习形成和巩固的合乎法则的智力活动形式，是运用智力进行活动的方式。

随着科技的快速发展，各学科的界限在不断被打破，各个领域的知识不断在融合和交叉，人类的智能本身在向多元化发展，现代人才发展，需要开发多元智能。在从传统工业向信息网络过渡的进程中，从众多的企业家和科学家身上，我们应该懂得一个人的发展不能依靠传统的单一的智力，而应该学会发展多元智能，凭借这些才能在各个舞台上崭露头角，实现自我。

关注那些被你忽视的宝藏，化弱为强。木桶效应告诉我们，水量的多少是由最短的木板决定的。在我们的智能发展中，我们引以为傲的强项在某种程度上会被我们的弱项所抑制，所以那种觉得自己智能不足便放弃锻炼，只图在其他能力上弥补智能不足的做法是不可取的，新时代的高科技竞争和人才竞争需要我们弥补缺陷、强化弱项，使自己具有多元智能，更好地适应激烈的职业竞争。

5.注重言行优化

如果把一个人走向成功和成熟的过程比作修路，那么他向世人展示的一言一行就是铺在这条路上的一砖一石，而越是经过优化的言行，为其添砖加瓦的人也越多，这条路就会越平坦、越宽阔，走向成功和成熟的脚步就会越轻快。所以，言行优化应在学生的日常生活和学习中体现出来。

由小事做起，规范言行，"勿以善小而不为，勿以恶小而为之"。心灵美要通过日常一点一滴的言行来滋养和展现。我们需要细心观察他人的优秀言行，树立自己言行的榜样，随时注意规范自己的一言一行，努力把自己培养成为一个真正受过良好教育的人。

从现在做起，养心修为。欲整其行，先整其心，过去已无法改变，未来正在孕育，抓住现在就是抓住未来，不管我们充当过或正在充当什么样的角色，拥有或正在培养什么能力，最终每个人想得到的，都是寻求人格上的完美和圆满。在每个阶段，我们都应用心铺垫自己的言行，优化自己的言行。成熟和修养是从设身处地地为他人着想开始的，要不断进行换位思考，学会移情，在不断认识自我和他人的基础上，接纳一个完整的自我和一个完整的他人。

🔗 成长链接

心理活动与体验

一、活动在线

面对未知的人生，你是否曾有过一些梦想，你为自己编织了什么样的人生梦？你要成为什么样的人？你要选择怎样的生活方式？

我的梦想：

_____

_____

_____

_____

评估自己现有的资源和外在的动力是计划人生的第一步，现在我们就来分析一下。

	现实的我	理想的我	他人眼中的我
我喜欢做的事情			
我的家庭成员			
我的身高			

续表

	现实的我	理想的我	他人眼中的我
我的体重			
我的外貌			
我的成绩			
我的健康状况			
我最喜欢的人			
我最擅长的事情			
我的推理能力			
我的数学能力			
我最喜欢的职业			
我的人际交往状况			

填完上面的表格，很多同学已经开始思考自己的未来了，那么接下来我们就需要根据自己的实际情况具体来实施。

（1）比较理想中的自己和现实中的自己，找到其中的异同点。

（2）要成为自己理想中的人，自己已经具备了哪些素质。

（3）分析理想中的自己具备哪些现实中的自己还没有具备的素质。

（4）根据自己的情况，分析自己还不具备的素质中哪些是可以通过努力实现的。

（5）结合自己已具备的素质和通过努力可以具备的能力给自己设定一个目标，即"我将来会成为一个什么样的人"。

（6）根据目标的特点设定自己的理想。

二、体验分享

影片《阿甘正传》（外文名：*Forrest Gump*）讲述了阿甘在有先天缺陷的情况下，克服重重困难，跑遍美国的感人励志故事。故事梗概是：阿甘成长于单亲家庭，谨听母亲的教诲，从智商只有75分而不得不进入特殊学校，到橄榄球健将，到战斗英雄，到捕虾船船长，再到跑遍美国。阿甘以先天缺陷的身躯达到了许多智力健全的人也许终其一生也难以企及的高度。

请欣赏这部影片，并和同学们讨论分享这部影片中你印象比较深刻的台词和情节，为什么？这部影片让你对自我超越和自我实现有了哪些新的认识？

_____

_____

_____

_____

三、心海扬帆

（1）离开舒适区，不断寻求挑战激励自己。

（2）把握好情绪。要知道，令你开心的事不在别处，就在你身上，因此，找出自身的情绪高涨期不断激励自己。

（3）调高目标，使其激发你的想象力和行动力。

（4）结交益友。近朱者赤，近墨者黑，结交那些希望你快乐和成功的人，你就在追求快乐和成功的路上迈出了最重要的一步。

（5）克服恐惧。哪怕克服的是小小的恐惧，也会增强你对创造自己生活能力的信心。

（6）做好调整计划。做计划表时，留出放松、调整、恢复元气的时间。

（7）直面困难。困难对于"脑力运动者"来说，就像是一场艰辛的比赛，真正的运动者总是盼望比赛的。

（8）感受奋斗过程中的快乐。把快乐建立在还不曾拥有的事情上，无异于剥夺自己快乐的权利，要使自己在塑造自我的整个旅途中充满快乐，而不要等到成功的一刻才去感受属于自己的快乐。

（9）加强演练。"排演"一场比你要面对的更复杂的"战斗"。成功的真谛是：对自己越苛刻，生活对你越宽容；对自己越宽容，生活对你越苛刻。

（10）立足当下。锻炼自己即刻行动的能力。人当然要有梦想，要筹划和制定目标，不过，这一切就绪后，一定要脚踏实地、注重眼前的行动，把整个生命凝聚在此时此刻。

（11）敢于竞争。不管在哪里，都要参与竞争，而且要满怀希望，要明白超越别人远没有超越自己重要。

（12）内省。人生的棋局该由自己来摆，不要从别人身上找寻自己，应该经常自省并塑造自我。

（13）无惧危机。危机是"危险"也是"机会"，危机能激励我们竭尽全力。当然，我们不必坐等危机或悲剧的到来，从内心挑战自我是我们生命力量的源泉。

（14）精工细笔，从小的改变开始。无论你有多么小的进步，点滴都于你很重要。

（15）敢于犯错。如果有些事你知道需要做却又提不起劲，尽管去做，不要怕犯错。给自己一点自嘲式幽默，以一种打趣的心态对待自己做不好的事情，一旦做起来了尽管乐在其中。

（16）不要害怕被拒绝。当你的要求落空时，把这种拒绝转化为一个问题："我能不能多一点创意呢？"

（17）尽量放松。

（18）活在当下。大多数人希望自己的生活富有意义，但是生活不在未来，只有重视今天，自我激励的力量才能汩汩不绝。

💙 心灵天地

➕ 心理保健

一、方法指南

没有人能随随便便成功，理想志向的实现需要个体努力做好以下几方面的事情。

（一）克己自制

要能控制住自己，管理好自己，拒绝诱惑，耐得住寂寞，加强目标计划管理。把身心放在实现理想、志向上。没有强有力的自制力，你的力量就无法完成生命的聚焦，能量就会锐减，浪费自己的精力，从而效率低下，进步缓慢，甚至会颓废沉沦。

（二）勤奋努力

动力随着志向走，成绩随着勤奋来，这是人生的规律。立志、学习、成功是人类活动的三大要素。要想成功必须要付诸行动，必须要勤奋努力，明天的成功、理想志向的实现，源自今天的奋斗。所有的成功者都是意志坚强、勤奋努力的人。

（三）专注坚持

"无志之人常立志，有志之人立长志。""立志而无恒，终身事无成。"朝秦暮楚，这山望着那山高是意志薄弱的表现，难成大器。没有坚定不移的志向，任何行动都不会收获美好的果实，生命的意义是在停止追求的那一刻消失的，只有锁定目标，生命才会大放异彩。世上所有成功者都具有永不言败的毅力，在千百次的挫折与失败中、在坚持中，经得起磨炼与考验而实现理想志向。

二、课堂实战演习

理想自我与现实自我

拿出一张白纸，在纸的左侧写下最能描述你当前生活中的自我的形容词（现实自我），在纸的右侧写下最能描述你想成为的自我的形容词（理想自我），越快越好，确保你写的是词典中能够找到的单个词，不能是句子、段落或自己编造的词。在每个标题下尝试写出10~15个描述自我的形容词。如果某些词语看起来相互矛盾也不用担心，只要写下最能描述你现实自我和理想自我的形容词即可。

现实自我	理想自我

写完之后请试着回答以下问题。

（1）请勾选出现实自我里你最喜欢或欣赏的特质，并看看它是否出现在你的理想自我里。

（2）请勾选出现实自我里你最不想要的特质，想一想改掉它的办法。

（3）请勾选出理想自我里你最想要的特质，想一想获取它的办法。

需要特别说明的是，现实自我与理想自我之间越是一致，自我悦纳和适应就会越好。但请记住，知觉到理想自我与现实自我之间的不一致可能是一个好的迹象：你意识到需要做出积极的改变和调整了。

小贴士

[二维码]

本章核心概念

潜能；自我设限；自我妨碍；自我实现预言；自我价值感；自信；自卑；自恋；自负；自我实现；高峰体验

本章小结

1. 人类具有极大的多维潜能和价值，坚信自己的价值、积极挖掘个人潜能，从而发现真实全面的自我。

2. 我们无意识中会采用自我设限、自我妨碍和自我实现预言等自我保护的方式来阻碍潜能的发挥。

3. 自我设限即个体在心中为自己设了一个"高度"，这个"心理高度"常常暗示自己：自己没有能力，不够优秀，成功的概率几乎是零等。

4. 自我妨碍指个体针对可能到来的失败威胁而事先设置障碍的一种防卫行为。

5. 自我实现预言指如果一个人预测或期盼未来的行为或事件将要发生时，这些预测或期盼对行为互动改变很大，因此会增大这一行为或事件发生的可能性，甚至产生预期的结果。

6. 自我价值感就是自信、自爱和自尊，它是人格最核心的部分，对人格的统整和健全起着决定性作用。

7. 自信的内在心理机制：自信源于无条件的自我接纳，肯定自己存在的价值，做事积极，重视过程和体验，坦然面对成败。

8.自卑的内在心理机制：只有达到了某些标准，才能接纳自己作为人存在的价值，经常否定自我，对自己有强烈的不满，紧紧盯住自身的缺点、不足或失误。

9.职业院校学生的自我概念基本稳定，但自我价值感偏低，盲目自卑是比较普遍的心理特征。

10.自我实现实质上就是个体充分发挥自身潜能，充分把握和认可自身固有的本性，永无止境地趋向自身的统一、整合或和谐。

心理测试

一般自我效能感量表

辅导案例

拓展阅读资料

［1］俞国良主编.心理健康（第5版，中等职业教育课程改革国家规划新教材）.北京：高等教育出版社，2020.

［2］俞国良主编.大学生心理健康（第2版，根据教育部《高等学校学生心理健康教育指导纲要》编写）.北京：北京师范大学出版社，2022.

［3］教育部思想政治工作司组织编写.大学生心理健康教育读本.北京：高等教育出版社，2007.

［4］［美］希尔奥尔德著.自信的提升.周雪梅译.俞国良审校.北京师范大学出版社，2009.

［5］［美］尼尔森·古德，亚伯·阿可夫著.心理学与成长.田文慧译.北京：世界图书出版公司，2009.

第四章

调适情绪　应对压力

怒不过夺，喜不过予。

——［战国］荀子

⭐ 学习目标

通过本章学习，了解什么是情绪；职业院校学生情绪的特点有哪些；掌握情绪管理和应对压力的方法；了解积极情绪的重要作用；了解情绪与心态的关系，尝试培养乐观积极的心态。

主题 10　情绪管理：我的情商我做主

进入职业院校后，我们迈上了人生的一个新台阶。展现在我们面前的不再是简简单单的以学习为中心的生活，还有很多纷繁复杂的事情需要我们处理，例如人际关系问题、恋爱问题、自我成长问题等。这些问题解决不好可能会使我们手足无措、心情烦闷，但是这些问题又是我们成长道路上必然要面对和解决的。所以当我们面临问题和困扰时，应学会调节和控制自己的情绪，做情绪的主人。

心理探索

一、情绪的本质和功能

在成功的道路上，我们面临的挑战其实并不是缺少机会或者资历浅薄，而是缺乏对自己情绪的控制。科技进步一方面使我们的生活更便捷，另一方面也带来了激烈的竞争压力。伴随着压力而来的是负性情绪的增多以及心理疾病的出现，焦虑症、抑郁症等已不再罕见。情绪对我们的成长和发展有着至关重要的作用。

那么，什么是情绪呢？情绪是指伴随着认知和意识过程产生的对外界事物的态度，是对客观事物和主体需求之间关系的反映，是以个体的愿望和需要为中介的一种心理活动。对于情绪的定义，一般可以概括为三个方面。首先，随着情绪的发生，个体会产生一系列的生理变化，主要表现在呼吸系统、循环系统、消化系统和腺体活动的变化上，这些变化都可以作为情绪变化的指标。其次，当我们产生某种情绪时，会有表情的变化，主要包括面部表情、姿态表情和言语表情。面部表情是指个体五官的变化，例如眼神温柔、横眉冷对、咬牙切齿、面红耳赤等都是个体通过面部表情表达情绪的方式。除面部表情外，人的全身动作也有表达情绪的作用，这是姿态表情。例如恐惧发怒时全身发抖，高兴时手舞足蹈，悲哀时动作缓慢、步履沉重，以及趾高气扬、垂头丧气、呆若木鸡等都是形容个体产生情绪时姿态的变化。言语表情也是情绪表达的一种表现，主要是通过说话时的声音、语调、节奏等表现出来。例如悲哀时语调低沉、节奏缓慢，高兴时语调高昂、节奏加快，爱抚时言语温柔，愤怒时言语生硬等。最后，情绪还包括主观体验，即个体对不同情绪的自我感受。每种情绪有不同的主观体验，例如高兴时心情愉悦，哀伤时心情沉重。人的主观体验和表情反应存在着某种对应的关系，如愉悦体验必然伴随着欢快的面部表情或者手舞足蹈的姿态表情。

二、职业院校学生的情绪特点

进入职业院校以后，我们会对自己以及将来有更加深入的认识，这时考虑的事情就会逐渐增加，同时会发现自己的情绪发生了很多新的变化。很多同学面临这些新的变化时不知所措，迷失了自己的方向。那么，职业院校学生的情绪有哪些特点呢？

（一）情绪体验多样化

随着生理和自我概念的不断成熟和发展，同学们对自己的能力、性格、特长、身份等有了更加深刻的自我认识和评价。而且随着专业兴趣、人际交往、学习、恋爱、就业等各种需要的不断增加，不可避免地在大家身上有着多样性的情绪体验。一方面，我们会为学到知识、交到朋友感到高兴；另一方面，又会因为学习压力和就业压力而感到痛苦不堪。

（二）情绪反应不稳定

容易激动，情绪反应快而且强烈，易受暗示或者环境氛围的影响。同学们对一些问题的认识不够成熟，辨别是非的能力还比较弱，看问题、做事情容易片面、走极端，加上自尊心强，承受能力差，对自我情绪缺乏控制，容易感情用事。虽然同学们也懂得一些人情世故，但在处理问题时，容易情绪化，较为冲动，不够理智。

（三）情绪表达矛盾化

在情绪的表达上外显性和内隐性并存：一方面，同学们思维敏捷，反应灵活，对外界刺激敏感，喜怒形于色；另一方面，由于社会意识和自我概念的发展，同学们越来越把视线转向自我，因为情绪的外在表现和内心体验并不总是一致的，在某些场合上，会隐藏和掩饰自己的真实情绪，表现得含蓄而内隐；但在另外一些场合，会发泄自己的情绪，不顾他人在场以及自己很在意的个人形象。

职业院校学生面临着明显的生理和心理变化。根据埃里克森的理论，不少职业院校学生已经处于同一性获得状态，同学们的情绪发展与自己的同一性状态密切相关。这一阶段个体的主要任务是建立新的同一感或者自己在别人眼中的形象，以及自己在社会集体中所占的情感位置。这一阶段的危机是角色混乱。如果这种自我感觉与个体在他人心目中的感觉相对应，很明显这将为其生涯增添绚丽的色彩，此刻个体是快乐积极的；反之如果个体自我同一性没有发展好，就会陷入角色混乱，会产生对社会和外界环境的不满，甚至走上违法犯罪的道路，滋生不良情绪，这种不良情绪又会刺激个体去做违法的事情来满足内心的需要，从而陷入了一个恶性循环的漩涡。

三、职业院校学生经常面临的情绪问题

职业院校学生心理尚未完全成熟，易表现出急于求成、情绪控制能力差、自我中心等消极的一面，同时也面临着理想自我与现实自我的矛盾、独立与依赖的矛盾以及情感与理智的矛盾。在这样的心理发展背景下，职业院校学生的情绪问题表现出其自身的特点，常见的几种困扰职业院校学生的情绪有：焦虑、抑郁、自卑等。

（一）焦虑

焦虑是指一种缺乏明显客观原因的内心不安或无根据的恐惧，是人们遇到某些事情（如挑战、困难或危险）时出现的一种正常的情绪反应。焦虑通常情况下与精神打击以及即将来临的、可能造成的威胁或危险相联系，主要表现为紧张、不愉快甚至痛苦，以至于难以自制，严重时会伴有植物性神经系统功能的变化或失调。

学生产生焦虑的原因主要有考试、学习上的不适应、对身体健康状况过分关注等。其中考试焦虑是学生中较常见的情绪表现。很多同学因为担心考试失败或想获得更好的分数会产生一种忧虑、紧张的心理状态。考试焦虑一般在考试前数天就表现出来，随着考试日期的临近而日益严重。研究表明，学生的自信水平、对自身能力的评价以及对考试的期望与焦虑情绪有密切的关系，那些自信水平低、认为自己能力差和对考试期望比较高的学生更容易出现考试焦虑。

值得注意的是，焦虑并不一定是有害的，适度的焦虑能促进同学们在学习和课外活动中的表现。学生的焦虑大多是比较客观和现实的焦虑，这种焦虑是一种比较普遍的情绪表现，会随着时间和情境的变化而自动消失。但是，那些感到自己无法控制的、有比较严重和持久的焦虑表现的学生，应及时向心理咨询人员寻求帮助。

（二）抑郁

抑郁是一种感到无力应对外界压力而产生的消极情绪，常常伴有厌恶、羞怯、自卑等情绪体验。如果个体长时间处于抑郁状态则容易导致抑郁症。

抑郁在学生中是一种比较普遍的不良情绪。生活中遇到的困难和挫折，如失恋、考试失败、人际关系不和谐等都可能是引发抑郁的诱因，其中就业和失恋是两个比较常见的原因。学生背负着家庭和社会的双重期望，但是，在激烈的社会竞争中，不少学生找不到理想的工作，现实和理想之间的冲突，使即将走出校门的他们感到茫然和无力，产生巨大的心理压力，从而出现抑郁情绪。学生正处在人生最美好的时光中，身体的成熟、对爱情的渴望和约束的减弱很容易使他们进入恋爱关系，此

时学生处于性心理发育的关键时期，对待感情的心理还不成熟，容易用偏激或错误的方法解决感情问题，给感情造成困扰。爱情挫折很容易使他们感到郁闷和烦恼，导致抑郁症，甚至出现心理扭曲如自杀、伤人等。

（三）自卑

自卑是自我情绪体验的一种形式，是个体过于在意某种生理上或心理上的缺陷或其他原因所产生的对自我认识的态度体验，表现为对自己的能力或品质评价过低、轻视自己或看不起自己、担心失去他人尊重的心理状态。职业院校学生自卑的原因主要有以下几个方面。

1. 自我评价过低

有些同学经常感到自卑，主要原因在于不能正确地评价自己，不能全面地、客观地看待自己的长处、分析自己的不足。实际上，一个人如何看待自己，比实际上自己是什么样的更为重要，因为我们通常会按照自己认为的样子行动。所以，自卑的人往往做什么事情都不够自信。

2. 不正确的社会比较

自卑通常是建立在不正确的社会比较的基础上，自卑的人习惯拿别人的长处与自己的短处比，这样的比较会让我们把注意力放在自己的缺点上，从而产生自卑心理。例如认为自己来自农村，没有城市的学生见多识广；认为自己家庭比较贫寒，没有富家子女会穿着打扮等。

3. 消极的心理暗示

自卑的学生在参加活动前往往会由于缺乏对活动的认识而产生消极的自我暗示，例如"我很难取得成功"。这种消极的自我暗示不一定有依据，但由于学生主观上已经肯定了它的存在，就会使其心理及行动尽量趋向于主观假说，从而不相信自己的力量，抑制了能力的正常发挥，结果导致活动失败。而活动的失败又恰恰验证了他们当初的自我认识和期望，从而强化了他们的自卑感。

4. 内向敏感的性格

性格内向者一般多愁善感，不愿意与人交往，敏感多疑，总觉得别人瞧不起自己，所以事事退缩，处处回避，交往活动很少，很容易形成自卑心理。

5. 追求完美

追求完美的人对自己要求十分严格，事事都要求自己做得最好，其根源在于害怕面对不足和失败，害怕别人的否定评价，在乎外界对自己的看法。实质上，这也是自卑的一种反映。

拉扎勒斯认为情绪是人与环境相互作用的产物。在情绪活动中，人不仅接受环境中刺激事件的影响，同时要调节自己对刺激的反应。他列出了15种情绪及其核心相关主题。

🔗 成长链接

💠 心理活动与体验

一、活动在线

回想曾经引起自己消极情绪的场景，尝试按照下面步骤表达自己的情绪。

第一步：描述引起自己消极情绪的行为。注意只能描述行为本身，不要指责当事人。例如"你把我交代给你的事情忘了"。

第二步：陈述自己对行为可能后果的感受。例如"我很失望，也很不高兴"。

第三步：陈述后果。例如"这件事情对我很重要"或"我觉得你没有把我放在心上"。

可以用一句话表达："当你把我交代给你的事情忘了时，我很失望，也很不高兴，因为这件事对我很重要。"

注意：绝对禁止责骂，尽量避免生气，明确表达情感，表达正向感受。

想象一下用以上方法表达情绪与自己之前表达情绪的方法有什么不同的效果。

二、体验分享

较强的情绪管理能力表现在以下几个方面。

（1）了解自己的情绪。能及时察觉自己的情绪，了解产生情绪的原因。

（2）控制自己的情绪。掌握情绪调节的各种方法，善于摆脱消极情绪。

（3）自我激励。懂得整理情绪，确定切实可行的目标，并朝着一定的目标努力，培养克服困难的信心和能力，善于自我鼓励、自我监督和自我教育。

（4）善于了解他人情绪。理解他人的感受，觉察他人的真正需要，具有同情心。

（5）维系融洽的人际关系。能够理解并适应他人的情绪，积极处理人际交往中的问题，主动与他人沟通。

（6）勇敢面对挫折。认识到挫折的普遍性，能够理智地面对并归因挫折，掌握应对挫折的基本技能。

根据以上标准，你认为自己在情绪管理上有哪些优缺点？同学们互相分享，为提升情绪管理能力提供建议。

拓展训练：同学们的讨论对你有什么启示？

_____

_____

_____

_____

三、心海扬帆

良好的、愉快的情绪有利于人的身心健康。培养良好的情绪和情感有助于促进学生潜能的开发，提高学习效率和生活质量。为了保持和创造积极情绪，我们要学会调节焦虑、抑郁、自卑等消极情绪。

（一）克服焦虑情绪的方法

1. 增强自信

那些不自信的学生，怀疑自己完成和应对事务的能力，夸大自己失败的可能性，从而忧虑、紧张和恐惧。所以，要消除焦虑就要求我们相信自己的能力和水平，增强自信心。但是，学习知识、提高能力是必不可少的，在掌握所学知识的基础上增强自信心，才能有效地避免焦虑。

2. 合理认知

很多焦虑是由不合理的认知引起的。例如，有些学生原本对考试科目掌握得比较好，但是高估考试的重要性、低估自身的能力往往会引发一些不必要的焦虑。因此，我们要正确认知即将面临的困难和挑战，客观分析自身的能力，减少不必要的焦虑。

3. 学会自我放松

自我放松可以帮助我们从焦虑情绪中解脱出来。具体方法包括：冥想法、自我暗示法、意象训练法、身体放松法和深度呼吸法等。如自我暗示法要求我们用意识的力量使自己全身放松。让自己处在一种放松和安静的状态中，想象自己在碧波荡漾的海边或湖边，沐浴着温暖和煦的阳光，听得见波涛轻拍海岸的声音，闻得到空气中清新宜人的气息。通过这个过程让自己的身与心得到全面放松，缓解过分的焦虑。

（二）改善抑郁的方法

可以通过以下方法克服抑郁情绪。建立和谐、稳定的人际关系，出现心理困惑时及时与朋友沟通，向朋友寻求安慰和帮助；培养乐观积极的心态，正确看待学习和生活中遇到的挫折；学会用辩证的方法看待失败，遇到问题不悲观、消沉，努力寻找解决问题的方法；合理表达和宣泄自己的情绪，不要总是压抑自己的不满、愤怒等消极情绪，必要时适当地宣泄有助于远离抑郁，促进身心健康。

（三）克服自卑的方法

以下方法可以帮助我们战胜自卑。首先，要学会客观地认识自己，正确评价自己的优缺点；其次，要学会大胆地表现自己，做力所能及、把握较大的事情，不放弃争取成功的机会；再次，自卑的学生可以通过正确的心理补偿，以勤补拙，扬长避短；最后，我们可以将自卑心理转化为积极的生活态度，由自卑激发自己的上进心，把自卑转化为一种奋发图强的动力。

心灵天地

心理保健

一、方法指南

我国自古就有喜伤心、怒伤肝、思伤脾、忧伤肺、恐伤肾之说。当人的情绪发生变化时，往往伴随着生理变化。例如，人在恐惧时，会伴随瞳孔变大、口渴、出汗、脸色发白等一系列变化。长期不愉快、恐惧或失望会抑制胃肠运动，从而影响消化机能。情绪低落或过于紧张的人，往往容易患各种疾病。同时消极情绪会抑制人的行为能力，阻碍人们成功。鉴于消极情绪的严重危害，我们可以采用以下方法克服消极情绪的影响。

（一）宣泄

宣泄是指采用一定的方法和方式，把情绪体验充分表达出来。情绪的宣泄是平衡身心的重要方法，如果情绪得不到适当的宣泄，一直积压在心里，就会影响身心健康。从心理健康的角度看，不仅消极情绪需要宣泄，愉快的情绪也需要宣泄。当

你遇到挫折或感到气愤时，可以到野外或在不妨害社会和他人的场所尽情地大喊大唱、大笑大哭，还可以找一些事物作为你宣泄的对象，如枕头、棉被等。我们也可以通过跑步、打球、跳舞、K歌等方式宣泄自己的情绪。此外，还可以通过写日记、谈心等方法将压抑在内心的苦闷发泄出来。

（二）转移

转移是通过主观努力把注意力从消极或不良的情绪状态转移到其他事物上的一种自我调节方法。有研究表明，在发生情绪反应时，大脑会有一个较强的兴奋灶，此时如果建立一个或几个新的兴奋灶，便可抵消或冲淡原来的中心优势。当消极情绪出现时，听喜欢的音乐有助于放松心情，并在快乐中忘记那些不愉快的事情。或者可以到户外去欣赏大自然的美景，在大自然的景色中愉悦身心、陶冶情操，缓解被压抑的心情。

（三）冷静分析

遇到挫折时冷静地进行分析，从客观、主观、目标、环境条件等方面找出受挫的原因，采取有效的补救措施。正确面对社会现实，看待社会不能过于理想化，不能用自己的标准去衡量社会的公平性，而应正视社会，承认差别，努力去缩小自己与别人的差距。遇到挫折，应先从自己的主观方面去寻找原因。坚信"人无完人"，每

个人都有长短处，学会扬长补短。

（四）自我暗示

对每个人来说，不可能所有的需要都能得到满足。为了消除挫败感和由此而带来的不良情绪反应，要学会找出合乎情理的原因来为自己辩解。当情绪低落时，人的敏感性往往会增强，总感觉所有人都在与自己作对。这种情况下，可以暗示自己："这几天可能正是我情绪处于低落的阶段，过几天自然会好起来。"考试失败时，可以用"胜败乃兵家常事"来进行自我安慰。有时候自我暗示是一种自欺欺人的行为，偶尔用一下对于缓解紧张情绪有积极作用，但经常使用可能导致当事人不能正确认识现实、评价自我，是不足取的。

二、课堂实战演习

生活中我们难免会受到情绪的困扰，当事情发生在自己身上时，我们可能无法从客观的角度分析问题。我们可以通过观察和分析别人解决问题的方式，反观自身，掌握处理问题和管理情绪的技巧。阅读下面的案例，想一想：小梅处理情绪问题的方式是否正确？如果是你的话会怎样做？

小梅（化名）是职二的学生，她学习努力，成绩还不错。但她的情绪往往会因为一件很小的事情而大起大落，反复无常。在寝室好与人争执，很少忍让。当她因1分与一等奖学金擦肩而过时，她感觉受到了失败的沉重打击。有一次，一位同学无意地问了一句"今年的一等奖学金是谁得的"，她怒不可遏，坚决认为那个同学在嘲笑她，最后两人竟然动手打了起来。从这以后，寝室的同学都不敢惹她了，她的人际关系出现了危机，她总怀疑别人在议论她，对寝室的每一个舍友都充满敌意，每天都生活在愤怒和不满之中。

我建议的行动方案是：

_____

_____

_____

 **小贴士**

主题 11　应对压力：提升抗逆力和耐挫力

现实生活中，每个人都面临着不同程度的压力。适度的压力能转化为动力，促使我们积极进取；而压力过度和压力不足则会在一定程度上影响我们的身心健康。学会正确对待和处理压力是职业院校学生克服学业压力、人际压力、社会压力，保持身心健康的有效保障。因此，我们应正视自己所面临的压力，提升抗逆力和耐挫力。

心理探索

一、压力与压力源

不同的学科对压力有不同的理解，生物学的观点认为，个体的生活形式太过偏离人类所采取的正常生活方式即会产生压力；社会学的观点认为，个体的特征无法适应环境要求即会产生压力；而心理学的观点则认为，人与人的互动形式与其所构成的社会团体出现了问题即会产生压力。

（一）压力产生的关键要素

1. 觉察到的挑战

强调压力产生于个体特征与环境要求之间的相互作用引起的个体焦虑反应。例如，在上课前几分钟，某同学突然说这次上课的时候老师会考试。如果这是一门对同学们来说很难的课程，那么，这样一句话很可能给一部分学生带来巨大的压力。

2. 重要的价值

个体只有在认为挑战对自己有很重要的价值时才会产生压力。例如，在准备材料评奖学金的过程中，如果某学生非常在乎这个荣誉，那么他就会产生压力；相反，如果另外一名学生不太在乎这个荣誉，那么他就不会产生压力。

3. 成功的不确定性

个体是根据觉察到的迎接挑战成功的可能性来解释环境的。如果个体能够很容易地战胜挑战，他就没有压力体验；如果个体在挑战面前看不到成功的可能性的话，他所体验到的压力同样会很低。当面临巨大挑战时，如果个体不确定自己是否能够成功，则有可能感受到压力。

综上，我们可以从三种不同的角度理解压力。第一，压力是一种刺激。从这个意义上讲，压力是指那些作用于个体的力量或刺激，从而导致个体的紧张反应。环境的重大改变、影响个人的重大生活事件、日常生活的困扰均是重要的压力源。第二，压力是一种主观反应。从这个意义上讲，压力是一种紧张或唤醒的内部心理状态，是个体内部出现的解释性的、情感性的、防御性的反应过程。这种观点强调人们对压力的体验和认知，并且强调压力是以反应为基础模式的，强调人的心理和精神方面。我们日常生活中所提到的压力通常是这个意思。第三，压力是个体对需要或伤害侵入的一种生理反应。当个体感受到压力时，我们的血压、心跳、肾上腺素等生理指标均会发生一定的变化。

（二）压力源

一切使机体产生压力反应的因素均称为压力源。压力源包括以下几个方面。

（1）生理因素：任何机体生理功能失调或组织结构残缺都可以称为压力源，如饥饿、疼痛、疲劳、失眠、疾病、内分泌失调、衰老等。

（2）心理因素：焦虑、恐惧、孤独、无助、缺乏自信等。

（3）环境因素：寒冷、炎热、射线、噪音、空气污染、生活环境改变等。

（4）社会文化因素：缺乏家庭支持与照顾、经济困难、退休、文化差异等。

总之，生活中的任何事件，不管是正性的还是负性的，都可以成为压力源。但不同的人对同种压力源的感知是不一样的，例如，参加同学聚会对大多数人来说是令人兴奋的好事情，但有些人觉得和很多人在一起会有压力。

当事件具有以下三个特征时，容易使人产生压力感。第一，不可控性。个体越是觉得一件事情无法控制，就越可能将此事件视为压力源。第二，不确定性。不确定性是指个体不能够预见事件的发展状况。在个体感到无法控制的时候，如果个体能够预见压力事件的发生，也常常能降低个体压力的程度。第三，挑战极限。一些事情在很大程度上是能够控制和预期的，但是仍然可能被视为压力源。因为有些事情即使投入全力也会让我们感到难以应对，也就是考验我们极限的事情，包括能力的、知识的或者是体力的极限。但是，这种挑战所带来的压力感往往是积极的、有促进作用的，因为它能使个体对自己产生新的认识。

（三）压力的症状

我们可以通过压力的早期预警信号判断自己是否已经处于压力状态，并及时采取措施摆脱压力对我们的负面影响。常见的压力症状包括以下几点。

1.压力的情绪症状

压力影响情绪状态，压力过大或长期处于压力状态会使个体出现焦虑、抑郁、愤怒、恐惧、悲伤以及挫折感、内疚感和羞耻感。焦虑状态下个体会出现肌肉紧张、易疲劳、心悸、呼吸急促、易怒、难以入睡或持续昏睡等症状。压力引起的抑郁情绪表现为情绪上厌倦、空虚、悲伤和麻木；行为上易怒、抱怨、记忆力减退、注意力难以集中、反应迟钝；生理上表现出没胃口、体重减轻、便秘、失眠、头痛、消化不良等症状。

2. 压力的认知症状

压力有时候会让人注意力难以集中、记忆力变差、思路模糊不清、不合逻辑或意识混乱、健忘、听觉受到阻碍、噩梦缠身等。压力的认知症状有时候会与情绪症状，尤其是恐惧、焦虑、抑郁和愤怒联系在一起。

3. 压力的行为症状

压力的行为症状比压力的情绪和认知症状更为明显，包括直接反映个体紧张情绪的症状和间接反映压力的症状。直接症状包括：一时兴起的冲动行为、演讲中吞吞吐吐或结巴、对他人施以语言攻击、语速变快、易受惊吓、不能静坐、很难长时间从事某项活动等。间接症状包括：抽烟增多，对咖啡、茶、可乐、巧克力的消费增加，喝酒增多，使用非法药品等。

4. 压力的生理症状

压力对神经系统、消化系统、内分泌系统都有比较大的影响，如颤抖或神经抽动、便秘、心脏剧烈跳动、腹泻、背痛、心悸、食欲大增、疲倦感、头晕眼花、全身紧张等。这些症状有时同时发生，有时单独发生。微小的生理症状不断积累常会转化成严重的压力疾患。

二、职业院校学生面临的主要压力

职业院校学生在学校的每个阶段都会面临不同的压力。在一年级阶段主要面临着适应新的校园生活的压力。新学校的一切都是陌生的，面对新的学习方式、陌生的人际关系、相对宽松的校园环境，许多新生无所适从，过去的自信荡然无存。难以把握自我的压力容易使人丧失方向感。二年级学生经常面临着感情、交往、学习等新的问题。三年级的学生通常会面临着就业、升本等人生的重大课题，则会深深体验到社会竞争的残酷性。

面对压力，每个人的表现是不同的，有的学生选择通过提早开始规划职业生涯、合理安排时间、努力学习专业知识来不断完善自己，减少社会竞争所带来的压力。而有的同学则对自己的人生缺乏想法，整日"宅"在宿舍里逃离社会现实，在感叹后悔中打发时间。总之，压力并不可怕，关键在于如何辨识、转化和应对压力。在某些情况下，压力也能转化为人生的积极动力。只有勇敢面对压力，化压力为动力，才是正确的压力应对方式。

一般来说，职业院校学生的压力主要来源于以下几个方面。

（一）环境适应困难

一年级的新生在面对陌生的校园环境时往往会产生不适应。陌生的校园、生疏的群体、远离了家乡和父母、很多问题需要自己决定和解决是环境适应困难的主要原因，这些都会使他们产生不同程度的环境压力。新的团体中自己不再是优等生，自我优越感丧失，对此没有思想准备，不能恰当地接受和对待时就会出现心理压力。另外，之前的学习方法不适用于新的学习，新生疲于寻找、适应新的学习方法，也会出现心理压力。南北方饮食方面的不同和生活习惯的差异、家庭经济与学生群体主流消费的差距等也会给部分学生造成心理压力。

（二）人际关系问题

刚开学的一段时间，离开了以往熟悉的朋友圈，独立地步入了新的社交圈，新生要在周围都是陌生的人群特别是来自不同地区的同学和室友的条件下形成新的朋友圈和社会支持系统。在与同学从陌生到熟悉、不断了解同学们的性格特点的过程中，部分同学会遭受到一定的挫折。远离家乡的学生在职业院校生活刚开始时会产生或多或少的孤独感，当人际关系不和谐的时候，这种孤独感会变得更强烈，从而产生焦虑和心理压力。

（三）经济问题

每位学生面临的经济问题可能是不同的。有的学生觉得自己已经成年了，要实现经济独立，自己养活自己，于是开始到处打工，受到学业和生活的双重压力。另外，可能有些学生家庭经济条件差，这种情况下，部分学生可能会在与其他同学比较时变得自卑，感受到来自经济方面的压力。

（四）对重大丧失的不适应

重大丧失也是给个体造成压力感受的一个不可忽视的来源。学生常见的重大丧失有：严重的外伤或疾病、学费和生活费困难、重要机会丧失等。很多重大丧失是突发事件，常常给个体造成措手不及的压力和困扰。

（五）与自我有关的不适应

首先是理想自我与现实自我的矛盾。每个人头脑中都有一个理想自我，而当现实生活中的种种困难阻碍理想自我实现的时候，理想自我与现实自我的矛盾会严重影响个体的心理状态。有的学生能够根据现实重新构建理想自我，设立新的人生目标；而部分学生则选择逃避理想与现实之间的冲突，因此承受着巨大的压力。

三、抗逆力

抗逆力指一个人面对危机或困难的适应能力，即当个体遭遇挫折时，能积极自主地摆脱困境并使其心理和行为免于失常的能力。抗逆力较强的个体通常具有较高的耐挫力。抗逆力不是天才独有的特质，也不像某种心理高峰体验那样可望而不可即，每个人天生就具有一定的抗逆力潜能，抗逆力是个体与生俱来的一种潜力。人在顺境中，抗逆力得不到激发，而是以一种潜伏的状态存在着；当危机和困难袭来的时候，个体内外保护性因素会自然抵制危险性因素的伤害。此时，抗逆力被激活，帮助个体面对危难、聚集力量、渡过难关。抗逆力从积极的视角挖掘当事人的外在和内在保护性因素，更加强调人在面对压力、挫折时的潜能激发和自我超越。

注重抗逆力的培养对个体应对压力、保持身心健康意义重大。多数同学在成长过程中经历的挫折较少，抗逆力被激发的可能性较小。提升抗逆力是个体身心平衡发展的需要。学生在遭遇挫折打击后，如果不能及时排解自己的情绪，容易产生自卑心理，例如认为自己不如别人、认为自己一无是处、自己很没用等。这些对自我认知的偏差和消极的心态将严重影响其生活。同时，挫折容易使人产生负面情绪，有些学生在遭受挫折后，变得焦虑不安、困惑不已，情绪极不稳定，生理上出现头昏、冒冷汗、心悸和脸色苍白等反应。如果不及时排解，这样的负面情绪严重的会导致心理疾病，甚至有可能发展成焦虑症、抑郁症。

🔗 成长链接

心理活动与体验

一、活动在线

面对紧张的学习、生活等多方面的精神压力，不少人长期处于亚健康状态。为了缓解和消除精神压力对身心健康带来的不利影响，在感到有压力时可以尝试下面的简易运动。

第一步：两腿并拢站好，手放在两侧，手掌朝向大腿，脊柱挺直。

第二步：慢慢地吸气，并且向两侧举起手臂。当手臂到肩膀的高度时，转动手臂使手掌朝上。继续举高手臂，直到它们在头顶上方相接触为止。同时，脚尖踮起。

第三步：当手掌在头顶上方相接触时，你已经吸气完全了。此时，脚尖还是踮起的。屏住呼吸，并保持这个姿势一段时间。

第四步：将你的手臂朝两侧放下，同时慢慢地呼气。打开双臂，当它们到肩膀高度时，转动双臂，使手掌朝下，然后继续放下直到它们在大腿两侧。这样做的同时，脚跟也慢慢地放下，回到地面。

在开始下一个动作之前，使身体保持柔软状态。重复这个过程至少5次。

二、体验分享

在平时的学习和生活中，每个人面临的压力都不尽相同，缓解压力的方法也因人而异。学习和借鉴他人缓解压力的方法，可以帮助我们在遇到同样压力的时候从容应对。请同学们分享一件对自己影响比较大的压力事件以及你是用什么方法减轻压力、克服困难的。

让我感到有压力的事件：＿＿＿＿＿＿

＿＿＿＿＿＿＿＿＿＿＿＿＿＿＿＿＿＿

我的应对方法：＿＿＿＿＿＿＿＿＿＿

＿＿＿＿＿＿＿＿＿＿＿＿＿＿＿＿＿＿

拓展训练：同学们的讨论对你有什么启示？

＿＿＿＿＿＿＿＿＿＿＿＿＿＿＿＿＿＿

＿＿＿＿＿＿＿＿＿＿＿＿＿＿＿＿＿＿

＿＿＿＿＿＿＿＿＿＿＿＿＿＿＿＿＿＿

＿＿＿＿＿＿＿＿＿＿＿＿＿＿＿＿＿＿

三、心海扬帆

提升抗逆力有助于我们积极自主地摆脱困境，减轻压力带来的困扰。我们可以从以下几个方面培养抗逆力。

（一）构建良好的社会支持

良好的社会支持是培养抗逆力的有效外部因素。构建安全的家庭、学校和同辈群体环境，使我们能够从家人、老师、同学和朋友那里得到支持和关心，并在此环境中获得安全感和归属感。

（二）在日常生活中培养抗逆力

在日常生活中，当我们遇到一些失败时，要把这些挫折看作是一个过程而不是结果，并努力从积极的方面去思考，从逆境中寻找有利因素。

（三）寻求专业机构的帮助

对于受挫较为严重的同学来说，如果自己无法改善消极心理，可以向专业的心理咨询师寻求帮助，克服消极、悲观情绪，缓解紧张心理，提高抗逆力。

💙 心灵天地

➕ 心理保健

一、方法指南

虽然压力是不可避免的，但是我们可以采取一些措施，减轻压力事件对我们的影响，或者化压力为动力，利用压力创造更精彩的生活。

（一）认识自己

个性是压力应对的重要组成部分，那些追求完美、易紧张或富于攻击性的人具有压力易感个性，任何风吹草动都有可能引起压力的爆炸。容忍自己的缺点、提升自信心、相信自己可以控制自己，有助于减轻压力对我们的影响。

（二）增强对学习的控制感

过重的学业负担可能会导致个体的心理压力。当你感到学习已经成为负担的时候，可以采取以下措施：记录每天所做的事，按照事情的重要程度，选择优先要处理的事情；分析自己想做的事情，区分哪些是对学习有促进作用的，哪些是你可以暂时不做的；详细说明自己的学习期望和需要，分析它们的现实性和确定性。通过以上方式，可以加强你对学习的控制感，减轻学业压力。

（三）建立良好的人际关系

与父母、兄弟姐妹、老师、同学之间的关系可能会成为你的压力源。了解自己和他人的性格特点，遇到矛盾和问题时按照一定的交往规则解决问题，理解并接受自己与他人之间存在的差异可以帮助我们建立和谐的人际关系，减轻人际压力。当你满腹委屈的时候，可以到朋友那里毫无保留地诉说出来，从朋友那里获得战胜压力的动力。

（四）正确归因

个体对原因的归结可以有两种类型，即外归因和内归因。倾向于外归因的人经常认为自己的行为结果是受外部力量控制的，例如运气、机会、命运等。倾向于内归因的人则习惯于认为自己的行为结果是受内部力量控制的，支配自己成功、失败的原因是本身的能力和技能以及自己的努力程度等。正确的归因就是要对造成压力的原因进行实事求是的分析，弄清楚压力的原因到底是外部的还是内部的，或是内外部两种因素相互交织共同起作用的。正确的归因是应对和解决压力的基础。

（五）合理饮食

通过合理调整饮食，可以减轻压力。多吃膳食纤维，少吃油腻的食物；减少饮用含咖啡因的饮料；减少糖分的摄取；多吃新鲜水果和蔬菜；多吃未经处理的绿色食品；服用维生素与矿物质以补充营养；以丰富的早餐作为一天的开始；饮食中不可缺乏蛋白质、糖类、脂肪等；尽量少吃零食、煎炸食品、烟酒、糖果、蛋糕、果酱等。

（六）在运动中寻找快乐

运动不仅能促进全身血液循环，提高

心肺功能，增强人体免疫力，更为有趣的是它还能促使人体分泌内啡肽。内啡肽被科学家称为"快乐素"，它能使人产生愉快的感觉，帮助人们减轻压力，促进身体健康。慢跑、健身操、瑜伽都是很好的减压运动，在感觉压力比较大的时候不妨试一下。

二、课堂实战演习

"考考考，老师的法宝；分分分，学生的命根。"这句话形象地说明了考试对学生的重要性。虽然职业院校的考核标准更为多元，但是考试作为评价学生学习状况的指标仍是同学们需要面临的重要问题。"挂科"对每个人来说无疑都是件坏事情。下面是一位同学考试挂科后产生心理压力的例子，看完案例后想一想我们应如何看待挂科以及如何应对挂科带给我们的压力。

我生活在一个条件还可以的家庭，是家里的独生子，父母都比较娇惯我，所以我从小到大也没有吃过苦。性格内外兼有吧，有时候很活泼，有时候又很安静，可能是独生子女的原因，我做事比较任性，思想比较简单，不太会考虑别人的感受，而且我觉得自己最大的弱点就是做事没有

恒心，一旦遇到困难就会退缩，总是半途而废。

一开始，我对待学习还是像以前一样认真，可是后来慢慢变了，平时学习没那么认真了。我觉得反正现在考试都不是太重要了，应该不会挂科。直到二年级下学期的时候我才清醒，因为我的线性代数考试挂了，而且成绩超乎意料的低，真是难过，因为我认为我好好看书复习了，为什么会这样呢？我有点不敢相信，因为我从来没有想过会挂科，可是事实就是这样。我的心情陷入了低谷，实在难受得不行！

我建议的行动方案是：

_____

_____

_____

_____

_____

小贴士

主题 12　积极情绪领航：向快乐出发

　　情绪就像影子一样，时时刻刻伴随着我们。我们会因为同学的接受和认可感到高兴；为不理想的考试成绩感到沮丧；为自己不经意间犯下的错误感到后悔；为挑战极限、突破自我感到骄傲……各种各样的情绪丰富着我们的内心世界，同时使我们的生活变得五彩斑斓。情绪对日常生活的影响不容小觑，一般来说积极情绪有提升幸福感、拓展认知范围的作用，有益身心健康；而消极情绪则总是与焦虑、抑郁、烦躁联系在一起，不利于身心健康。作为新一代职业院校的学生，我们应学会让积极情绪主导我们的生活，向快乐进发！

🔍 心理探索

一、情绪的重要性

　　心理学家认为情绪是独立的心理过程，有自己的发生机制和操作规律。情绪作为脑内的一个监测系统，对个体的心理和生理发挥着至关重要的作用。

（一）情绪对心理的作用

　　情绪对心理具有组织作用，这种作用包括对活动的促进和瓦解这两个方面，一般来说，积极情绪起协调、组织和促进作用；消极情绪起瓦解、破坏和阻断作用。研究表明，情绪影响认知操作的效果，其影响效果取决于情绪的性质及强度。中等唤醒水平的积极情绪为认知活动提供最佳的情绪背景。一般来说，学生考试时如果非常焦虑，成绩肯定不理想；相反，如果一点也不紧张，成绩也不会太理想。只有把考试当作一种挑战，虽然紧张但是自己并不感到十分焦虑，大脑处于中等唤醒水平时，答题结果才可能是最理想的。但是对于消极情绪来说，如痛苦、恐惧的程度越大，操作效果越差。另外，与痛苦、恐惧情绪不同的是，由于愤怒情绪具有向外指向的惯性，中等强度的愤怒一旦爆发出来，有可能组织个体面对自己的任务，产生较好的效果。

　　情绪对记忆也有很大的影响。心理学研究表明，当个体处在良好的情绪状态时，很容易记忆那些带有愉快情绪色彩的材料；当个体处于悲哀的情绪状态时，更容易记忆那些带有悲哀色彩的材料；而且个体在愉快状态下回忆愉快的内容比回忆不愉快的内容更容易，在悲哀的状态下回忆不愉快的内容比回忆愉快的内容更容易。如果记忆和回忆都发生在同一种情绪状态下，记忆的材料更容易被回忆出来。

（二）情绪对生理的作用

　　情绪对个体的生理也发挥着重要作用。

积极的情绪状态可以增强人的抵抗能力，消极的情绪状态则会对身体构成伤害。我国古代就有"内伤七情"之说，认为当人的"喜、怒、忧、思、悲、恐、惊"七种情绪过度时，就会使人产生心理疾病。

现代医学证明，有些疾病的发生并不是器质性病变，而是与精神状态不佳、情绪异常有关：经常、持久的消极情绪所引发的长期过度神经紧张，会导致身心疾病。大量的研究证明，内心充满矛盾、心情压抑、具有不安全感和不愉快情绪体验的个体内分泌紊乱，免疫力减弱，容易患癌症。情绪除因影响人体免疫系统而不利于人体健康外，还会通过影响人的行为方式、心理适应、求医行为和社会支持等决定身体健康的重要因素而影响人体健康。

另外，人们的行为常被当时的情绪所支配。一般来说，当个体处于积极、乐观的情绪状态时，则倾向于关注事物美好的一面，态度和善，乐于助人，并且敢于承担责任；而消极的情绪状态则使人容易产生悲观意识，失去希望，更容易产生攻击行为。

总之，情绪对个体的心理和生理活动有着重要的影响，了解情绪的这些作用，善于调节和把握自己的情绪，尽量发挥积极情绪的作用，减少消极情绪的不良影响，这样才能拥有快乐幸福的生活。

（三）拥有健康情绪的表现

1. 情绪的目的明确、表达方式恰当

健康的人不会没有缘由的高兴或难过，而是采用被自己和社会所接受的方式对某种刺激做出适当的情绪反应，并通过语言、行为准确地将情绪表达出来。我们会对突然发笑的人表示不解，对没来由的大吼大叫提出疑问，因为我们的认知系统中有一套刺激与反应相对应的图式，这个图式要求我们按照社会文化所认可的方式表达情绪。

2. 情绪反应适时、适度

情绪反应与引起情绪的情境相符合是情绪健康的又一重要标志。如果情绪反应不合时宜，或者明显超出应有的强度则被认为是不健康的情绪。这就要求我们的情绪反应与情境达到某种程度的一致，在演唱会欢闹的场景中表现出冷漠、平静，显然会与周围的气氛格格不入，因为一个小争端就与他人大打出手也明显是一种过激的行为。

3. 积极情绪多于消极情绪

保持积极愉悦的情绪不仅有益于身心健康，而且会增加行为动机，有助于目标的实现和幸福感的提升。保证每天的大部分时间处于积极的情绪状态，遇到消极情绪时采取适当的情绪调节方法加以克服，是保持情绪健康的重要方法。

二、情绪的种类

我国古代将人的情绪分为喜、怒、忧、思、悲、恐、惊七种基本形式。现代心理学一般把情绪分为快乐、悲哀、愤怒和恐惧四种基本形式。根据情绪发生的强度、持续时间和紧张度，可以将情绪状态分为心境、激情和应激三种形式。

（一）情绪的基本形式

快乐是指在现实生活中，盼望已久的目标达成之后或者是从对某一事物的极度紧张中解脱出来的一种情绪体验。即享乐所带来的心理上的愉悦、快乐和舒适，最高层次的快乐是满足和幸福感。

悲哀是最普遍、最一般的负性情绪。人的一生中，从出生到死亡，痛苦是不可避免的。一般来说，悲哀与自己所喜爱的事物落空有关。引发个体悲哀的事情可能是轰轰烈烈、惊天动地的大事，也可能只是一桩不起眼的小事。悲哀的程度取决于失去的事物对个体的价值，失去的事物价值越大，引发的悲哀程度越强烈，反之，价值小的事物引发较小程度的悲哀。

愤怒作为基本的情绪之一，指个体目的不能达到或一再受到妨碍从而逐渐积累到紧张时产生的情绪。挫折不一定引起愤怒，但当个体认为阻挠不合理甚至是恶意的，则最容易引起愤怒。

恐惧是个体企图摆脱、逃避某种情境而又无能为力时所产生的情绪。恐惧与快乐、愤怒不同，快乐和愤怒都是会使个体接近的情绪，恐惧是一种会使个体企图摆脱危险的逃避的情绪，如遇到地震，人们无力应付时，往往会恐惧万分。引起恐惧的关键因素是个体缺乏处理可怕情境的力量，此外，熟悉的环境发生了意想不到的变化也会引起个体的恐惧情绪。

（二）情绪状态

心境是一种比较微弱、持久、具有渲染性的情绪状态。它并不是针对某个事物特定的体验，而是影响着个体对所有事物的情绪体验和行为表现。它是在一段时间内精神活动的基本背景，是影响个体的整个精神活动的一种较持久的情绪状态。某种心境产生后，就影响着个体的全部生活，它使人的言语、行动、思想和所接触的事物都染上了微弱的情感色调。"感时花溅泪，恨别鸟惊心"就是诗人杜甫忧国忧民心境的写照。

激情是一种迅速强烈地爆发而时间短暂的情绪状态，例如狂喜、暴怒等。激情具有爆发性和冲动性的特点，即激情产生的过程十分猛烈，强度很大，并使人体内部突然发生强烈的生理变化，有明显的外部表现，如拍案叫骂、面红耳赤等，有时还会出现痉挛性的动作或者言语紊乱。当个体处于激情状态时，往往出现"意识狭窄"现象,即认知活动的范围缩小,理智分析能力受到抑制,自我控制能力减弱,进而使行为失去控制,甚至做出一些鲁莽的行为或动作。

应激是由出乎意料的紧急状况引发的高度紧张的情绪状态。应激具有超压性和超负荷性,即个体在应激状态中常常会在心理上感到超乎寻常的压力,在生理上承受超乎平常的负荷,以充分调动体内的各种机能资源去应对紧急、重大的变故。面对同一种紧急事件,在应激状态下,人可能会有两种表现:有的人可能会急中生智,当机立断,及时行动;有的人可能会束手无策,手忙脚乱,惊慌失措。

三、积极情绪的作用

情绪的认知理论认为积极情绪就是在目标实现过程中取得进步或得到他人积极评价时产生的感受。我国心理学者孟昭兰认为积极情绪与某种需要的满足相联系,通常伴随愉悦的主观体验,并能提高人的积极性和活动能力。虽然对积极情绪有不同的解释,但是对积极情绪的定义有着一个共同的特征,即积极情绪会产生愉悦感受。

20世纪末,随着积极心理学的兴起,人们越来越关注积极情绪对心理疾患起到的缓冲或者抵御作用。从进化的角度来说,积极情绪不是为了解决迫切的生存问题,

而是为了解决个人成长和发展的问题,因而积极情绪能拓展人们的思维行动的倾向,例如,快乐时产生游戏的需要,个体会冲破局限,变得更具创造性;有兴趣时产生探索的需要,个体会留意新的信息,进行新的体验;面临压力和消极情绪体验时,能够迅速有效地恢复,并灵活地改变以适应环境。这些积极情绪都以某种方式提高个体思维的创造性与灵活性,对环境的处理方式更积极,人际关系也会得到相应的改善,从而给人们带来间接的、长期的适应价值。

🔗 成长链接

心理活动与体验

一、活动在线

芭芭拉·弗雷德里克森教授出版的《积极情绪的力量》(*Positivity*)一书,被积极心理学之父马丁·塞利格曼推荐为当代积极心理学的巅峰之作。书中归纳了提高积极情绪的方法。

方法1:真诚是重要的。不真诚的积

极情绪完全不是积极情绪，它是消极情绪的伪装。

方法2：数数我们的福气。将看似平凡的事情转变为福气，所带来的收获可能在我们的人际关系中更加显著。

方法3：追随我们的激情。带着激情生活，给自己玩乐的权利，找到能够让我们获得心理体验的独一无二的活动。

方法4：利用我们的优势。每天都有机会做自己最擅长的事情的人是最幸福的人，凭借自己的优势行事，更容易获得成功。

方法5：享受自然的美好。户外活动可以让我们看得更远，并拓展我们的思维，让我们对更多的事物感觉良好。

同学们不妨在日常的学习和生活中试一试，也许会让你每天充满正能量，开心快乐地生活。

二、体验分享

对有些同学来说，进入职业院校后，体验到的情绪更加复杂，情绪波动更大。究其原因主要是在这个阶段，同学们面临的学习生活更加复杂。

情绪有多少种类，你计算过吗？如果我们把情绪分成两大类：积极情绪和消极情绪，那么，你可以将平日的情绪分类收集，再记录下来。在你记录自己的情绪和观察到的别人的情绪中，一共收集到几类

情绪呢？现在和同学分享一下自己记录的情绪，比较一下自己记录的情绪和别人记录的情绪，有哪些是相同的，哪些是不同的，并思考一下为什么。

拓展训练：同学们的交流对你有什么启示？

_____

_____

_____

_____

三、心海扬帆

每个人都会有积极情绪和消极情绪，而且无时无刻不在。所以我们要处理好自己的情绪，发挥积极情绪的作用，让自己快乐地生活。下面列举了一些能够拥有快乐的方法，请你先读一读，然后选择适合自己的方法让自己更快乐一些吧。

（一）切断和失败经验的所有关系

消除我们脑海中的那些与积极情绪背道而驰的所有不良因素。因为我们的时间有限而且非常珍贵，所以我们没有必要把自己沉浸在消极情绪中。我们可以把消极情绪限定在一天中的某个特定时间段里，然后让自己在剩下的时间里保持快乐的心情。

（二）每天冥想三五分钟

静静地想一想自己的选择，也许你会

发现自己的选择是对的，这么做不但会提高自己的快乐指数，还能学会自我放松，一段时间之后，你会重新认识自己和把握自己的情绪。

（三）不奢求回报

"赠人玫瑰之手，经久犹有余香"，所以我们在帮助别人的过程中，不仅帮助别人解决了困难，而且在这个过程中也会体验到自己对他人的重要性，知道自己的社会价值，这种感觉会让自己每天乐观地面对生活。

（四）珍惜现在，活在当下

专注于当前的生活，不给胡思乱想的念头留有机会，无论自己现在做什么，都力求把它做好，随之而来的成就感会不断激励自己去做好下一件事情，这种良性循环持续下去，会让自己的积极情绪不断累加，生活也就充满了阳光。

（五）坦然面对现实，学会适应生活

现在社会竞争激烈，人们面临着种种压力，这是包括职业院校学生在内的很多人的真实写照。换一种角度考虑，把压力看作挑战自我、提升自我的一种方式，会让我们更加乐观地面对一切难题，不断提升自我幸福感。

（六）憧憬快乐，学会自我安慰

如果不快乐，那么我们做事情的时候

会效率低下、错误百出。这个时候，可以想象一下快乐的感觉，并相信是真的，想一想自己快乐时喜欢做什么，试着去做一做，也许在做的过程中，我们就忘记了烦恼的事情，快乐又回到了我们身边。

（七）接受善意的批评

正确对待他人对自己的批评，利用这个机会做一番反省，并找出应该改善的地方，别害怕批评，我们应勇敢地面对它，只有这样才能够更快地成熟。

💙 心灵天地

➕ 心理保健

一、方法指南

积极情绪对个体的学习和生活发挥着重要作用。职业院校学生在增强积极情绪方面，应该从以下几个方面来努力。

培养个体积极情绪，必须重视情绪上的个体差异性。由于遗传、环境、教育等多方面的影响，对于同一事件不同个体往往有不同的情绪体验；情绪体验基本相同时情绪反应特点、反应强度可能也不一样；

情绪发生后个体情绪调节能力的高低、处理情绪的方式方法也可能不同。因此我们要充分了解自己，知道自己和别人的差异，并且不要和别人去比较，只要自己觉得处于舒服的状态就可以了。一味寻求和他人的一致性，虽然能够和他人融为一体，但是会让自己心力匮乏，难以形成健康的生活方式。

在了解个体差异的基础上，采取积极措施激发积极情绪。

第一，学会积极归因。拥有更多积极情绪的学生，更易看到事件蕴含的积极意义，更倾向于对事件积极归因；情绪发生后，积极归因又有助于个体的情绪调节。学会关注自己和他人成功或失败的事件，和同学一起讨论、分析成败的原因，从中汲取成功的经验和失败的教训。通过一系列的反馈、强化，最终使自己形成积极归因的倾向。

第二，提高情绪调节能力。情绪调节能力强的学生，能更快地从情绪低落状态中恢复过来，产生积极情绪。提高情绪调节能力就要学会一定的情绪调节方法，如认知调节法，改变对事件的认知视角、认知方式以产生对事件的积极认知，从而调节情绪；注意转移法，把注意从引发消极情绪的事件转移到其他令人愉快的事件上去；合理宣泄法，以恰当的方式将内心的不良情绪表达出来。

第三，激发和维持内在动机，增强自我效能感。情绪是动机的重要表现，尤其是内在动机强的学生，由于视学习本身为动力，因而更能在学习活动中得到满足，更易保持积极的情绪状态；自我效能感是动机的表现，一般地，自我效能感越强，动机越强，从而越容易保持积极的情绪状态。从自己的兴趣和需要出发，联系生活实际，做具有一定挑战性、需要通过努力才能解决的学习任务，让自己在任务解决中逐渐接近目标，每一步都体验到成功；当自己努力取得进步后，学会鼓励自己；学会通过观察他人特别是相同特征较多的他人的替代经验，来强化自身内在动机、提升自我效能感。此外，在学习和生活中，形成正确解决问题的策略，使自己取得优异的成绩和专业的技能，也会获得学业成功的快乐。

情绪具有感染性的特点，因此培养自己的积极情绪，除自己努力外，还需要重要他人的帮助。影响我们情绪状态的重要他人包括父母、同学、朋友、老师等，当我们经常与快乐的人在一起时，我们也会被他们的快乐所感染；当我们经常与悲伤的人在一起时，我们也会变得黯然神伤。因此，我们在生活中要多与那些快乐、阳光、向上的朋友在一起，多安慰那些忧伤、抑郁、自卑的朋友。

二、课堂实战演习

在我们周围经常遇到一些消极情绪较多的同学，这些同学不仅对自己没有信心，对外部环境也是悲观消极。因此，帮助这些同学走出消极情绪的阴霾是同学之间相互帮助支持的具体行动。阅读下面的案例，大家一起开动脑筋，想想该如何帮助小明同学走出消极情绪的阴霾，开始快乐的生活。

小明（化名）是某职业院校一年级的学生，为人正直、善良，但就是消极情绪太多，对事情总是持担心怀疑的态度。前两天因为专业技能考试没有考好，心里有挫败感，他开始垂头丧气，故意远离人群，一个人躲在角落，心情很沮丧，并且开始担心下次技能考试自己可能再次失败。他说："我知道自己担心的事情很可能不会发生，也很想不去担心这件事情，可是很多时候还是在担心它。这究竟是怎么一回事呢？"小明内心深处非常痛苦。

我们怎样才能帮他走出消极情绪呢？请和同学讨论一下，拟定一个行动方案，帮助他走出情绪的困境。

我建议的行动方案是：

_____

_____

_____

_____

_____

📱 **小贴士**

主题 13　心态决定情绪：为幸福干杯

当今社会，人们在学习和生活中遇到的挑战越来越多。对于职业院校学生来说，在学习和生活中也会面临各种各样的问题，如所学专业知识和技能不能完全满足将来工作的需要，甚至与将来的工作脱节；不能有效地处理同学关系；不能完全理解老师讲授的知识并应用到实践当中……这时如果消极怠惰，那么我们只能成为问题的奴隶，永远是个失败者；反之，如果具备良好的心态，那么一切困难都会在我们的努力下迎刃而解，我们的成就感会不断提高，幸福感会不断增强。

- -

🔍 心理探索

一、心态及其种类

（一）心态的含义

我们常常听到一句俗语：心态决定命运。那究竟什么是心态呢？心态，即心理态度。简单地说，心态就是性格和态度的统一，态度是心态反应的表现化。心态有两种，即积极心态和消极心态，例如，杯子里有半杯水，有的人会说："唉，只有半杯水了！"而有的人则说："啊，还有半杯水呢！"这是两种截然不同的心态，前者是悲观的消极心态，后者是乐观的积极心态。有什么样的心态，决定了你对事情采取什么样的态度，所以人们通过你的态度能够看到你的心态。正如美国石油大王洛克菲勒在信中告诫自己的儿子："如果你视工作为一种乐趣，人生就是天堂；如果你视工作为一种义务，人生就是地狱！"与其把问题当成痛苦和折磨，不如尝试着快乐地解决，同样一件事情，当你换一种心态面对的时候，也许情形就发生了反转，有了天壤之别。心理学家经过长期研究证明，积极心态是乐观地、能够妥善地应对烦恼。一个人，只要能够找出理由证明自己今天比昨天好，今年比去年好，就能很好地解决自己各种各样的心理困惑和问题。

心态有什么样的作用呢？一般来说，积极心态是保持最佳精神状态、拥有健康心理的法宝，能够创造财富，导向成功，帮助我们获得健康快乐的生活；消极心态是心灵的毒药，容易导致我们萎靡不振，排斥成功和机会，排斥快乐和健康，甚至会毁掉一个人的一切。

（二）心态的种类

一般来说，我们将心态默认为两类：积极心态和消极心态。在此基础上，心态可以划分为更细小的类别，不同的心态具有不同的特点。

1. 乐观

乐观的心态是指无论在什么情况下，即使状况很糟糕也能保持良好的状态，相信不好的事情总会过去，自己能够应对当前的问题和困难。积极情绪较多的个体，容易对事情抱有乐观的心态。例如，有些人虽然身患重病，但仍然乐观地与病魔抗争，最终战胜疾病。在某种程度上，这种乐观的心态可以提高人体的免疫力。

2. 自信

自信是相信自己能够应对并且处理好问题，对自己有信心。当我们开始从事某项活动时，很可能缺乏信心，因为此刻我们缺乏经验，不知道这次活动能否成功。一旦成功之后，下次面临相同或相似的境况我们便能够坦然面对，对自己充满信心。所以自信的心态建立在成功的经验之上。

3. 平和

这种心态是一种至高的人生境界，能够做到面对金钱和诱惑时不为所动，宠辱不惊，是一种豁达和坦然。一般来说，经历丰富的人和出家人容易达到这种心态，因为他们已经经历了人生的波动起伏，知道自己存在的意义。

4. 感恩

感恩周围的一切，包括坎坷、困难以及我们的竞争对手。事物不是孤立存在的，没有周围的一切，就没有我们的存在，所以我们要以感恩的心态对待周围的人和事，感谢他们在我们成长的道路上给予的帮助和支持。

5. 旁观

旁观的心态在当今社会不再罕见。倒地老人无人扶，有人晕倒径直走过……也许大家怕负责任，怕为自己招惹麻烦，但是这导致了社会冷漠问题越来越严重，是社会的责任还是个人的责任？这是一个值得深入思考的问题，这种旁观的心态可能会害人又害己。

6. 叛逆

叛逆的心态是指人们为了维护自尊，而对对方的要求采取相反的态度和言行的一种心理状态。叛逆是青少年成长过程中经常出现的一种心理状态，是青少年的一个突出的心理特点。职业院校学生处于由青春期向成年期过渡的阶段，叛逆的心态还不时出现。这种心态表明我们还不够成熟，还需要努力才能够真正长大和完善。

二、心态、情绪与态度

心态、情绪与态度是三个十分相关的概念，但是它们在本质上存在着一定的差异。理解这三个概念的差异，有助于我们更好地形成积极的心态，获得更高的幸福感。

（一）心态和情绪

心态和情绪是两个不同的概念，心态更倾向于我们对事物的认识，而情绪更倾向于我们对事物的体验。虽然心态和情绪是两个不同的概念，但是两者存在着必然的联系。一方面，心态决定情绪反应。情绪的产生来自客观现实，但又不是由客观现实直接、机械地决定的，人们看待事物的心态，才是情绪产生的直接原因。同一事件对不同的人或者在不同的时间、条件下出现，人们可能有不同的评估或设想，从而产生不同的情绪。过去的经验制约着个体对当前事件的认识和评价，当我们以乐观的心态看待当前的事件时，就产生了积极的情绪，例如，乐观的心态使我们认为自己能够战胜困难，就会给我们带来希望和快乐的情绪。但是，如果我们没有自信、乐观的心态，总是认为有什么倒霉的事情将要发生在自己身上，就容易产生消极情绪，例如沮丧、担心等。另一方面，情绪对个体的心态也有影响。当我们情绪好的时候，我们会更愿意把事情往好的方面想，心态自然也会好；而当情绪不好的时候，我们会看什么都不顺眼，觉得什么事情都不会如自己所愿，这个时候心态自然不会好。

（二）心态和态度

态度是个体对特定的人、观念或事物稳定的，由认知、情感和行为倾向三个成分组成的心理倾向。它是人们在社会化的过程中待人接物时所形成的，是意识形态的表现，会影响到个体对人、观念或者事物的反应和行为，例如生活态度、学习态度、工作态度等。如果要转变一个人的态度，需要付出成本代价，因为态度的转变，是对个体价值观的转变，而价值观是一种长期稳定存在的意识形态。相对于态度来讲，心态则是人们处理问题过程中所形成的短期的对事物处理方法的意识形态表现，很容易受到外界环境的干扰，有很强的波动性。

心态和态度是密不可分、相互联系的。人们所拥有的态度会让他惯性地采用同样的方法来处理相同或者类似的事情，而这一类事情在处理的过程中所形成的每一个结果都会反过来影响到这个人的心态，表现出乐观或者是悲观。

三、幸福感

每个人都希望自己能够永远幸福，也经常会把"祝您幸福"挂在嘴边。到底什么是幸福？我们又应该怎样理解幸福呢？幸福其实是人们的一种主观感受，心理学上也将其称为幸福感。所谓幸福感就是人们根据内化了的社会标准对自己生活质量的整体性、肯定性的评估，是人们对生活的满意度及其各个方面的全面评价，并由此而产生的积极性情感占优势的心理状态。对于幸福感，我们可以从以下三个层面理解。

第一个层面：来自物质层面的幸福。也就是心理学家马斯洛需要层次理论模型中的最低级的需要——生理需要和安全需要得到了满足，例如食物、睡眠、财富等。物质层面需求的满足，能够给我们带来幸福感，但是这种幸福感是短暂的、递减的，有时还是有害的，人单单追求物质幸福是不够的。

第二个层面：来自情感层面的需要。这涉及层次需要理论模型中的归属和爱的需要、尊重的需要。个体有与他人建立感情联系的需要，会渴望友情、爱情和亲情，会加入团体，想得到成员的认同和尊重，使自己在生活中变得更有能力、更富有创造性。来自人和人的真情所产生的幸福感，要比来自物质层面的幸福感长远得多、持久得多，而且多多益善，没有害处，更重要的是不会破坏环境、不会消耗资源。

第三个层面：来自自我实现的幸福。自我实现是马斯洛需要层次理论模型中最高层次的需要。伟大的思想家、艺术家、科学家通过对社会的贡献，获得了自我实现的幸福。例如爱迪生发明了电灯泡，牛顿发现了万有引力定律……作为普通人，我们也有自我实现的幸福，例如提前完成了负荷很重的工作，能够实现自身的价值等。总之，只要生命存在能够给别人带来快乐和幸福，造福他人、造福社会，这就是永恒的幸福。

所以，想要提升幸福感，就要结合自身情况制订相应的对策。如果你希望改善物质状况，那就制定合理的目标并采取积极的行动，可以更充实、幸福；如果你忽略了亲情、友谊，多用心、多用时间做些力所能及的事情，经常和他们联系也可以获得幸福；如果你信念坚定，以社会责任为己任，那你在付出的过程中就能体验强烈的幸福感，那是一种来自内心深处永恒的幸福。

🔗 成长链接

心理活动与体验

一、活动在线

同学们，进入职业院校以后，你的心态发生变化了吗？有哪些变化呢？不妨花一些时间思考和比较一下，自己哪些方面成熟了，哪些方面还需要努力和进步。请填写下面的表格，如果表格中列举的事情不符合你的情况，你可以在下面空白的表格中补充。

状况	以前的心态	进入职业院校后的心态
考试失利		
糟糕的人际关系		
不能理解老师讲授的知识		
不能很好地运用专业知识		

二、体验分享

一位哲人说："你的心态就是你真正的主人。"一位伟人说："要么你去驾驭生命，要么生命驾驭你。你的心态决定谁是坐骑，谁是骑师。"一位文学家说："你不能延长生命的长度，但你可以把握它的宽度。"你不能改变天气，但你可以左右自己的心情；你不能控制环境，但你可以调整自己的心态……这些话简单却精辟，一个人有什么样的精神状态就会产生什么样的生活现状。所以说心态对于我们是重要的，它影响我们对事物的态度和情绪，还会支配我们的行动。你知道哪些培养良好心态的方法呢？和周围的同学分享一下吧！

拓展训练：同学们的方法对你有什么启示？

_____

_____

_____

_____

清晨的露水、傍晚的晚霞、心中美好的希望和梦想都有可能让我们感到舒适和愉悦，也都可以成为我们幸福感的来源。影响幸福感的因素有很多，对学生而言主要有：学习心理、人际关系、归因方式、自我效能感等。

具体来讲，我们面对全新的学习方式和学习环境，若没有掌握有效的学习策略或因缺乏兴趣没有形成良好的学习心理，导致学习效率低下，从而产生自信心下降等消极情绪体验，影响幸福感。调整心态可以帮助学生摆脱消极因素对幸福感的影响，采取积极主动的方式增强幸福感。例如，如果我们将学习看作是一种宝贵的机会，认为学习是对严谨思维方式的培养、记忆力和注意力的锻炼，是为未来走向成功打基础的过程，那么，我们就更容易以积极的心态面对课堂、面对老师，更加努力、刻苦地学习，当我们获得了学习上的成功后，就容易在内心油然而生一种幸福感。

人际关系是影响学生幸福感的主要因素。缺乏人际交往或人际交往出现问题（尤其是恋爱问题）会严重影响我们的幸福感，而和谐的人际关系有助于我们保持愉悦的心情，提升幸福感。当我们体验到成功的喜悦，有人与我们一起分享时，会感到幸福；当我们有了困难，有好朋友及时向我们伸出援助之手，会感到幸福；当我们伤心难过时，有好朋友主动安慰我们，会感到幸福。

采取何种方式对事件进行解释也对我们的幸福感有着重要影响。将负性生活事件解释为环境、运气等外在、不可控的因素时，我们的幸福感较高；当我们在社团竞选中成功时，将这种成功归因为自己努力做了充分准备，这个时候幸福感就会高。相反，如果把失败归因于内部的、不可控的因素，会使我们产生自我怀疑、自我否定的心理，降低幸福感。

拥有较高自我效能感的同学，相信自己有能力应对难题和挑战，战胜挑战后的积极反馈容易让他们产生积极的情绪体验，增加主观幸福感。另外，自我效能感较强的人倾向于将自己的成功归因于自身的努力，把失败归因于自己努力程度不够或外在的不可控因素，这种归因方式结合较高的自我效能感，能提高我们的成就动机水

平，增加努力水平，在积极努力和获取更大成功的过程中体验到更强的幸福感。

可见，为了提升幸福感，我们要培养积极、自信的心态，学会调整自己的情绪，同时拥有更多的朋友。

💙 心灵天地

➕ 心理保健

一、方法指南

一个人的心态可以影响他的整个人生。具有良好心态的人，在生活中面对喜怒哀乐，能够泰然处之，沉着应对，做到宠辱不惊，临危不乱。碰到高兴的事情，不会欣喜若狂，手舞足蹈，忘乎所以。遇到烦心的事情，不会牢骚满腹，心情沮丧，萎靡不振。幸福感高的人，能够以积极的心态看待生活、学习和工作，能够使自己处在轻松愉悦的氛围中，能够更勤奋和努力地争取成功。因此我们有必要掌握培养良好心态和提升幸福感的方法。培养良好心态和提升幸福感的方法多种多样，下面列举了一些有意义的方法，不妨试试看。

（一）保持积极进取的精神

学生正处在人生最美好的阶段，也是精力、体力最旺盛的时期。如果这个时候我们能够保持积极进取的精神，树立明确的人生目标，并努力为之奋斗，那么我们就会在奋斗的过程中不断体验到成功的幸福。

（二）舒缓打击

成功的路上多坎坷，有时我们会遭受一些打击。这时，我们要学会舒缓打击，排解失败的低落情绪，最有效的方式就是降低期望，以平和的心态看待周围的人和事。

（三）避免心理长期压抑

如果一个人长期心理压抑，喜欢杞人忧天，那么他一定不会感受到快乐和幸福。因此，我们要经常保持乐观的心态，与朋友多沟通、多交流，可以通过与朋友聊天、写日记等方式释放自己的压抑情绪。总之，我们一定要想办法将心结打开，这样才能释然。

（四）分散注意力

当我们遇到问题或者困难时，只是一时找不到解决问题的方式，也许过一段时间问题就有了好的转机，所以我们千万不要泄气、悲观厌世、一蹶不振。这个时候，我们可以先试着做一些自己喜欢或者容易的事情，以分散注意力，缓解精神上的疲惫，给心灵和大脑适当休息的时间来进行调整，等我们的身心状态变得好起来时再想办法解决问题。

（五）合理满足需要

每个人都有基本的需要，包括生理需要、安全需要、归属和爱的需要等。基本需要若得不到满足，我们往往会觉得不幸。因此，我们要了解自己的基本需要，并合理地满足它们。

（六）培养爱好，尤其是培养对自己本专业的爱好

三百六十行，行行出状元。无论哪一行只要用心做都会给我们带来事业成功的满足感、荣誉和物质收获。做自己喜欢的事情，能使人心情愉悦，随之而来的成功喜悦也能冲淡学习和生活上的不如意。每个人对自己专业的兴趣都是可以培养的，因此，我们要干一行爱一行，把职业当成事业去做，体验在职场中获得的幸福感。

（七）体育运动

运动不仅能强身健体、增强体魄，还能使我们与自然或人和谐共存，进而可以疏解我们心理的郁结。在运动的过程中，我们可以释放遇到的不愉快，提升幸福感。

二、课堂实战演习

我们周围有各种各样心态的同学，有的同学自信乐观，学习成绩优异，好朋友

很多；有的同学过分自以为是，认为自己是独一无二的，不需要他人的帮助，频频失利，小雯就是这样的人。请阅读下面的案例，帮小雯出一个主意，帮助她减少失利的次数。

小雯（化名），女，20岁，职业院校三年级学生。她自幼表现出很强的自尊心，不服输，学习成绩很不稳定，发挥好时可进前10名，发挥差时处在30名左右位置。特别是专业技能考试前，两次模拟考试她成绩都很不理想。老师除鼓励她努力外，还提醒她要正确认识自己的不足。她内心很不服气，依然自以为是，认为自己肯定能取得好成绩。结果再次失利了，她很难过。

我的建议是：

_____

_____

_____

_____

_____

📱 小贴士

本章核心概念

情绪；积极情绪；消极情绪；压力；幸福感；积极心态

本章小结

1.情绪是指伴随着认知和意识过程产生的对外界事物的态度，是对客观事物和主体需求之间关系的反映，是以个体的愿望和需要为中介的一种心理活动。

2.职业院校学生的情绪具有情绪体验多样化、情绪反应不稳定、情绪表达矛盾化等特点。职业院校学生经常面临的情绪问题有焦虑、抑郁、自卑等。

3.职业院校学生可以通过了解自己的情绪、控制自己的情绪、自我激励、了解他人的情绪、维系融洽的人际关系、勇敢面对挫折等方法提高自己的情绪管理能力。

4.职业院校学生可以采用宣泄法、转移法、冷静分析法、自我暗示法来调节消极情绪。

5.在压力条件下，个体会出现情绪、认知、行为以及生理上的症状。

6.职业院校学生面临的压力主要来自环境适应困难、人际关系问题、经济问题、对重大丧失的不适应以及与自我有关的不适应，注重抗逆力的培养对职业院校学生应对压力、保持身心健康意义重大。

7.情绪与我们的生理健康和心理健康

密切相关，积极的情绪能够扩展我们的思维行动的倾向，能够帮助我们灵活地适应环境、提高创造力、改善人际关系。

8. 职业院校学生可以通过学会积极归因、提高情绪调节能力、激发和维持内在动机以及增强自我效能感等方式培养自己的积极情绪。

9. 心态是性格和态度的统一。积极心态能够使我们保持最佳的精神状态，拥有健康的心理，帮助我们获得健康快乐的生活；消极心态则会让我们萎靡不振，不利于健康和成功。

10. 幸福感，就是人们根据内化了的社会标准对自己生活质量的整体性、肯定性的评估，是人们对生活的满意度及其各个方面的全面评价，并由此而产生的积极性情感占优势的心理状态。

11. 影响职业院校学生幸福感的因素很多，包括学习心理、人际关系、归因方式、自我效能感等；职业院校学生可以通过调整心态摆脱消极因素对幸福感的影响，采取积极主动的方式增强幸福感。

心理测试

心理压力测试

辅导案例

拓展阅读资料

［1］俞国良主编.心理健康（第 5 版，中等职业教育课程改革国家规划新教材）.北京：高等教育出版社，2020.

［2］俞国良主编.大学生心理健康（第 2 版，根据教育部《高等学校学生心理健康教育指导纲要》编写）.北京：北京师范大学出版社，2022.

［3］曾仕强著.情绪的奥秘.北京：北京联合出版公司，2022.

［4］［美］盖伊·温奇著.情绪急救.孙璐译.上海：上海社会科学院出版社，2015.

［5］［美］芭芭拉·弗雷德里克森著.积极情绪的力量.王珨译.北京：中国人民大学出版社，2010.

第五章

学会学习　高效学习

玉不琢，不成器；人不学，不知道。

——《礼记·学记》

✩ 学习目标

　　通过本章学习，了解什么是学习，学习的功能是什么，职业院校学生学习的特点有哪些；掌握培养学习兴趣、激发学习动机的方法；学会运用各种学习方法，让学习更为高效；同时，通过本章学习，体验在职业院校学习中的乐趣。

主题14　发现兴趣：让学习更容易

同学们，当我们跨进职业院校的大门后，生活又翻开了新的一页。展现在我们面前的是与以往不同的五彩缤纷的学习体验：这里不仅有理论知识的学习，也有实践技能的训练；不仅有课堂学习的时间，还有社会学习与职业学习的机会。虽然职业院校的学习与以往学习相比，在学习内容、学习方法和学习要求等方面都有许多不同，但任何类型的学习有一点是相同的，即"兴趣是最好的老师"。

🔍心理探索

一、学习的本质和功能

关于学习，古今中外许多教育名家都做过精辟的论述。例如，我国古代教育名著《礼记·学记》就指出"玉不琢，不成器；人不学，不知道"。强调学习是一个人成才的必要条件。现代学习理论认为，影响人的发展与成才有很多因素：遗传、环境、教育、学习等，其中学习是促进人全面发展的重要因素。学习使人不断地发展、提高和完善，从而更好地为社会和国家作出贡献。随着社会发展、科技进步，学习越来越显示出其重要性与必要性，国内外教育家特别是心理学家对学习问题进行了深入、系统的研究，形成了一系列的学习理论，对改进人类的学习起到了重要的指导作用。特别是在互联网时代，在科学技术突飞猛进、知识经济初见端倪、国力竞争日趋激烈的今天，人们对学习问题有了更深层次的研究和认识，正如联合国教科文组织所指出的，未来的社会将是学习化的社会。要学会生存，就要学会学习。

我们每天都在学习，究竟什么是学习呢？面对这样的问题，肯定有很多同学会不屑一顾。有同学可能会说："学习不就是听课、看书、做作业嘛，有什么好思考的。"其实这种理解并不全面。学习是一个非常复杂的心理过程，是由经验引起的行为或思维的比较持久的变化。对于学习的定义，一般可以从四个方面进行理解。首先，学习是动物和人所共有的心理现象。其次，学习不是本能的活动，而是后天习得的活动，要排除由成熟或先天反应倾向所导致的变化，例如知识学习与生活习惯的学习就不一样。再次，这种变化可以是外显行为，也可以是内隐行为或内部过程的变化。最后，学习引起的变化是相对持久的。有些变化，如适应、疲劳、疾病引起的，就不能称为学习，因为这种变化是暂时的，条件改变或经过适当的休息、治疗，这种暂时性的变化就消失了。

同时，按照认知心理学的观点，学习也是信息的输入、输出与反馈调节的动态过程。老师课堂讲解、自己阅读书本、与同学交流及联系职业实际等，都是知识的输入；而运用输入进来的知识做练习、做作业及解决职业生活中的具体问题，则是知识的输出；筛选输入、输出过程中的优劣，不断调节改进，提高输入和输出的质量则是反馈调节过程。学习过程的三个环节都是不可缺少的，如果学习的结构不完整，仅知道不停地输入、输出，不能及时对输入和输出进行调节，就难以取得良好的学习效果。学会对学习进行调节，实际上就是学会如何学习，学会掌握学习的策略。

未来社会是学习型社会，学习不仅是每个人必经的发展过程，是每个人生存的必要手段，更是成功职业生涯的基本条件。当今世界科技日新月异，各种职业越分越细，对职业技能要求越来越高，这就要求我们具有快速掌握知识技能的学习能力。因此，只有不断掌握新知识、新技能，跟得上时代步伐的人才能够不被时代所淘汰，才能够在未来的职业社会中生存和立足。同时，学习会促进我们生理和心理的成熟和发展，虽然我们已经是成年人了，但是心理学研究发现，学习仍然可以促进个体的智力发展和社会性发展。在人类历史发展的长河中，大量的物质文化和精神文化被创造出来。对这些文明成果的学习可以提高我们的文化素养，优化我们的心理素质。最后，从整个人类社会发展的角度来看，学习是文明延续和发展的桥梁和纽带。通过学习，我们了解了理论知识，掌握了实践技能，同时通过自己的创造和思考，可能会进一步推动社会的进步。

二、职业院校学生的学习特点

进入职业院校以后，我们会发现学习发生了许多变化，甚至是质的改变。之前那种相对而言带有很大强制性、填鸭式的教学和题海战术，在这里不复存在。很多同学面临这种崭新的学习环境时迷失了方向。那么，职业院校的学习有哪些特点呢？

（一）选择性多

中小学时期强调升学，学习围绕升学的指挥棒转，学习活动主要是由老师安排，学生没有多少选择的余地。而到了职业院校，虽然仍有专业的限制，但学生选择学习的余地是很大的，老师往往对职业院校学生的学习内容也不加以限制，很多老师还鼓励学生们广泛涉猎各种知识，为日后的职业生涯做好准备。除基础知识外，许多学校还增加了很多专业技能知识以及人文社科知识。

（二）专业性增强

每个职业院校都有多个院、系，各院系又有许多专业，就现实而言，每位同学都必须学好自己的专业，但又不能满足于自己专业这一狭窄的范围，需要拓宽自己的视野，为今后的求职就业奠定基础。这就产生了一个矛盾：人的精力有限，时间也有限，如何处理好专业学习与非专业学习的关系？有的同学处理这个问题轻松自如，另外一些同学捡起这头又丢了那头，忙碌终日换来的却是捡了芝麻丢了西瓜。

（三）自主性较强

职业院校学生拥有较多的自由支配的时间，有人利用时间来学习，有人利用时间去实习，有人利用时间去从事自己喜爱的活动，也有人不知如何利用这些时间，有的同学甚至整天沉迷于网络之中。

（四）学习途径多样化

职业院校的课堂教学与中小学阶段有所不同，主要是讲授与讨论相结合。中小学阶段的教学目标是"授之以鱼"，试图让学生掌握更多的基本知识，而职业教育阶段更多的是"授之以渔"，希望学生掌握更多的学习方法。职业院校学生的学习途径除听课这一主要途径外，还有阅读、自己求师、同学交流、大量的电化教学、充分的实习实训等。当然，这些学习途径中小学时在一定程度上也具备，但在职业院校里，这些途径更能被职业院校学生采用。有的同学能大量使用各种途径，而有的同学只会听老师讲课。其实，在职业院校中，实习、实训对于掌握基本技能是非常重要的环节。因为听了，知道了；做了，才掌握了。

（五）学习时间灵活

从中小学到职业院校，学习的时间结构也发生了根本变化。中小学阶段，学生的学习时间模式是固定的，一天的时间都被老师和学校安排得满满的。但是到了职业教育阶段，学生的学习时间是相对灵活自主的，时间已经不再由老师全权管理，而有很多学生自由支配的时间。同学们可以按照自己的时间来选课、自习以及安排其他实践活动。

（六）注重实用性

职业院校的学生在学习方面较其他学生更加注重实用性。一方面，他们更喜欢实践教学，重视培养自己的动手能力。在选修课程时，更多的学生选修计算机、人际沟通、公共关系等课程，还有些学生会选修酒店管理、汽车修理等实用课程，他们往往认为这类课程的实用价值较高。另一方面，鉴于社会对人才发展的要求以及职业院校学生求职就业的需要，学生在校期间对各种证件的考取更为重视，如英语等级证书、计算机等级证书、汽车驾驶证、导游资格证、会计证、护士资格证、普通话等级证等，他们甚至认为这些等级证书与自己的学历一样重要。

职业院校学习阶段是一个人成为专业人才的关键阶段，这个阶段学习的一个明显特点就是专业性强，中学所学的是科学文化的基本知识、基本常识，在此基础上，职业院校的学习不仅分为文、理科，而且更进一步分出各种具体的学科或专业，并对应各种职业岗位，这就使得中学的那种主要以记忆为主的学习不再适用，更重要的是运用、分析、评价自己所掌握的知识和专业技能。根据这些特点，我们在学习时，应采用适当的方法，以解决我们今后在求职就业上的各种困惑，有的放矢地促进自己的学习。

三、兴趣对学习的作用

学习过程的心理结构可以分为智力因素和非智力因素两大部分，智力因素是学习活动的心理基础，对学习活动起着调节、监控作用。在学习活动中，非智力因素同样是不可或缺的，智力因素与非智力因素最佳组合、相互作用，才能顺利地完成学习任务。兴趣是非智力因素的重要组成部分，我国古代杰出的教育家孔子曾经说过："知之者不如好之者，好之者不如乐之者。"可见，兴趣作为一种重要的非智力因素，对学生的学业起到了不可替代的推动作用。

兴趣是人们力求认识某种事物和从事某项活动的意识倾向，是我们从事某种活动的原动力，能对我们所从事的活动起到支持、推动和促进作用。实际上，在成长过程中，我们可能会有这样的体验，只要是我们感兴趣的事情，不需要旁人监督，就能够自觉地、主动地做好。其实，对于学习来说也是如此。

一般地，兴趣具有认知和情绪双重特征。从认知特征来看，兴趣表现在人们对某种事物或从事某项活动表现出来的喜爱和探究倾向。例如，我们如果对某门课程感兴趣，那么，我们就会对该门课程产生偏爱，对这门课程的作业给予优先注意，而且会积极主动地探究其原理。从情绪特征来看，我们会对感兴趣的事情产生愉悦的情绪体验，有"乐在其中"的感受。

兴趣可以分为直接兴趣和间接兴趣两种。直接兴趣就是指对认识事物或从事活动本身的兴趣，例如我们对课程内容本身感兴趣就是一种直接兴趣。所谓间接兴趣，是指我们对活动本身没有兴趣，但是对活动的结果感兴趣。如果我们对学习本身不感兴趣，只是对取得高分并获得奖学金或对今后求职就业有帮助的结果感兴趣，那就是对学习的一种间接兴趣。在职业教育阶段的学习过程中，这两种兴趣都是必要的。如果我们没有直接兴趣，学习就很难持之以恒；如果我们缺乏间接兴趣，学习就成了枯燥而沉重的负担。因此，只有将直接兴趣和间接兴趣有机结合起来，我们才能够让学习变得更容易。

兴趣具有不同的品质。首先，不同的

人兴趣广度不同，有人兴趣广泛，有人兴趣狭窄。一般来说，具有广泛的兴趣有利于我们涉猎各方面的知识，增加求职就业的范围。其次，在诸多的兴趣中，我们往往会对某个特定领域的事物形成更浓厚、更强烈的兴趣，这是兴趣的中心，它能够推动人们较深入地认识客观世界，提高职业生涯成功的可能性。我们的兴趣具有一定的稳定性和连续性，因此它能够积极推动我们的活动，提高活动的效能。由此可见，如果我们对学习产生了兴趣，我们就会觉得学习更容易、更高效。

成长链接

心理活动与体验

一、活动在线

某心理学家曾对三千多名缺乏学习兴趣的青少年进行心理训练，参与训练的青少年选择一门不感兴趣的课程，每天进行下列训练。

（1）面带微笑，搓着双手，做出摩拳擦掌、跃跃欲试的样子，而且让自己充分感觉到这一点；

（2）心中默想：下面的内容将是我能够理解的，我将愉快地学习；

（3）提醒自己：一定要努力地学习，要比平时更细心一些，要花更多的时间。

结果发现，绝大多数同学对原来最头疼的课程产生了兴趣。这种练习方法非常简单，坚持一段时间，就会改变你的学习心态。同学们不妨在老师的指导下试一试，也许对提高你的学习兴趣大有裨益。

二、体验分享

对有的同学来说，选择上职业院校可能并不是自己的理想，对自己所学的专业可能也不感兴趣。一项对职业院校学生所做的调查表明，所调查的学生中有14%的人对所学专业不感兴趣，究其原因主要是对所学专业不甚了解，对所学专业不甚喜欢；对学习困难感到害怕，对就业前景感到悲观。

同学们，你对学习感兴趣吗？你对自己的专业感兴趣吗？请试着回答下面几个小问题，并与小组同学分享你对自己所学专业的认识和看法。

（1）你为什么选择这所学校？

（2）你为什么选择这个专业？

（3）你对这个专业了解程度如何？

（4）你是否对这个专业感兴趣？为什么？

拓展训练：同学们的讨论对你有什么启示？

—————————————————

—————————————————

—————————————————

—————————————————

三、心海扬帆

有人认为，在求学阶段，我们应该做下面十件有助于培养兴趣的事情。请你先读一读，然后想一想自己想做些什么？能做些什么？并记录下来。等到毕业时，看看自己是否真的做好了这些事情，并且是否大大提高了对这些事情的兴趣。

（1）学习。这是求学期间最重要的一件事。学习，不仅仅是学习知识，更重要的是学习基本技能，具备学习能力。

（2）参加一个社团，并努力使自己成为其中的组织者和领导者。

（3）经常参加一种体育项目。不管是足球还是篮球，不管是长跑还是游泳。生命在于运动，不喜欢运动的现代人，是不可能适应紧张繁重的现代生活的。

（4）谈一次恋爱。通过爱别人，学会怎样爱自己，怎样珍惜自己。恋爱使人长大，使人成熟。不管是谁，都可以从恋爱中学到很多东西。

（5）交5~10个朋友。职业院校的友谊纯洁、牢固，没有几个知心朋友，那该多遗憾！多孤独！

（6）来一次自助旅行。不要靠父母的帮助，带上少量必需品，和几个朋友去外地潇洒走一回。不一定非要去西藏探险，关键是要亲眼看一看其他人的生活。

（7）参加一项公益活动。例如，加入环保组织，为当地环境保护出一份力；捐款支援"希望工程"，向贫困孩子施以援手；做一名青年志愿者……

（8）做一次社会调查。职业院校学生不应成为人云亦云的"应声虫"，我们应该而且可以自己做出判断。

（9）找一份勤工俭学的工作。工作经历会教给人很多切身的体验，但最重要的一条经验可能是：挣钱是艰难的，生活不容易。

（10）毕业时做一份总结。不要交给老师，也不要交给父母，而是交给你自己。认真总结一下：这几年自己都做了些什么。哪些地方该批评自己，哪些地方该对自己说："我干得不错啊！"

💙 心灵天地

➕ 心理保健

一、方法指南

爱因斯坦说过："兴趣是最好的老师。"

兴趣给人以力量，让人保持良好的心理状态，将有志者带入成功的殿堂。但是，现实生活中有部分职业院校学生对自己学习的专业并不感兴趣，他们找不到自己的兴趣点。学生学习动力不足，主要原因就在于对学习兴趣的丧失。其实，心理学研究表明，兴趣不但可以培养，而且兴趣的发展也是逐步深化的，通过创造一定的客观条件和自身努力，专业兴趣就能够得以培养和激发。对于职业院校学生来说，这个客观条件已经具备，所以培养专业兴趣关键是靠自身努力。为了提高我们的专业兴趣，同学们可以从以下几个方面来努力。

（一）把专业学习与社会发展需要联系起来

一些同学经常说对学习"没有兴趣"，实际上这可能是对学习活动本身没有兴趣。如果我们明确了学习目的，就会想到学习对自己将来的职业生涯、对于国家和社会的作用，从而建立起对学习的间接兴趣，一旦投入进去，逐渐会将这种间接兴趣转变为直接兴趣。一些同学经常认为自己所学专业是"冷门"，将来求职就业是个大问题。其实，从专业发展前途来看，热门与冷门专业是相对的，它们会随着社会经济的发展而发生变化。其实，冷门专业也是社会发展所需要的，如果我们能够克服浮躁心理，踏踏实实学习，成为优等生，这样就业就不会成为问题。所以，只要我们

能够明确自己的学习与未来社会发展的关系，掌握扎实的专业知识和职业技能，就一定能够提高自己的专业兴趣，有一个美好而光明的就业前景。

（二）了解学科的发展史和前沿科学知识

在职业院校里学习，我们不仅可以了解书本上的知识，也可以通过图书馆、互联网了解到本专业的历史和进展，使我们与时俱进。对自己专业学科的发展史和前沿科学知识的了解，有助于我们对该专业的学习。历史是一面镜子，学科发展史能够使我们认识到学科的作用，而前沿科学知识又能够激发我们的好奇心和求知欲。职业院校会开设许多专业选修课，也会有一些专业的讲座，我们可以充分利用这些机会了解专业前沿知识。同时，我们也可以去其他院校旁听或者辅修一些课程，以增强自己对专业知识的了解和兴趣。

（三）积极应对学习困难

作为一名学生，首要任务是要完成学业。无论是否有兴趣、无论学习的过程有多少困难，都不要轻言放弃。当我们在专业知识的学习中因遇到困难而苦恼甚至想要放弃时，要不断提醒自己，学习是自己的主要职责。我们不能轻易改变专业和课程，但是我们可以改变自己的学习方法和学习态度。其实，学习任何专业都有可能遇到困难，即使是我们自己感兴趣的专业

也是如此，所以我们要想办法多给自己一些积极的暗示，多付出一些努力，相信我们就可以克服困难，努力找到学习的兴趣了。例如，我们学习的是会计专业，统计学的知识相对较难，我们可以给自己一些积极暗示：学统计对今后工作很有帮助，虽然有些吃力，但我相信一定可以学好。同时，也可以多向老师、同学请教学习统计学的方法。

（四）学以致用，对学习结果进行正确的总结和评价

在实习实训中检验自己的学习成果，是培养专业兴趣的一条很重要的途径。如果在实际职业活动中，我们利用自己的专业知识和技能解决了工作中、生产中的实际问题，就能使自己体验到专业的价值和趣味。另外，适时对自己的学习结果进行总结和评价，也可以使我们对自己的学习有个准确的把握，增强对专业的热爱和兴趣。

（五）培养良好的兴趣品质，巩固专业兴趣

一个人应该有多种兴趣，但在多种兴趣中，应该确立一个中心兴趣，一旦确立了中心兴趣就要坚持下去。有的人虽然兴趣广泛，但同时又爱"朝秦暮楚"，不能持之以恒，这种短期兴趣，往往使我们对一个问题无法深入全面地了解，也就不易取得一定的成就。另外，有的人对某种事物有强烈的兴趣，但是只停留在想象中，从不付之于行动，这样的兴趣仅是想象而已，并不是我们真正的兴趣。关键是要把兴趣变成推动自己行动的理论和实际行动的步骤。

不少成功者的兴趣是经过转移和调整的。我们也完全可以将自己的兴趣转移到专业学习上来。如果我们不充分利用职业院校里的有利条件，专注于没有兴趣的专业，很可能两头落空。实践证明，兴趣是成功的摇篮，学习是从培养兴趣开始的。例如，学生小怡原来特别喜欢唱歌，想报考艺术院校，但是高考落榜来到了某职业院校学前教育专业。小怡一开始并不喜欢这个专业，但是随着学习的深入，她发现学前教育专业也有一部分跟声乐有关的课程，而且将来去幼儿园工作也可以教小朋友唱歌，自己也会有更多的忠实小听众。因此，她不仅没有放弃自己的兴趣，而且渐渐喜欢上了学前教育专业，并取得了优异的成绩，后来成了一名光荣的幼儿教师。

二、课堂实战演习

在职业院校中有一些同学对学习没有兴趣，他们不仅自己苦恼，而且有时还会影响其他同学的学习热情和学习态度。因此，帮助这些同学走出学习困境，是形成良好学习氛围的前提，也是同学之间相互帮助共同提高的具体行动。阅读下面的案

例，大家一起开动脑筋，想一想如何帮助童大强同学提高学习兴趣。

童大强（化名）是某职业院校二年级的学生，为人正直、善良，与同学关系良好，但就是不爱学习。他说："我也懂得学习的意义和重要性，也很想拿出更多的时间、精力来学习，可是很多时候一拿起来书本就想睡觉。只要听到打球、下棋、玩游戏，就立刻来了精神，这究竟是怎么一回事呢？我对学习真没兴趣！"童大强经常对别人这样说，在内心深处他是非常痛苦的。

我们怎样才能帮他提高对学习的兴趣呢？请和同学们讨论一下，拟定一个行动方案，帮助他走出学习的困境。

我建议的行动方案是：

_____

_____

_____

_____

_____

🔲 小贴士

主题 15 激发动机：让学习更快乐

学习动机是影响学习效果的重要因素。在我们周围，为什么有的同学学习起来竭尽全力、劲头十足，不放过任何学习的机会，而有的同学却常常得过且过、"当一天和尚撞一天钟"、缺乏上进心呢？这些同学的学习动力哪里去了呢？怎样才能找回学习动力呢？

心理探索

一、学习动机与学习效果

动机是直接推动个体活动以满足自身需要的内部状态，也是我们行为的直接原因和内部动力。一般来说，动机由内驱力和诱因两个基本要素构成。内驱力是指在个体内在需要基础上产生的一种推动力，例如饥渴、休息、睡眠、认可、求知、探索等。诱因是指能满足个体需要的物体、情境或活动，是个体满足需要的条件。动机对行为主要起着激发、定向和强化的作用。

学习动机是直接推动学生进行学习的内部动力。我们为什么而学习，喜欢学习什么以及学习的努力程度、积极性、主动性等，都与我们的学习动机有关。学习动机不仅对学习行为具有激发、定向和维持的功能，而且直接影响学习的效果。心理学研究表明，学习动机不同，学习效果也不相同。学习好的学生，往往学习动机水平较高，他们既有近期具体目标又有远期目标，两种目标相结合，使学习更有动力，更容易取得优良成绩，而优良的成绩又会进一步强化他们原来的学习动机，成为进一步努力学习的动力，使他们更加积极进取地学习。而成绩较差的学生，往往学习动机水平较低，只有近期目标或者只有空泛、没有可执行性的远大目标，成绩不良往往又会进一步使他们丧失学习兴趣和信心，使原有的学习动机减弱，以致出现厌学、自暴自弃等现象。那么，是不是学习动机越强学习效果越理想呢？其实，动机强度与学习效率之间并不是简单的直线关系。心理学研究发现，学习动机与学习效果之间呈倒 U 型关系，同时两者的关系还取决于学习的难易程度。对于中等难度水平的学习任务，中等强度的动机会取得最好的学习效果；对于比较容易或简单的学习任务，其最佳学习效果对应较高的动机强度；对于比较困难或复杂的学习任务，其最佳学习效果对应较低的动机强度。这是因为如果一个人的动机水平过强，那么他的焦虑水平也会随之升高，这对于解决较难的学习任务来说显然是不利的。

二、影响学习动机的因素

学习动机水平会受到自身对学习认识程度的影响，对学习的意义认识得越深刻，我们的学习动机也就越强烈。同时，学习动机也会受到多种外在因素的影响。

（一）外部强化的影响

强化是指在行为发生频率或持续时间上的增强。例如，在课堂上我们得到表扬、奖励或者当我们获得好的分数时，就会产生学习行为的强化，这种强化是正强化，也叫积极强化。如果一个学生因为受到的批评少了而增加了学习的时间，进而成绩有所提高，那么这种减少批评而使学习行为增加的现象也是强化，这种强化是负强化，也叫消极强化。可见，无论是正强化还是负强化都可以增加学习行为。经常使用外部强化有时也会损害我们对学习的内在兴趣，但是，对于缺乏内在学习动机的学生来说，外部强化的作用还是非常明显的。

（二）内部归因的影响

归因是指人们对自己或他人的活动结果以及其他社会事件的原因做出的解释或推论。心理学家维纳通过研究发现，在某些成就行为成功或失败时，人们倾向于将结果归因于以下四个方面：能力、努力、任务难度和运气。不同的归因方式会引起人们不同的心理变化进而影响人们以后的成就行为。维纳用归因来解释人们成就行为的动机，结果发现，成就动机水平不同的人，其归因模式也不相同。高成就动机的人把成功归因于能力和努力，他们相信自己有能力，并不断探索与成就有关的新任务，如果失败了，他们则归因于自己努力不够，之后他们会更加努力，并期望成功；低成就动机的人则往往把学习成功归因于外在的因素（如碰到好运气），而将失败归因于稳定的内部因素（如缺乏能力），这使他们在未来逃避成就任务，并期望再次失败。可见，内部归因方式会影响到我们的学习动机。

（三）自我效能感的影响

自我效能感是美国心理学家班杜拉提出来的，它是指一个人对自己在某一活动领域中能力的主观判断或评价。当我们感到自己有能力达到希望的目标或取得某一水平的行为结果时，我们就具有高水平的自我效能感。自我效能感对学习的影响主要表现在以下两个方面：一方面，自我效能感会影响我们对学习活动的选择。如果自我效能感高，我们就会选择富有挑战性的任务，并期望自己获得成功。反之，我们往往会逃避那些自己感到不能胜任的工作。另一方面，自我效能感会影响个体的努力程度、坚持性以及在困难面前的态度。有些学生的自我效能感较低，他们不仅经常怀疑自己的能力，而且在学习面前缺乏自信，不敢尝试，总担心自己不能完成学业。

三、职业院校学生的学习动机问题

进入职业院校后，一方面，有些同学从心理上摆脱了中学时的沉重学习负担，对自己的要求逐渐放松，出现了学习动机不足的现象；另一方面，有些学生为了弥补自己没有考上理想学校的遗憾，整日把所有心思都花在了学习上，又表现为学习动机过强。

（一）学习动机不足

一些学生毕业后的目标是直接求职就业，不想再继续深造。因此，有些学生对于学习理论知识没有兴趣，整天懒于学习，缺乏好奇心和进取心，经常把主要精力放在娱乐等与学习无关的活动上。这些学生在日常学习过程中经常有以下表现：（1）思想上表现为目光短浅，胸无大志。缺乏社会责任感和事业心，理想模糊，信念丧失。求知欲不强，缺乏毅力，害怕吃苦，整天无精打采，萎靡不振。（2）学习上表现为视学习为苦差事，课前不预习，课上不注意听讲，看小说、走神或睡觉，不做笔记，课后不看书，抄袭作业，很少去图书馆，很少借书或借书也极少翻看，有的学生还经常逃课，时间浪费在刷视频、玩游戏上。考试前"临时抱佛脚"，考试中能抄则抄，作弊成癖，奉行"六十分万岁，多一分浪费"的信条，最大的学习目标是"混张文凭"。③有些学生存在严重的自卑心理，由于成绩不佳，他们经常有低人一等的想法。严重自卑的学生，往往表现为对学习内容的困惑、迷茫和无所适从，缺少学习效能感，有些学生还会出现身心健康问题，进一步影响其学业。

（二）学习动机过强

职业院校中有些学生是升学考的失意者，但是他们一直坚信"自己付出努力就会成功"，整日像陀螺一样忙碌，珍惜分分秒秒用来学习。这类学习动机过强的学生主要有以下表现：（1）自我期望值过高。一些学生认为自己不应该在这样的学校中学习，而应该有更好的发展。他们往往为自己树立了超过自己实际能力的目标，形成了只能成功不能失败的心理定式。（2）学习强度过大，他们几乎把所有的心思和时间都花在了功课的学习上，不允许自己浪费时间去从事其他与学习无关的活动，外在学习动机和内在学习动机都非常强烈，看重分数名次，害怕失败，经常想得到别人的赞扬和认可，总担心自己学业失败被人看不起。（3）容易自责，对自己的要求严格而苛刻，不能接受学业失败，容易产生挫折感，一旦没有达到自己设置的目标，就会给自己更大的压力，期望下次获得成功。他们经常对自己的现状不满，总觉得自己应该更加完美，学得更好，做得更好。（4）精神紧张。由于长时间超负荷学习，这些学生的身心健康有时会受到影响，精神紧张容易造成注意力不集中，记忆力下降以及思维迟钝等问题，时间长了还容易出现头痛、头昏、胃肠功能紊乱、失眠等问题。

四、职业院校学生学习动机缺乏的原因

我们看到在部分职业院校学生身上，学习动机不足的现象比较明显。造成这种现象的原因有内部和外部多种因素。

（一）对职业教育不认可

由于职业教育与其他普通高校在教学方式、教学环境、就业趋势等方面有明显不同，所以很多学生认为考上职业院校并没有实现自己的理想抱负，产生了很多"失落感"，有的学生认为自己是失败者，他们会产生强烈的自卑心理。因此，他们不可避免地会缺乏学习动机。

（二）学习自我效能感较低

一些学生进入职业院校学习是一种无奈的选择，他们对自己全盘否定或者自暴自弃。他们认为上职业院校说明自己学习能力有问题，因此认为自己再怎么努力也没什么用，到最后还是只能拿一个职业院校文凭。还有一些学生原来学习基础就比较差，进入职业院校后上课仍然听不懂，下课不会自觉学习，导致考试不及格，无法适应学习，也会产生较低的学习效能感。

（三）错误的认知信念

据统计，"课桌文学"中有 15% 反映了职业院校学生的厌学情绪和学习动机不足的问题，诸如"分不在高，六十就行，学不在深，一抄就灵""人生本该享乐，何苦整天学习，考试只求及格，混张文凭回家"。而另外一些学习动机过强的学生则相信"只要努力就能成功""别人可以失败，我必须成功"等。这些错误认知导致他们出现学习动机不足或学习动机过强的现象。

🔗 成长链接

心理活动与体验

一、活动在线

每个人一生中都会有成功的体验，哪些成功对你来说印象比较深刻（如取得好成绩，受到老师重视，比赛中获奖）？每个人一生中也都会经历失败，哪些失败对你来说印象比较深刻（如成绩不理想，处

理不好人际关系，专业技能掌握得慢，上课回答不出问题）？请仔细思考，完成下表，并分析这些归因中哪些是稳定因素，哪些是不稳定因素，哪些是自己能够控制的，哪些是自己不能控制的，并认真想想以后面对这些问题自己应该如何处理。

体验	事件	原因
成功 1		
成功 2		
成功 3		
失败 1		
失败 2		
失败 3		

二、体验分享

我国历史上有这样一个故事，一名在外作战的将军，由于种种原因总是吃败仗。在又一次被敌人打败之后，他急奏皇上，一方面报告情况，一方面寻求对策，要求增派援兵。他在奏折中有一句话是"臣屡战屡败"，他的幕僚建议他把这句话改为"臣屡败屡战"。改动之后，皇上不仅没有责备他屡打败仗，反而表扬了他。

读了这个故事，你有什么感受？在学习中我们如何才能避免"屡战屡败"呢？和同学们一起分享一下吧。

拓展训练：同学们的讨论对你有什么启示？

_____

_____

_____

_____

三、心海扬帆

如果一个人的学习动机过于强烈，就容易导致其产生考试焦虑等心理问题。考试焦虑是困扰很多学生的学习问题。轻度的考试焦虑反应有肌肉紧张、心跳加速、血压升高、出汗、手足发冷、内心苦恼、无助感、担忧、胆怯、自我否定等；重度的考试焦虑反应有：坐立不安、头痛、头昏、无法集中注意力、思维阻滞等，以至于产生逃避考试的行为。产生考试焦虑的原因主要有以下几种：（1）不能正确对待考试，担心考试不及格。有这种想法的学生主要是学习基础比较差，学习比较吃力，对职业院校的学习方法不适应。也有学生把考试看得太重，经常担心如果考不好，降级怎么办？如果不能过四级，会不会影响自己的就业等，产生了过大的思想压力。当这种压力超出正常心理负荷就会造成过度紧张。有些学生一遇到比自己强的同学或生活中暂时的困难，就失意、苦闷，从极度自负转向极度的自卑，导致考试前十分焦虑。（2）忧虑考试失败。在职业院校中，有一部分学生是升学考时的阴差阳错，他们一直不能释然，于是背着沉重的思想包袱，每当考试前就会产生种种想法，因担心再次失败而焦虑。（3）大脑休息不足。有些学生为了考试拼命复习功课，以致睡眠不足。不注意营养和睡眠，身心需要的能量得不到及时的补充，也会陷入考试焦虑之中。防止和克服考试焦虑，可尝试以下几种做法。

（一）端正对考试的认识

考试只是检验所学知识的一种手段，同学们对考试的结果要正确对待。一般情况下，考试反映了平时学习的状况，是认识自己学习优劣的好时机。因此，要认真对待，尽力发挥自己的水平。同时，又不要把考试的分数看得过重，因为它不是衡量学习质量的唯一标准。所以，就算考试失败了，也不要灰心丧气，要从失败中吸取教训和经验。

（二）培养良好的心理素质，树立自信心

人的心理是对客观现实的主观反映，但人绝不是消极被动地接受现实的影响，

主观的积极状态可以减弱和消除消极的影响。考试中要正确对待考场中的各种因素对自己情绪的影响，树立自信心，不怀疑自己的能力，充分发挥主体优势，消除不必要的顾虑和担忧。

（三）考试前要有充足的休息

我们也不要把自己封闭在象牙塔中，以学习来逃避一切，这是不可取的。在考试之前，我们要注意生活节律的调整，做些喜爱的运动，使自己的身心放松，进入一种"假消极状态"。心理学家认为这种"假消极状态"最有利于激发人的心理潜能，有利于发挥自己的水平。

（四）掌握一些考试技巧

考试之前要做好各种准备，例如保证充足的睡眠；多吃富含维生素 C 的食物；学会一些简单的放松技巧。可以在考试过程中使用一些答题技巧，如按照题目难易分配答题时间，审题要稳，切忌还没有读明白题目要求就匆忙下笔，可以使用一些放松技巧来缓解考试焦虑。

心灵天地

✚ 心理保健

一、方法指南

无论是学习动机不足还是学习动机过强，对学生的学习都是不利的，我们可以通过下面的建议加以改善。

（一）了解职业教育的优势与不足

首先我们要明确职业教育对我们自身发展的意义，进入职业院校学习不论是不是我们的志愿，都给了我们一个新的学习机会。职业院校有它自身的优势，在这里学习我们不仅可以掌握理论知识，而且我们的实际操作能力也将得到训练和提升。因此，我们要明确职业教育有哪些特色和优势。职业教育的特色主要体现在立足地方经济，以能力为本位，突出对学生在一线岗位从事现场和实际的职业活动能力的培养，注重学生技能的实践，把理论学习与实习实训进行了紧密结合。职业教育的优势在于，职业教育培养的是理论联系实践的、某一领域或专业的高端应用型专门人才。当然，职业教育也有其先天不足之处，例如理论学习不够深入等。对此，如果同学们有深入学习的动机，可以通过多种途径进行弥补，例如多阅读相关的专业书籍、多向老师请教、多利用互联网查阅相关资料等。

（二）确立明确具体的学习目标

心理学研究发现，一个人的目标越明确、越具体，他就越有行动的内在驱动力，变得越积极努力。如果我们能够为自己确立明确具体的长期目标和近期目标，那么我们的努力就有了方向，就能更容易、更快乐地学习，也更容易产生学业上的满足感和成就感。首先，我们要制定自己的长期目标。长期目标的设定要考虑到自己的兴趣、能力、价值观、专业发展、职业规划、社会规范等，要具有可行性和可操作性，切勿脱离实际。例如，有的学生打算毕业后继续进修，以提高自己的专业知识；有的学生打算将来开一家自己的汽车修理厂等。其次，要努力制定好近期目标。千里之行，始于足下，近期目标的制定必须详细和具体，要符合自己的实际水平。例如，确定自己经过一段时间的学习，要达到什么水平，掌握哪些知识等。目标设定是一个持续的过程，所以目标不是永恒不变的，而是可以随时改变的，如果目标已经实现或者目标偏离了我们的现实生活，我们要对目标进行修订。还有些学生担心自己设定的目标无法实现，给自己带来更大挫败感。其实这大可不必，因为你会发现，当你制定目标后，即使没有完全实现目标，也离目标更近了一步，你会远比没有目标时更加努力一些，这就是目标的作用。

（三）进行积极有效的归因

根据归因理论，如果我们将学业上的成功归因为努力和能力等内部因素，而把失败归因为任务难度和运气等外部因素，那么我们就会更加努力地学习，期望自己下次取得好成绩。因此，虽然有些学生学习方面经常遇到挫折，但是只要进行合理归因，坚信努力付出就会有回报，而不是努力就能成功，那么我们就能够更加积极、主动、自觉地去学习。

（四）提高自我效能感

提高自我效能感能够提升我们的内在学习动机。首先，我们要增加自己的学业成功体验。研究发现，先前的成功经验会提高我们的自我效能感，不断地成功会使人建立起稳固的自我效能感，多次的失败经验则会降低自我效能感。因此，我们可以选择有一定难度但是通过自己的努力能够实现的目标，多体会成功的感受。其次，对自己取得的成绩可以进行适当奖励。这种奖励不仅可以强化我们的外在学习动机，也可以提高我们的自我效能感。

（五）建立正确的认知模式

有些学生的学习动机过强或者过弱与他们的不良认知模式有关。因此我们要建立正确的认知模式，如"上职业院校不仅可以掌握理论知识，还可以锻炼我的实际操作技能""成功＝努力＋能力＋方法＋基础＋机遇＋环境＋心态＋……""每个人都有失败的时候"等。只有建立正确的认知模式，才能使我们的学习动机处在一个积极而又合理的水平上，从而保障学习的有效进行。

（六）以宽容的心态对待自己

如果学习成绩一直不够理想，也请你不要抱着"破罐子破摔""自暴自弃"的心理。因为职业院校又是人生的一个新起点，我们要降低学业失败的敏感度，以宽容的心态对待自己的过去，重新树立一个合理的学业目标，努力获得成功体验。如果你一直是学习动机过强的学生，也不要对自己过于严苛，应该减少自己的学业焦虑，保持情绪稳定，积极参加各种有益于身心健康的校园文化活动，并注意培养自己多方面的兴趣爱好。

二、课堂实战演习

具有良好学习动机的学生往往具有以下行为表现：有强烈的好奇心，喜欢探究新事物；不怕失败，喜欢接受挑战、敢于冒险；学习自律性强，能合理安排学习时间和学习计划；有较高的自我效能感，经常认为自己"我行，我能行"；有明确具体的学习目标；把自己学业上的成功归因为努力和能力，而把学业上的失败归因为任务难度和运气；渴望成功、追求成功……

请你试着回答下列问题。

（1）你在学习过程中是否有上述行为表现？

_____

_____

_____

_____

（2）你的学习动机是什么？

_____

_____

_____

_____

（3）请认真回忆，在什么情况下，你产生过强烈的学习愿望？

_____

_____

_____

_____

🔲 **小贴士**

主题 16　掌握方法：让学习更有效

进入职业院校学习仅仅是人生一个新的开始，紧张的学习生活还在后面。其实，从某种程度上讲，这一阶段的学习更艰苦，更需要自觉性和能动性，学习的领域也更加广阔，不仅有专业课的学习和操作技能的学习，还需要不断提高自身综合素质。有的学生可能还要学习普通话、学习人际交往、锻炼社会活动的组织能力等。为了让学习更加容易，在职业院校学习阶段有必要掌握哪些良好的学习方法呢？

🔍 心理探索

一、学会使用学习策略

学习策略是我们在学习活动中所采用的规则、方法和技巧。因为现阶段对学习的自觉性的要求要高于中小学阶段，所以，我们除可以采用以往中小学阶段的学习策略以外，还要多学习使用组织策略和元认知策略来提高自己的学习效率。

（一）组织策略

组织策略是整合所学新知识和旧知识之间内在联系，对学习材料进行系统、有序的分类、整理，形成清晰的知识网络，形成新的知识结构的策略。适用于职业院校学生的常用组织策略有归类和列图表。具体包括：（1）系统结构图。这种方法是在学习完知识后，将主要信息归纳为不同水平或不同类别，形成一个系统结构图。（2）一览表。这种方法首先是将所学材料进行综合分析，然后从某一角度出发，抽取全部主要信息罗列出来。如在学习矿物的时候，按照金属和非金属把材料进行分类，然后写出各类别材料的特点。（3）流程图。当学习的材料可以按照时间、步骤或者阶段归类时，我们就可以采用绘制流程图的方法帮助我们复习所学内容。（4）网络模式图。与流程图不同的是，网络模式图可以把每一章节中的主要概念、观点按照构建概念地图的方式联系起来。在网络模式图中，主要概念或者核心观点位于正中，支持性的概念和观点位于主要观点的周围。

（二）元认知策略

元认知策略即监控策略，是指学习者对自己学习过程的有效监督和控制。老师不会整天督促我们学习、教我们如何改进自己的学习方法，我们需要经常对自己的学习状态进行监督和调控。元认知策略包括以下三类：（1）计划策略。这是指在学习前对学习目标、过程等的规划与安排。包括设置合理的学习目标、安排时间、预测重点和难点以及分析如何完成学习任务等。（2）监控策略。这一策略主要是对学习过程中所使用的方法、策略以及学习计划的执行等方面进行有意识的监控。例如考查自己是否完成了学习目标，目前使用的学习策略是否有效，以及自己的注意力情况等。（3）调节策略。如果我们通过监控策略发现自己在学习过程中有一些问题，或者有些策略不适用，需要根据学习进程的实际情况对计划、学习进程、所用的策略等进行调整，包括调整预先的目标或计划，改变所使用的策略，有意识地矫正学习行为，采取一些学习上的补救措施等。

二、学会合作学习和研究性学习

除了要加强自己的学习自觉性，我们还要学会与其他同学一起开展合作学习以及研究性学习。

（一）合作学习策略

合作学习是新时代公民必备的基本素质和能力，学会合作不仅是学习的需要，更是未来工作和生活的需要。合作学习是以小组活动为主体进行的一种教学活动，一般老师会以团体成绩作为最终评定标准。现阶段，有些课程老师会布置一些小组作业，这些作业的完成需要依赖小组全体成员的参与，这对于提升我们的合作能力有重要作用。在合作学习过程中，一方面老师会对学习任务和学习过程进行指导，另

一方面我们自己也要掌握一些合作学习的策略。这些策略包括：认真倾听他人的意见，合理表达自己的想法，积极与同伴进行交流，正确利用他人的信息等。同时在合作学习过程中可以体现助人精神，感受到集体的力量。合作学习给我们提供了非常宝贵的学习合作的机会，我们要积极主动地参与其中，千万不能一味等待和依靠别人，自己袖手旁观。

（二）研究性学习策略

培养探究和钻研精神也非常重要。虽然有些学生毕业后想直接工作，但是工作之后，我们的操作技能以及理论知识方面仍然需要自己钻研。因此，开展研究性学习有助于我们把所学的知识积极运用到科学探究的实践中，有助于我们将理论与实践联系起来。研究性学习是指学生在教师指导下，以类似科学研究的方式去获取知识和应用知识的学习方式。研究性学习强调以问题为中心，由我们自己主动发现问题、解决问题，而不是教师或他人呈现问题、讲解问题、得出答案。在这一过程中，我们要根据研究的问题，提炼出研究目的，制订详细的研究计划，采取合适的研究方法，对所获取的资料进行整理、统计和分析，最后还要撰写研究性学习的结题报告。这一系列的过程都需要我们积极主动地参与其中，有时研究性学习也会采用小组合作学习的方式来完成。可以说，通过参与

研究性学习，我们的综合分析能力以及问题解决能力都会得到显著提高，也有利于我们培养自己的创新精神。

三、学会管理和规划自己的时间

进入职业院校后，我们的时间相对宽松和自由一些。有些学生开始热衷于参加各种活动，有些学生因为没有了老师和家长的监督，放松了对自己的要求，整天沉溺于网络之中。为了学有所成，我们应该学会管理和规划时间。首先，可以把时间按照模块列出，安排好每个模块的时间。表5-1列出了我们生活中的一些基本时间模块，我们可以按照自己的生活再进一步补充和完善。其次，我们要按照事情的重要性和紧迫性做好时间规划。当代时间管理策略告诉我们：应该先做重要而紧迫的事情，例如复习功课，准备明天的考试；再做重要但不紧迫的事情，例如准备下学期竞选学生会主席；少做不重要但紧迫的事情，例如看明天要还给同学的小说；对于不重要也不紧迫的事情最好不做。最后，我们要按时执行我们的计划。一些学生的学习计划总是停留在"计划"这个阶段，养成了学业拖延的习惯，其实这种消极的应对方式，不仅不能解决问题，反而会带来更大的心理压力。为了避免拖延，我们在完成各项任务时，可以先做自己不喜欢的工作，再做自己喜欢的工作，以便在计划的时间内完成任务。时间管理是一门重要的人生课程，学会合理充分地利用时间，我们的学习才能更有效。

表5-1　基本时间模块

活动类型	内容说明
生理需要时间	人必须要通过饮食、睡眠等补充能量。为满足生理需求所花费的时间属于此类
工作与学习时间	工作是个体谋生的手段，而学习则是谋生前的准备或是工作过程中的进修
休闲与娱乐时间	从事个人喜好的活动、进行体育锻炼、阅读书籍、听听音乐或看场电影，都属于这一类型
人际与社交时间	我们生活在社会环境中，彼此需要。用于与亲人朋友共度、分享的时间属于此类
独处时间	在独处的时间里，我们完全脱离了社会角色的束缚，可以对自己和未来进行一番思考，或是任由思绪天马行空
……	……

四、提高记忆力

在职业院校中，经常有学生抱怨自己的记忆力太差，所以成绩不够理想。其实，只要我们采用科学的方法进行识记，我们的记忆效果很快就会得到提升。在学习中，我们可以尝试以下几种科学的记忆方法。

（一）及时记忆

我们的大脑对信息的贮存可分为短时记忆与长时记忆两个阶段。在短时记忆中，信息的贮存是不牢固的。例如，刚刚看过一个电话号码，很快就会忘记，只有通过反复运用，才能转入牢固的长时记忆。当我们学习了新知识后，如果不经过及时的复习，这些记住的东西很容易遗忘掉。德国心理学家艾宾浩斯通过实验研究，发现遗忘的过程是不均衡的，有先快后慢的特点。根据他的研究，我们刚刚记忆完毕的学习材料，20分钟以后就只能回忆起58.2%，1小时之后只能回忆起44.2%，8~9小时后只能回忆起35.8%，1天后能回忆起33.7%，2天后能够回忆起27.8%，6天后能够回忆起25.4%，1个月后能够回忆起21.1%。因此，我们应该在新知识学完后及时记忆，以使这些知识进入我们的长时记忆系统中。

（二）多种感官协同记忆

心理学研究发现，我们在进行识记时，一般可以记住自己阅读的10%，自己听到的20%，自己看到的30%，自己看到和听到的50%，交谈时自己所说的70%，这说明在识记过程中如果能够有多种感觉器官协同参与，我们的记忆效果会更好。因此，在面对学习任务时，对所需记忆的材料，既听又看，既读又练，有利于增强所记材料之间的联系，有利于我们保持和回忆识记内容。

（三）过度识记

过度识记是指当我们达到能够完全背诵材料之后仍然继续学习一段时间。心理学家克鲁格曾做过一个著名实验，证明了过度识记对材料保持的作用，认为过度识记对保持特别是对材料的长久保持非常有利，150%的学习程度是最佳的学习程度，即当我们记忆一个材料时，如果6遍刚好背会了，那么我们再多记3遍，则记忆效果最佳，即记忆更持久。

（四）阅读与尝试回忆相结合

识记过程中能够将阅读和尝试回忆相结合则效果更好，即我们可以先阅读一遍要识记的内容，然后尝试回忆一次，再阅读一次，然后再尝试回忆一次，这样有助于提高记忆效果。同时，我们要掌握好阅读与尝试回忆的时间比。心理学研究发现，对于有意义的学习材料，阅读与尝试回忆的最佳时间比为2:3，也就是说用于尝试回忆的时间要比用于阅读的时间略多一些。

除了以上介绍的这些记忆策略，你还运用过哪些记忆策略来提高记忆效率呢？和同学分享一下你的经验吧！

🔗 成长链接

∿ 心理活动与体验

一、活动在线

心理学实验证明，人的时间知觉是很不可靠的。把一个人关在黑暗的房间里，很快他就会丧失对时间的知觉。即使有灯光，被紧闭室内的人也无法估计时间的长短，有时估计得过长，有时估计得过短。因此，如果仅凭记忆去估计自己如何消耗时间，结果常常会与实际情况相差甚远。不信的话，就来验证一下吧。

先根据你的回忆，将你典型一天中24小时的每个活动占据的时间按比例画在一个圆中。然后，准备一个小本子，记录你每天所做的事情，以及这些事情所花费的时间，坚持一个星期。然后，将你的记录与你之前画的"时间馅饼"进行对比，看看差别有多大。

写下你的感受：

_____

_____

二、体验分享

著名教育家陶行知先生推荐的《十诀学习法》值得我们借鉴。一序：由浅入深，循序渐进；二勤：精于勤，荒于嬉；三恒：持之以恒，锲而不舍；四博：从精出发，博览群书；五问：不耻下问；六记：多动笔墨，多做笔记；七习：温故而知新；八专：专心致志，专一博广；九思：多加思考，学习运用；十创：触类旁通，敢创新路。

你在学习过程中都有哪些独特的方法呢？把你的经验跟同学们分享一下吧！

拓展训练：同学们的经验对你有什么启示？

_____

_____

_____

三、心海飞扬

学习疲劳可分为生理和心理两种。生理疲劳主要是肌肉受力过久或持续重复伸缩造成的肌肉痉挛、麻木、眼球发胀、腰酸背痛、动作不准确、打瞌睡等；心理疲劳的症状表现是感觉器官活动机能下降、注意力涣散、思维迟钝、情绪躁动、忧郁、厌烦、易怒、学习效率降低，严重的还会引起其他身心疾病。学习疲劳产生的一个主要原因是长时间学习，大脑未得到充分休息而产生的保护性抑制；另一个重要的原因是学习负担过重造成学生在学习过程中的过分紧张和焦虑。由于紧张和焦虑，消耗掉了我们许多本来应用在学习上的心理能量；由于紧张和焦虑，许多学生学习起来眉头紧锁、双肩耸起、坐姿僵硬，把全身的所有肌肉都动员起来去帮助"用力"，这又在一定程度上妨碍了对大脑所消耗的能量的及时补充，会进一步加速脑的疲劳。因此，卡耐基说："忧虑、紧张和情绪不安才是疲劳产生的三大原因。"我们可以采用以下方法来提高大脑的工作效率，不妨试试看！

（一）集中注意，专心用脑

人在聚精会神从事某种活动时，在大脑皮层上就会只出现一个兴奋中心，邻近部位都处于休息状态，此时，大脑的全部能量都用在这个中心的活动，因而大脑的工作效率就特别高，学习效果也特别好。相反，如果在看书时还想着别的事情，在大脑皮层上就会同时出现两个甚至更多的兴奋中心：一个负责看书，另一个或几个负责其他活动或事情，多个兴奋中心负责的事情不统一，就会互相影响、互相干扰，

这样的学习效率肯定不高。

（二）多感官学习，全面用脑

大脑的潜能很大，在学习（如看书）时如果只产生一个兴奋中心（不妨标记为看书中心），这样的学习效率也并不是很高，所以我们在学习时，尽可能运用多种感觉器官，做到"心到、口到、眼到、耳到、手到"，这样一来，在大脑皮层上就出现了多个目标统一的兴奋中心，产生的学习效率必然很高，同时在以后回忆时，也会有多条线索帮助，不易遗忘。

（三）注意大脑休息

虽然说大脑的潜能是无限的，但它工作的强度与时间也是有限的。连续学习的时间太长，或工作学习的强度太大，大脑就会疲劳，使人昏昏欲睡，难以集中注意力，此时还不注意休息的话，就会出错或头痛。所以我们要劳逸结合，让大脑适时休息以提高其工作的效率。大脑休息的方法有三种：一是睡眠或闭目养神的直接休息；二是身体活动的间接休息；三是转换学习内容的交替休息。

（四）注意大脑营养

研究表明，大脑所需要的营养成分主要有脂肪、蛋白质、糖类、维生素 B、维生素 C、维生素 E 和钙，其中脂肪占第一

位。因此，我们要多吃含上述营养的食物，如核桃、黑芝麻、小米、玉米、鸡蛋、瘦肉等。

（五）保持心情愉悦

注意保持心情愉悦。心情好，大脑的工作效率就高，所以我们不能让自己长期处在不愉快的心情之中，而要及时从苦恼中走出来，多与同学或朋友交往，谈笑，从而让自己心态积极一些。

♥ 心灵天地

➕ 心理保健

一、方法指南

（一）正确记笔记的方法

进入职业院校后，我们会发现很多老师讲课并非按照某一本教材来讲，因此，做笔记对掌握学习内容来说，就是一种很重要的学习方法。做笔记可以引导注意；做笔记可以帮助我们对学习的知识进行组织，建立知识间的内在联系；做笔记可以帮助我们在所呈现的信息与已有知识间建立起内在联系，这个过程，有助于新信息的迁移。如何才能做好笔记呢?

1. 准确记录

实验研究表明，如果首次记录发生错误，以后很难改正。知识的第一印象很难改变，所以，做笔记时，资料一定要正确，抄课件时要认真，下课后尽快翻阅笔记，将不明白或不确定的部分标上记号，及时请教，及时改正。这是做好笔记的基础。

2. 详略得当

笔记的详略要依下面这些条件而定。上课内容是否熟悉——越不熟悉的内容，笔记越要记得详细。上课内容是否容易找到参考资料——如果很难从课本或其他途径得到这些知识，就必须做详细笔记。

3. 层次分明

记笔记要有条理，有层次，分段分条，不要将几个问题掺杂在一起记录。

4. 多留空白

在每页的上下左右，都要留有适当的空白，左右两侧的空白可以留大一些，以便随时加上自己的理解、疑问或补充相关资料。

5. 提高速度

笔记有时是边听边记的，这就需要有相应的速度，不然就会影响听课效果。可以利用符号和缩写来帮助自己。例如，将"例如"写成"e.g.",将"因为"写成"∵",将"所以"写成"∴"等。

（二）科学阅读的方法

课堂上,很多老师会给同学们推荐几本参考书,同时,老师在课堂上的讲授方式有时也是点到为止。因此,自学能力非常重要。如何培养自学能力呢?根据学习和记忆原理,心理学家提出了许多用于教材学习的记忆技术。其中取得公认的技术之一是PQ4R法。PQ4R法的名称是由6个英文单词的首字母组成的,代表学习任意一章内容应遵循的六个步骤:(1)预习(preview,P)。在开始自学一章时,最好的做法是不要马上就读,而是先花几分钟大略地看一遍。注意一下各节标题、大写的或黑体的术语,形成一个整体的认识。同时,也要考虑这一章讨论的是什么问题,材料是怎样组织的,以及它与前几章有什么联系等。(2)提问(question,Q)。在阅读每一节之前,先停下来问问自己它都包含什么内容,以及应当抽取哪些信息。例如,本章中有一节的标题是"人格",你可以改成这样一些问句:"什么是人格?""人格对我们有什么影响?"(3)阅读(read,R)。阅读课文,并试着回答自己前面提出的问题。(4)复述(rehearsal,

R)。在读课文时,试图予以理解,默读并想出一些例子,把教材和已有的知识联系起来。(5)回忆(recall,R)。在学完一段后,试着回忆其中所包含的要点,回答自己提出的问题。对不能回忆的部分再阅读一遍。(6)复习(review,R)。学完一章后,复习所有内容,找出各节内和各节间的联系。考查作者如何组织材料,一旦掌握了篇章的组织结构,单个的内容就容易记住了。在学完所有内容以后进行休息、放松。研究表明,采用这种方法不仅可以更好地记忆材料,而且会节省大量时间。

（三）生物钟时段学习法

在中学考试前,通常会有老师带领我们做系统的复习。但是职业院校中,很多考试的复习是没有老师引领的,这时一些学生就会感到手忙脚乱、焦虑不安。下面的生物钟时段学习法(见表5-2),是根据一天内人的生理和心理状态设计的,如果你感觉自己的学习和复习效率不高,不妨改变一下你的学习规律,试试这种方法,看看是否有所变化。当然,在具体实施的时候,你的时段可能和下面这些时段有点差别,那就靠你自己的经验积累了,如果你能够根据自己的状态也找到这样的一个生物钟时段,相信你会事半功倍的。

表 5-2　生物钟时段学习法

时段	时间	状态	适宜功课
黄金时段	6:00~8:00	睡眠后疲劳已消除，头脑最清醒，体力充沛	功课的攻读
考验时段	8:00~9:00	耐力处于最佳状态	难度大的攻坚内容
突击时段	9:00~11:00	短时记忆效果佳	"抢记"和"突击"马上要考核的功课
休息时段	13:00~14:00	饭后易疲劳，休息调整一下，养精蓄锐，以利再"战"	可听听轻音乐，做做放松操
次佳时段	15:00~16:00	调整后精神又振，长时记忆效果佳	可合理安排需"永久记忆"的功课
攻关时段	17:00~18:00	分析能力最强，安排得当，可以一当二	完成复杂计算和难度较大的作业

二、课堂实战演习

以小组为单位参加下面的活动，看看你的记忆力如何。

程序：

（1）每组 5 位同学，编号。

（2）1 号同学默读一段有趣但信息量大的短文，1 号背对其他同学，不能做记录或提问。

（3）1 号读完后，在讲台前小声转述给 2 号，2 号也不能做记录。其他人不得插话。以此类推，直到 5 号接收到信息为止。

（4）请 5 号向全班同学复述听到的信息（同时将正确信息显示在教室投影上），让同学们比较信息的正误。

（5）最后哪组信息漏掉得最少，哪组获胜。

📱 小贴士

本章核心概念

学习特点；学习兴趣；学习动机；强化；归因；自我效能感；学习策略；组织策略；元认知策略；时间管理；合作学习与研究性学习

本章小结

1.学习是一个非常复杂的心理过程，是由经验引起的行为或思维的比较持久的变化，也是信息的输入、输出与反馈调节的动态过程。

2.职业院校学生的学习特点为：学习的选择性多、专业性增强、自主性较强、学习途径多样化、学习时间灵活以及注重学习的实用性。

3.兴趣是我们从事某种活动的原动力，兴趣能对我们所从事的活动起到支持、推动和促进作用，兴趣作为一种重要的非智力因素，对职业院校学生的学业起到了不可替代的推动作用。

4.培养专业兴趣需要我们把专业学习与社会发展需要联系起来；了解学科的发展史和前沿科学知识；积极应对学习困难；学以致用，对学习结果进行正确的总结和评价；培养良好的兴趣品质，巩固专业兴趣。

5.学习动机是直接推动学生进行学习的内部动力，影响学习动机的因素有外部强化、内部归因、自我效能感等。职业院校学生存在的学习动机问题包括学习动机不足和学习动机过强。

6.职业院校学生学习动机缺乏的原因在于：对职业教育不认可、学习自我效能感低、错误的认知信念等。

7.减少考试焦虑的方法有：端正对考试的认识；培养良好的心理素质、树立自信心；考前要有充足的休息；掌握一些考试技巧。

8.调整学习动机的方法有：了解职业教育的优势与不足；确立明确具体的学习目标；进行积极有效的归因；提高自我效能感；建立正确的认知模式；以宽容的心态对待自己。

9.组织策略是整合所学新知识和旧知识之间内在联系，对学习材料进行系统、有序的分类、整理，形成清晰的知识网络，形成新的知识结构的策略。适用于职业院校学生的常用组织策略有归类和列图表。

10.元认知策略即监控策略，是指学习者对自己学习过程的有效监督和控制。现阶段老师不会整天督促我们学习、教我们如何改进自己的学习方法，我们需要经常对自己的学习状态进行监督和调控。

11.职业院校学生除了要加强自己的学习自觉性，还要学会与其他同学一起开展合作学习以及研究性学习。

12.使用时间管理策略，先做重要而紧迫的事情；再做重要但不紧迫的事情；少做不重要但紧迫的事情；对于不重要也不紧迫的事情最好不做。

心理测试

学习动机测试

辅导案例

拓展阅读资料

[1]俞国良主编.心理健康（第5版，中等职业教育课程改革国家规划新教材）.北京：高等教育出版社，2020.

[2]俞国良主编.大学生心理健康（第2版，根据教育部《高等学校学生心理健康教育指导纲要》编写）.北京：北京师范大学出版社，2022.

[3][美]史蒂芬·柯维著.高效能人士的七个习惯.高新勇等译.北京：中国青年出版社，2020.

[4][美]卡罗尔·德韦克著.终身成长.楚祎楠译.南昌：江西人民出版社，2017.

[5]凡禹编著.学习改变命运.北京：海潮出版社，2007.

第六章

学海无涯　终身学习

行是知之始，知是行之成。

——陶行知

⭐ 学习目标

通过本章学习，了解在实践中学习的意义；职业院校学生实习、实训的学习特点有哪些；了解职业院校学生在实习、实训中常见的心理问题；掌握提高实习、实训效果的方法；树立终身学习的理念，掌握在职业生涯发展中践行终身学习的方法；同时，通过本章学习，学会体验在实践中学习和终身学习的乐趣。

主题 17　在社会实践课堂中学习

职业院校的培养目标是使学生成为高端技能型人才。其中，实习、实训环节是学生掌握和应用理论知识，培养分析和解决问题能力的重要途径。职业教育不同于传统学历教育的关键在于，这里有一整套行之有效的实践教学模式，学生可以通过大量课堂教学、实践课程、技能训练课程以及实习和实训提升自己的专业技能。

🔍 心理探索

一、在实践中学习的意义

任何学习的最终价值都在于将知识运用到实践中去，实践可以加深我们对知识的理解，也可以帮助我们更好地解决各种问题，体验成功的喜悦。一个成功的人，需要不断学习知识、积累知识，并将知识运用到实践中去；还需要在实践中不断总结，修正所学的知识，这样才能不断发展。

（一）达成职业院校学生的学习目的

职业院校学生学习的目的不仅是系统地掌握理论知识，更为重要的是能够适应社会发展的需要，成为高端技能型人才。因此，对于我们来说，学习的目的不仅是把知识储存在大脑中，还为了学以致用，理论联系实际，能够适应环境的变化，在实践中不断学习，把理论知识和实际操作紧密结合起来。在实习、实训过程中的学习，可以帮助职业院校学生达成这一目的。

（二）加深职业院校学生对知识的理解

"纸上得来终觉浅，绝知此事要躬行"，仅仅获得书本上或者理论上的知识还不够，我们需要在实习、实训等实践中不断加深对知识的理解，在实际操作中进行体验，才能真正理解知识的真谛和内涵。

（三）提高职业院校学生解决问题的能力

在实习、实训过程中真正接触到实际工作任务，我们就会发现，一些理论上难以理解的知识在实际操作中很容易吸收，同时我们也会遇到一些课堂上从来没有接触过的问题，需要我们自己去分析、去解决、去创新，这些都是学以致用、用以促学的结果。可见，实习和实训能够提高我们解决实际问题的能力，助力我们快速成长。

（四）增加职业院校学生的成功体验

一部分职业院校学生学习基础比较薄弱，所以在学习理论课程时有一定困难。教育家杜威提出了著名的"从做中学"的教育思想，他鼓励学生在实际操作过程中学习新知识，发挥主动性，调动积极性。实习和实训课程非常符合杜威的教育思想，这里更多的是对职业院校学生实操技能和综合素质的锻炼。因此理论基础薄弱的学生可能更善于在实践中学习，他们同样能够体验到成功的喜悦。

作为职业院校的学生，我们要坚持在实践中学习，抓住实习、实训、工学结合的机会，大胆动手操作，自己去发现问题，抓住问题的实质，从不同角度采取不同的思维方式，努力寻找多种解决问题的方式，独立自主、创造性地解决问题。我们要意识到自己在学习过程中的主体地位，增强责任意识，最大限度地开发自身的创造潜能，培养动手操作能力，在实践中体验成功，将实践中的学习与书本上的学习结合起来，共同打造我们美好的职业人生。

二、职业院校学生实习、实训中的学习特点

实习、实训课程是职业院校的特色课程，主要是各种形式的、学生参与的、旨在培养和提高学生专业能力的实践活动。一般具有这样几种课程形式：毕业实习、课程实习、顶岗实习、专业演练、专项技能培训和单项试验等。这些实习、实训使学生有更多的机会和时间锻炼自己的实操

技能。可以说，这样的实习、实训一方面增强了学生的就业能力，帮助学生更好地了解和认识自己，弥补知识和能力的短板，使学习目标更明确，为学生更好地适应将来的工作做充分准备；另一方面有利于工作单位与学校之间进行有效匹配与衔接，帮助工作单位找到合适的工作者，学校也可以通过参加实习、实训的学生反馈，适当地调整教学方法，提高教学效率。

（一）实习、实训中学习行为的内涵

实习、实训教学是课堂理论教学的延伸，实习、实训的主要目的在于让学生熟悉未来的就业环境，将所学知识、技能综合运用到企业的生产实践中，并形成职业能力。与理论知识学习相比，这种学习形式是对综合素质的锻炼和提升。因此，实习、实训中学习行为的内涵不仅包括掌握知识、运用技能，还包括在工作场所中熟悉企业规范、学习处理人际关系等。可以说，这里的学习内涵更加丰富，包括了认知因素和非认知因素。例如，一些职业院校的文秘专业在实训教学中将学习内容细分为文秘写作技能、秘书实务技能、秘书礼仪技巧、档案管理实务、企业管理实务以及秘书综合技能六大模块。

（二）学习途径以观察和模仿为主

职业院校学生的实习、实训多发生在复杂多变的工作场所，在这里，一方面学

生通过理论知识的指导，独立完成工作任务，达到在实践中掌握技能的目的；另一方面，他们也会通过观察和模仿其他"专家员工"的行为，达到掌握和提升自己能力的目的。通过这种观察模仿，学生可以巩固并拓展专业知识，并可以从"专家员工"那里学习如何充分发挥潜能，如何解决实际问题，如何提升语言表达能力、组织协调能力以及信息处理能力等。

（三）考核方式多样化

一般来说，职业院校的实习、实训以培养学生综合素质和提升职业能力为导向，因此，实习、实训采用的考核方式是多样化的。首先，实习、实训的考查多注重实训过程，职业院校会加强对实习、实训过程的监督，强调过程性评价。其次，考查内容不仅包括技能得分，一般还会包括工作态度得分、小组团队合作得分以及工作创新性得分等。因此，学生在实习、实训过程中表现出来的自我管理能力、沟通能力以及问题解决能力都是教师考核学生实习、实训成绩的依据。最后，实习、实训的考核重视校企合作模式，学生不仅有学校老师作为指导教师，同时也会配备业界专家指导实习、实训教学，这些专家有时也会参加实习、实训教学质量评估。

（四）学习效果可视化

实习、实训是职业院校学生学以致用的体现，这种模式打破了以教师讲授为主

的传统教学模式，给学生提供了主动参与的机会。在实习、实训过程中，学生是真正的主角，他们每天都会把理论和实践结合起来，综合运用所学知识解决各种实际问题。虽然各专业学生实习、实训的内容不同、形式不同，但是在实习、实训过程中提高的大多是实操技能和一些操作行为，因此，通过这种模式的学习，可以看到学生行为表现和操作技能上的显著变化。学生的操作技能逐渐娴熟起来，职业规范逐渐完善起来，心理素质和综合能力也会逐渐得到提升。

三、职业院校学生在实习、实训中常见的心理问题

虽然实习、实训给职业院校学生的学习和发展提供了良好的途径，但是他们在实习、实训过程中有时也会出现一些心理不适。学生在实习、实训中常见的心理问题包括以下几种。

（一）焦虑感

大多数学生第一次参加实习、实训会有点紧张，有些学生还要去外地，离开熟悉的老师和同学，到一个陌生的工作场所，与一群陌生人一起工作和生活，有时会感到孤独、无所适从。他们还会担心与其他员工的关系，不能完成工作任务等。因此，一部分学生感到压力较大，逐渐产生焦虑感。

（二）挫折感

许多学生在实习、实训中，只动手不动脑，机械地按照课本或教师预先设计的步骤操作，一旦碰到实际问题就束手无策。应试教育的训练使学生在学习过程中存在严重的依赖性，缺乏独立思考和判断的能力。在实习、实训岗位上，很多操作与课堂上教授的内容不完全一致，甚至会出现实习时遇到的问题与实训时教的不一致的情况。因此，对于新的问题，学生会感到困惑，感到不适应，严重的还会产生厌烦情绪与挫折感。

（三）无聊倾向

在实习、实训一段时间之后，有些学生会产生无聊倾向。由于高职学校有些专业的工作具有重复性高、劳动强度大等特点，导致学生在经历了"从不适应到适应"的阶段之后，容易因为价值感低、认可度低、对收入不满等原因而心理失衡，从而产生厌烦情绪。同时，实习时碰到的问题无法得到及时解答，对进一步的学习造成了阻碍，更加打击了学生实习、实训的积极性。

（四）人际交往问题

实习、实训是学生从学校走向社会的第一步。在学校里，师生关系、同学关系比较简单，工作场所的人际关系则会变得相对复杂，不仅要服从上级的安排、与同事处理好关系，有些专业还要直接面对客户。如果缺乏良好的沟通能力、交往能力，无法调控自己的情绪状态，学生就很容易与同事或客户发生矛盾和冲突，产生人际交往问题。

（五）不公平感

在实习、实训过程中，一些学生会体验到强烈的不公平感。一方面，虽然实习、实训时与正式员工从事相同的工作，但是待遇不如正式员工；另一方面，学生在实习、实训中可能会感到"怀才不遇"，尤其在一些岗位上，学生的这种落差感就更强烈，好像荒废了光阴，看不到未来，产生强烈的不公平感。

🔗 成长链接

⸬ 心理活动与体验

一、活动在线

同学们，除了实习、实训，参与志愿服务也是我们用知识和能力服务社会的表现，还可以提升我们的自豪感和自我认可程度，树立正确的价值观。你做过社会活动的志愿者吗？和几位同学一起，利用课余时间组织一次志愿活动，可以去养老院、儿童福利院、社会福利院、图书馆、红十字会、博物馆、环境保护组织等。

通过志愿活动你对这些组织的工作有哪些了解？你最大的收获是什么？你有什么样的体验和感悟？

我参与的志愿活动是：＿＿＿＿＿＿

＿＿＿＿＿＿＿＿＿＿＿＿＿＿＿＿＿＿＿

我最大的收获是：＿＿＿＿＿＿＿＿

＿＿＿＿＿＿＿＿＿＿＿＿＿＿＿＿＿＿＿

我的体验和感悟是：＿＿＿＿＿＿＿

＿＿＿＿＿＿＿＿＿＿＿＿＿＿＿＿＿＿＿

二、体验分享

实习、实训是锻炼我们能力的好机会，是我们把所学的理论知识与实际结合的契机。在实践中，我们不仅能在专业技能上更加熟练，而且在待人接物、处理人际关系方面也会有很大提升。因此，我们要抓住实习、实训的机会，善于在实习、实训中了解工作环境，使自己尽快适应工作要求。学生在实习、实训过程中经常会遇到一些困难和挫折，产生心理不适应性。造成这种情况的原因是多方面的，除实习单位和学校指导的因素外，也有一些学生个人的原因。例如，一些学生在酒店实习期间从事服务工作，这与其在学校的学生角色有很大不同，一些学生不能及时适应这种角色的转换。还有一些学生对自己和未

来期望过高，对实习、实训中基层工作的环境和规章制度缺乏了解，没有做好充分的心理准备，尤其从事比较辛苦、经常加班加点且重复性高、比较单调的工作时，就会失去对工作的热情、对自己未来发展的信心。由于这些原因，一些学生在实习、实训过程中会出现怠工、得过且过、脱离实习单位等现象。

你在实习、实训中遇到过哪些问题或困难？是什么原因使你遇到了这些困难？有没有自身的一些原因？把你的故事讲出来与全班同学分享一下吧。

三、心海扬帆

当我们在实习、实训过程中出现心理问题时，要及时采取一些必要的方法进行自我调节。对学生来说，可以从以下几个方面做起。

（一）转换角色，准确定位

当我们步入实习、实训工作场所后，就已经不再是单一的学生身份了，我们要清楚地记得自己学生与员工的双重身份，尽快完成角色的合理转换。在这一过程中，要尽快了解实习单位的基本职责和岗位工作的流程，掌握基本工作技能，尽快融入新的工作环境，承担起工作职责。

（二）保持认知好奇心

对于那些讨厌学习枯燥理论和教学约束的学生来说，进入社会工作是一种自

由的"解脱"。他们对即将开始的工作充满了新鲜感。实习、实训初期，实践场所的各种设备、各种富有挑战性的内容会激发学生较强的认知好奇心。认知好奇心是一种追求外界信息、指向学习活动本身的内驱力，它表现为好奇、探索、操作和掌握等行为。在这种好奇心的驱使下，学生们通常会觉得很兴奋。工作实习和学校学习不一样，没有老师的监督和校规的约束，需要学生独立完成工作或者在师傅的指导下承担工作任务，这个过程给予了学生对自身价值的肯定，也让学生增强了对社会现实的了解。有的学生在学校期间学习成绩并不一定很好，但进入工作实习后，受好奇心和新鲜感的驱使，他们开始专注于一件事情的完成，这种专注令他们体会到成功的喜悦，这种喜悦又促使他们进一步学习，从而形成良性循环。

（三）降低期待，专注工作

我们在实习、实训过程中经常对工作有些期待，当期待与现实不相符时，就会感受到强烈的失落感。在实习、实训过程中，随着实习的进一步深入，我们对实习的期望值可能会不断升高，而失落感也会更加强烈。其实，我们在做其他事情的时候也会有这种感受。也许在实习、实训过程中，我们不能改变工作任务，不能改变工作环境，不能改变工资待遇，但是我们能够改变自己的期望。当我们不再期待工作之外的这些条件，专注于工作时，就会在实习、实训过程中有更大的收获。因为无论事情大小，责任是否重大，当我们完全投入地去做一件事情时，通常会给我们带来意想不到的好结果。

（四）学会调节情绪

在实习、实训过程中，容易出现情绪方面的问题。有的学生可能会因为担心不能完成工作任务而焦虑；有的学生可能因为任务太单调而感到枯燥、无聊；有的学生由于处理不好跟同事、上级和客户的关系而滋生矛盾、心生怨恨。这些不良情绪不仅不利于顺利完成实习、实训，也不利于学生的身心健康。因此，我们要学会调节自己的情绪。一方面，可以通过改变我们的认知来调节情绪，学会换一个角度看待问题。例如，当我们感到焦虑时，可以告诉自己"我是新手，就是来学习的，有不会的地方是正常的，正好可以学习一下"。另一方面，我们也可以通过学习一些情绪调节的方法来改善情绪。例如，"焦虑时，我们可以利用一些放松技巧来调节自己的呼吸和脉搏等，使自己渐渐平静下来"。

（五）改善人际关系

在实习、实训过程中，有一部分学生苦恼的是不知道如何处理各种人际关系。比起学校中的单纯环境，工作场所的人际关系更加复杂多变。其实，大家不用过于担心，只要我们真心待人、虚心请教，就一定能赢得别人的信任和尊重。在与人交往的过程中，要学会用理解开启心灵，用平等获得尊重，用宽容化解矛盾。当我们觉得自己受了委屈时，可以向同学和朋友倾诉，获得他们的帮助。

♥ 心灵天地

✚ 心理保健

一、方法指南

职业院校开设了多种多样的专业和课程，其中有些专业对动作技能的要求比较高，例如汽车检测与维修、园林技术、电气自动化技术以及建筑工程技术等。这些动作技能的学习与知识的学习有很大不同。动作技能是指通过练习而形成的一定的动作方式。技能不是先天就有的，而是后天经过练习获得的。动作技能的形成，一般要经历三个阶段：首先是认知定向阶段。也就是我们在开始掌握一种技能之前，要形成掌握这种技能的动机，学习与它有关的知识，在头脑中形成这种技能最一般、最粗略的表象，其次是动作系统初步形成

阶段。在掌握局部动作的基础上，人们开始把个别动作结合起来，形成比较连贯的动作，或在了解一种技能的大致特征之后，对其中的个别动作进行更多的练习。最后是动作协调或技能完善阶段。在这个阶段，人们学习的各种动作在时间和空间上彼此协调起来构成一个连贯稳定的动作系统。我们可以通过以下方法提高动作技能形成的练习效率。

（一）确定练习目标

做任何事情都需要设定一个目标，这样才能做好，对于动作技能的形成来说也是如此。确定明确的目标可以使我们对练习具有强烈的动机和巨大的热情，也会使我们对练习的结果产生积极的期待。最为重要的是，确立目标可以为检查和校正练习的结果提供依据。

（二）灵活选用练习方式

通常可以把动作技能学习分为整体练习和分解练习。整体练习就是人们从一开始就着眼于动作间的联系和关系，把某种技能当作一个整体来掌握，并从始至终对动作进行练习。分解练习是指人们在练习时把某种技能分解为若干部分或某些个别的、局部的动作，通过学习和掌握这些局部的动作，逐渐达到学习整个技能的目的。两种练习方式对不同的动作技能来说有不同的作用。分解练习更适用于容易分解的动作技能，否则用整体练习效果更好；动

作技能简单用整体练习效果好，动作技能复杂用分解练习效果好。

（三）恰当安排练习时间

练习时间也有两种形式，即集中练习和分散练习。集中练习是指长时间不间断地进行练习，每次练习中间不休息；分散练习是指相隔一定时间间隔进行练习，每次练习之间适当安排休息时间。一般来说，分散练习比集中练习的效果要好一些。

（四）练习中须有反馈

反馈对动作技能的习得和完善起着重要的调节作用。当我们从自己的操作或动作的结果中得到反馈时，练习才会对技能的学习起到积极的作用。心理学研究发现，反馈能提高我们动作技能的精确性，改善我们对自己行为的知觉和评价，从而提高动作技能的水平。

随着科学技术的发展，许多领域的技能存在着"日新月异"的变化，这就要求我们在学习技能的同时，关注社会技术结构的变化，随时调整学习目标，跟上时代的步伐，做到与时俱进。

二、课堂实战演习

在实习、实训过程中，我们不可避免地会遇到一些挫折。走出暂时的困境是形成良好就业心态的前提。阅读下面的案例，大家一起开动脑筋，想一想如何帮助琳琳走出困境。

琳琳（化名）在某职业院校旅游服务与管理专业学习，她文化基础扎实、专业技能过硬，有较强的组织管理能力。在为期一个月的在岗实习中，她在一家五星级酒店工作。由于她在学校表现出色，经理直接安排她到前厅部工作。但在第一天的工作中，琳琳就遇到了麻烦。有一家客人为他们8岁的儿子庆祝生日，请了两席宾客，琳琳在安排座位时，按照从里到外的顺序，将他们安排到了靠边的地方，孩子的父母很不高兴地叫来了前厅经理，要求将座位调到大厅中央，琳琳还被客人训斥了一顿。实习一个月左右，琳琳觉得自己在酒店中没学到什么东西，自己的理论知识也没有太大用处，而且认为自己在酒店的实习岗位并不适合职业院校的学生来做，渐渐地她的心里产生了不平衡感。

我建议的行动方案是：

_____

_____

_____

📱 **小贴士**

主题 18　在职业生涯课堂中学习

现代社会科学技术日新月异，在学校中获得的知识和技能已经不能完全满足我们未来职业生涯的要求。为了适应这些变化，我们需要做好自己的职业生涯规划，做好求职就业准备，更需要持续终生的学习，这样才能使自己的职业生涯有更长远的发展。知识和技能是我们的基本生存工具，而终身学习则是获得这些工具的途径。

🔍 心理探索

一、职业生涯

经过职业院校的学习，我们的理论知识和实操技能都得到了一定的发展和锻炼，为未来的求职就业打下了基础。为了使未来更加美好，我们需要为自己做好一份职业生涯规划。职业生涯规划是我们通过对自身和外界的了解，为自己确立职业方向、职业目标，选择职业道路，制订发展计划，为实现职业生涯目标而确定的行动时间和行动方案。

生涯英文为 career，起源于 1909 年生涯指导之父弗兰克·帕森斯的著作《职业选择》（*Choosing a Vocation*）。在 100 多年的发展历程中，人们对生涯概念的理解在不断拓展，早期的理论强调就业，而近期的理论则提出了"终身生涯发展"的概念，强调生涯是一生中的所有经历。也就是说，生涯是我们一生中所扮演的各种角色的总和。我们要扮演什么角色、选择何种职业、想要过什么样的生活，都是生涯的一部分。

职业生涯即事业生涯，是指个体职业发展的历程。一个人一生中连续从事的职业，不仅包括过去、现在和未来的那些可以实际观察到的职业发展过程，还包括个体对职业生涯发展的见解和期望。

二、终身学习的理念

为了让职业生涯更加长久，我们需要树立终身学习的理念。终身学习相对于传统学习而言，是教育观念的根本变革。传统的观点把人生分为两个阶段，前半生学习、受教育，后半生工作，因此常常把学校教育看成是学习的全部。终身学习的理念则认为，学习并不随学校教育的结束而结束，人的一生都是一个学习的过程。按照终身学习的理念，从时间上讲，学习与人的生命共始终；从空间上讲，学习与人的所有方面都有联系，学习不仅是在学校的课堂中，也存在于社会的各种活动之中。终身学习的目的不仅是掌握知识，更重要的是学会学习，增强创造力。学习主体没有资格限制，任何人都是学习体系中的一员。

联合国教科文组织在 1996 年发表的《学习：内在的财富》(*Learning: The Treasure Within*)报告中明确指出："终身学习的概念是人类进入 21 世纪的一把钥匙。"人类要适应社会的发展和变迁，学会求知、学会做事、学会共处、学会生存，这也是教育的四个支柱。

（一）学会求知

随着科技的发展和社会的进步，未来社会需要人们有广博的知识并学会不断更新；对问题有深刻的了解、完整的看法和解决的方案，还要区别真伪、谎言及真理，能够明辨是非。

（二）学会做事

除掌握必需的职业技能外，终身学习的理念还要求我们具有处理各种情况的能力，包括处理人际关系、社会行为、合作态度、社交等以及解决问题的能力，同时还要培养创新与勇于冒险的精神以及欣赏他人美德的能力。

（三）学会共处

通过对他人历史、传统与精神价值的了解与尊重，创造一种新的精神，这种精神倡导世界是个整体，人与人之间相互依存、和平交流、和睦相处，尊重多元文化，理性地面对问题，共同面对危机与挑战。

（四）学会生存

未来社会需要我们有较强的自主能力和判断能力，承担更多的社会责任，不可因循守旧，不可封闭，勿以已有的成就为满足，力求精进。因此，我们要学会激发自己的潜能，探索自己的记忆、理性、想象、体能、感官、审美、领导力等多种天赋与才能，努力实现个人目标。

三、终身学习的特点

终身学习的理念自提出以来已经得到了人们的普遍认可，改变了将学校视为唯一受教育场所的思想，使教育超越了学校教育的局限，扩展到人类社会生活的整个空间。终身学习主要有以下四个特点。

（一）终身性

这是终身学习的最大特征。它打破了人们认为学习只存在于学校之中的理念。把学习看成人们一生中一个连续不断的过程，是人们一生中接受各种培训和教育的综合，是从学前期到老年期的整个学习过程的统一。它既包括正规教育，又包括非正规教育。

（二）全民性

终身学习的全民性，是指终身学习的对象包括所有人，无论年龄老幼、贫富、种族或性别。在当今社会中，每一个人都要学会生存，而要学会生存就离不开终身学习，因为生存发展是自然规律，要想生存就必须学习，这是现代社会给每个人提出的新课题。

（三）广泛性

终身学习既包括家庭教育、学校教育，也包括社会教育。可以说，它包括人的各个阶段，是所有时间、所有地点、所有场合和所有方面的学习。终身学习扩大了学习天地，为整个教育事业注入了新的活力。

（四）灵活性和实用性

终身学习具有灵活性，这表现在任何需要学习的人都可以随时随地接受任何形式的教育。学习的时间、地点、内容、方式等均由个体决定。人们可以根据自己的特点和需要选择最适合自己的学习。

四、终身学习对职业生涯发展的意义

当今社会，职业生涯的发展不仅依赖于我们的工作经验，更依赖于我们的学习能力。终身学习的理念打破了传统"一次性教育可以解决终身教育问题"的观念，使职业生涯的可持续发展、个性化发展及全面发展成为可能。

（一）终身学习有利于促进职业生涯的可持续发展

当今社会科学技术发展日新月异，科学成果层出不穷，无论我们当初在学校中所学的专业知识多么前沿化，几年后，这些知识都需要更新。这就需要我们不断"在学习中工作，在工作中学习"，把学校学习和社会学习融合在一起，把学习、劳动与创新结合在一起，通过继续教育，不断更新自身的知识结构。树立终身学习的理念有助于预防知识老化，可以保持我们技术水平和知识能力的先进性，从而促进职业生涯的持续发展。

（二）终身学习有利于促进职业生涯的个性化发展

终身学习的理念要求尊重每一个人的个性和选择，强调每个人在其职业生涯中随时可以选择最适合自己的学习形式，以便通过自主自发的学习，使个性得到最真实、最好的发展。因此，在终身学习的理念下，每个人的职业生涯发展都有自己的特性；在不同的人生阶段每个人的职业生涯发展也有所不同。例如，当我们刚刚开始从事某项工作的时候，可能会情绪高涨，但随着时间的推移，这种热情可能会逐渐被无聊所代替，甚至可能开始怀疑工作本身的价值。而不断学习则会提升我们对工作意义和价值的认识，培养我们善于接受新事物、新信息，开拓进取、勇于创新的精神。

（三）终身学习有利于促进职业生涯的全面发展

终身学习的理念会让我们利用一切教育资源，以适合自己的方式进行学习，不断地促进自己全面发展。让我们不断将新的知识和技能创造性地运用到工作中，在职业生涯中不断实现自我价值。在实现自我价值的过程中，职业生涯也会得到全面的发展和促进。

🔗 成长链接

🔬 心理活动与体验

一、活动在线

出门旅行做好计划非常重要，因为它可以告诉我们什么时间应该做些什么，不至于手忙脚乱。其实，职业生涯也是一段旅行，在这个旅行过程中，我们也需要用终身学习作为指引。

下面请你仔细想想自己在未来的职业生涯中，要如何实践终身学习的理念，并完成下表。然后与同学一起讨论，在你的职业生涯发展中，哪个阶段更为重要？在这个阶段，你打算重点发展哪个方面？如何实现这一目标？

		20~30 岁	30~40 岁	40~50 岁	50~60 岁	60 岁以上
学会求知	学习内容					
	学习途径					
学会做事	学习内容					
	学习途径					
学会共处	学习内容					
	学习途径					
学会生存	学习内容					
	学习途径					

二、体验分享

从学校毕业后，我们是否还需要学习呢？会有哪些形式的学习呢？请设计一个调查问卷，对已经毕业的师兄、师姐和校友们进行一次小调查，了解他们对终身学习的态度，以及他们在职业生涯中是如何继续学习的。

（1）编制一个简单的问卷，设计几个问题，如"您觉得在工作中还需要学习吗"。

（2）分小组用编制好的问卷去深入采访和了解情况，每组 3~5 人。

（3）把采访的结果进行简单的统计，并得出结论。看看他们如何看待学习。

（4）开一次班级讨论会，各小组汇报调查结果，并与其他组进行交流和讨论，把调查过程中遇到的趣事以及自己想到的问题说出来，与大家一起分享和讨论。

我的调查问卷

您好！非常感谢您在百忙之中抽出时间来完成这份问卷。您提供的资料将有利于我们更好地规划未来，这份问卷不会对您或您所在的单位产生任何不利影响，希望您能根据自己的实际情况如实回答。您的回答将被严格保密，请您放心，谢谢合作！

性别＿＿　年龄＿＿　职业＿＿＿＿＿

对下面的问题，请勾选您的答案，如果有其他意见，请写在横线上。

1.您觉得在工作中还需要学习新技术吗？

A.非常需要　B.需要　C.无所谓

D.不需要　E.非常不需要

F.其他＿＿＿＿＿

2.您觉得在工作中还需要学习新知识吗？

A.非常需要　B.需要　C.无所谓

D.不需要　E.非常不需要

F.其他＿＿＿＿＿

3.……

拓展训练：同学们的讨论对你有什么启示？

＿＿＿＿＿＿＿＿＿＿＿＿＿＿＿＿＿＿＿

＿＿＿＿＿＿＿＿＿＿＿＿＿＿＿＿＿＿＿

＿＿＿＿＿＿＿＿＿＿＿＿＿＿＿＿＿＿＿

＿＿＿＿＿＿＿＿＿＿＿＿＿＿＿＿＿＿＿

三、心海扬帆

我们生活在一个瞬息万变的社会，未来的职业生涯也充满着很多变数。职业环境的不断变动，使我们需要对自身的职业生涯发展承担更多的责任，同时也为我们带来了更多的机遇。为了构建可持续发展的职业生涯，我们有必要树立终身学习的理念。通过实践终身学习，寻求职业发展的机会和动力，进而实现自身的职业理想与追求。

（一）提高学习的主体意识

职业院校的学习，大多数是以教师讲授为主。当我们步入社会、走进职场时，更多需要我们主动去学习。终身学习的理念要求以学习者为中心，所有人根据自己的需要在人生各个阶段自主接受教育，自主决定学习的时间、地点、内容和方法。因此，我们可以通过提高自己学习的主体意识，不断接受新知识、新技术，实践终身学习的理念。

（二）不断提高自己的科学文化水平

毕业后，我们很快就会发现，随着科学技术的发展，我们在学校中获得的知识和技能有些已经落伍了，有很多新知识、新技术需要掌握，有许多新观念、新思想需要接受。我们也需要不断提高自己的科学文化素养、信息处理能力以及创新能力。因此，不断提高自己的科学文化水平是我们实践终身学习的重要途径。

（三）不断开发自我潜能

每个人都有很多潜能可以被开发。职业生涯需要我们学习某种新的知识和技能时，我们要保持开放的态度，努力挖掘自己的特长，开发自己的潜能，而不是一味拒绝接受新事物，坚持自己固有的观念。

（四）促进自我的全面发展

终身学习的理念不仅指我们终身都要学习知识和技能，也包括终身都要全面发展我们的品格，不断提升综合素质。实际上，人的全面发展并非只限于生命中的某一阶段，而是伴随人的一生，有着无限性和延续性。因此，我们在未来的职业生涯中要不断促进自己的全面发展，实践终身学习、终身受益的理念。

（五）充分利用各种学习途径

从职业院校毕业后，虽然有些同学不再继续深造，但是我们仍然可以利用很多途径和方式继续学习。例如，我们可以利用各种在职教育和继续教育的机会提高自己的职业技能，也可以充分利用图书馆、互联网等多种途径更新自己的信息和知识。

总之，作为高端技能型人才，我们需要有"活到老，学到老"的态度，充分利用各种资源和途径，在职业生涯中不断完善和更新自己的知识和技术。

♥ 心灵天地

➕ 心理保健

一、方法指南

刚刚从职业院校毕业，满怀希望步入职场的时候，我们可能会面临很多意想不到的情况。例如，工作内容与专业不匹配、人际关系异常复杂、工资薪水过低等。这些"问题"在一定程度上都可能会影响到我们工作的积极性，使我们感到彷徨、惆怅和无助。其实，这些"问题"并不是真正的问题，只要我们努力提升自身的能力和素质，就一定能够尽快在职场中立足，在自己的职业生涯中大展身手。那作为职场新人，我们应该怎样做呢？

（一）虚心请教

作为职场新人，不管从事的工作是否

与自己的专业相匹配，我们的工作经验与专家相比肯定是不足的。尤其是一些技术性的问题，高级技工的经验可能比我们更丰富，我们要虚心向他们请教。在职场中，每个同事身上都有值得我们学习的地方，当我们遇到困难和问题的时候，一定要学会虚心请教。

（二）善于总结经验和教训

刚刚走上工作岗位时，我们每天都可以获取很多新经验、新技术以及新知识。有时这些新事物可能会让我们应接不暇。因此，我们要对这些新获取的东西及时进行总结，并做到"温故而知新"。同时，作为新员工有时我们也不可避免地会犯一些错误。人不怕犯错误，怕的是老犯同样的错误。因此，当遇到困难时，我们不应怨天尤人，而是应该对问题进行分析和总结，寻找原因，吸取教训。只有这样，我们才能更快、更好地适应新工作，给自己的职业生涯画好"第一笔"。

（三）脚踏实地，切勿好高骛远

在刚刚参加工作时，几乎每个人都希望自己能够承担起某项任务，大显身手，甚至能够一鸣惊人。然而，有时我们从事的工作与我们想象的完全不同，甚至可能对这样的工作都不屑一顾。其实，任何工作都有其价值，在任何岗位都可以做得出色，"三百六十行，行行出状元"。因此，我们不要好高骛远，要踏踏实实地做好手

头工作，相信将来会取得回报。

（四）学会发现问题

也许作为职场新人，我们每天都可以按时保质完成工作。但是如果我们没有发现问题的能力，没有创新精神，那我们可能只能做一名默默无闻的员工而没有更多的机会得到提升和锻炼。为了使我们的职业生涯有更好的发展，我们要学会创新、学会发现问题，适时地提出自己的建议和想法。

（五）学会沟通与交流

在职业生涯中，处理好各种人际关系至关重要。因此，我们要加强自己的沟通与交流能力。除了面对面的沟通外，我们还可以尝试采用电子邮件、书面信函等方式。特别是，当我们发现面对面沟通效果不佳时，采用书面表达可以达到更好的效果。因为书面沟通往往可以更清晰、更全面地阐述我们想要表达的观点、建议和方法。

（六）培养职业精神

在事业成功者的身上，我们往往可以看到一种高效、敬业和忠诚的职业精神。这种精神也是我们毕业后应该首先学习的。每一行业都有自己的职业规范和职业精神，从待人接物规范到拼搏精神都是我们在职业生涯中需要不断培养的。

二、课堂实战演习

对职业院校的学生来说，职业生涯学

习不仅指毕业后要不断学习新知识、新技术，当我们考入职业院校进行职业生涯设计时，就可以在求学过程中通过各种行动、实践活动来提升自己的能力，使自己在未来的求职就业中更加具有竞争力。请阅读下面的故事，思考杨晓文是如何成功的，对我们有什么启示？

　　杨晓文（化名）从某职业院校毕业后，成功地应聘到一家报社工作，成为一名记者。在刚刚考入职业院校的时候，杨晓文学习的并不是新闻专业，但是她对新闻工作有着浓厚的兴趣，刚入学她就希望自己以后能够进入报社成为一名记者，实现儿时的梦想。因此，她制订了自己的职业生涯规划，一方面结合自己的兴趣点，另一方面考虑了用人单位的需求。此外，她还多次向从事记者工作的师兄请教。通过学习各方面知识，她了解到一名记者应该具备的素质和能力。她不但旁听新闻学院的相关课程，还积极参与学校学生会、记者团和校报的相关活动，从口才到组织、从写作到协作，各方面能力都有了显著提高。为她以后成功应聘打下了坚实的基础。同时，她还在业余时间有针对性地参与了许多社会实践和专业实习，以便进一步地贴近单位的人才需要。最后，她终于如愿以偿。

　　这个故事给我的启示是：

_____

_____

小贴士

本章核心概念

　　社会实践；实习；实训；认识挫折；生涯；职业生涯；终身学习

本章小结

　　1.对职业院校学生来说，在实践中学习具有重要的意义。社会实践可以达成学习目的；加深对知识的理解；提高解决问题的能力；增加成功的体验。

　　2.在实习和实训中学习不仅包括掌握知识、运用技能，还包括在工作场所中熟悉企业规范、学习处理人际关系等。

　　3.实习、实训过程中的学习途径以观察和模仿为主，其考核形式灵活多样，最终的学习效果也清晰可见。

　　4.职业院校学生在实习、实训过程中常见的心理问题有：焦虑感、挫折感强、有无聊倾向、人际交往问题和强烈的不公平感。

5. 在实习、实训中出现心理问题时，可以采用一些方法来进行自我调节。例如，转换角色，准确定位；保持认知好奇心；降低期待，专注工作；学会调节情绪、改善人际关系等。

6. 在技能学习过程中，可以通过练习提高效率。例如，确定练习目标；灵活选用练习方式；恰当安排练习时间；练习中须有反馈等。

7. 生涯是人一生中所扮演的各种角色的总和。我们要扮演什么角色、选择何种职业、想要过什么样的生活，都是生涯的一部分。职业生涯即事业生涯，是指个体职业发展的历程。

8. 为了让职业生涯更加长久，需要树立终身学习的理念。学会认知、学会做事、学会共存、学会发展是终身学习的四大支柱。

9. 终身学习具有终身性、全民性、广泛性、灵活性和实用性的特点。

10. 职业院校学生可以通过提高学习的主体意识、不断提高自己的科学文化水平、不断开发自我潜能、促进自我的全面发展，并充分利用多种学习途径来实践终身学习的理念。

11. 初入职场，要做到以下几点：虚心请教；善于总结经验和教训；脚踏实地，切勿好高骛远；学会发现问题；学会沟通与交流；培养职业精神。

心理测试

挫折心理测试

辅导案例

拓展阅读资料

［1］俞国良主编.心理健康（第5版，中等职业教育课程改革国家规划新教材）.北京：高等教育出版社，2020.

［2］俞国良主编.大学生心理健康（第2版，根据教育部《高等学校学生心理健康教育指导纲要》编写）.北京：北京师范大学出版社，2022.

［3］吴芝仪著.我的生涯手册.北京：经济日报出版社，2022.

［4］［美］罗伯特·D.洛克著.钟谷兰等译.把握你的职业发展方向.北京：中国轻工业出版社，2006.

［5］黄坚主编.高职院校学生职业发展案例精选.北京：清华大学出版社，2011.

第七章

人际关系　让友情、亲情更长久

高树靡阴，独木不林。

——［东汉］崔骃

⭐ 学习目标

　　通过对本章的学习，了解什么是人际关系，理解构建良好的人际关系对职业院校学生有哪些重要意义；掌握建立良好人际关系的方法；知道如何利用人际资源，学会在合作和竞争中实现"双赢"。

主题 19　了解人际关系：相逢是首歌

学期伊始，多姿的职业院校生活使来自五湖四海的我们相聚一堂。新的环境、新的群体、各种各样的关系，成了我们新的生活内容。人是社会性动物，我们总是处在一定的人际关系中，没有人是一座孤岛。正所谓"人生的美好是人情的美好，人生的丰富是人际关系的丰富"。可见，良好的人际关系对每个人来讲都是非常重要的。对职业院校学生来说，正确处理人际关系是社会生存的必备能力。因此，对人际交往能力的培养就显得至关重要。

🔍 心理探索

一、人际关系的概述

人际交往泛指人与人之间往来的表现形式。社会学认为人际交往是指由于某种活动而形成的一定社会关系；心理学把人际交往定义为人与人的一种心理沟通。那么，究竟什么是人际关系？人际关系到底该如何理解？参考我国学者对此概念的定义，我们认为，从广义来看，人际关系就是指人与人之间的关系，包括社会中所有人之间的关系及其一切层面。从狭义来看，人际关系是指在人与人的交往活动中所发生的直接的、可感知的心理关系。它反映了人际交往中的情感距离、相互吸引与排斥的心理状态，而它的发展变化取决于社会需要被满足的程度。

人际关系是社会关系的一种，从心理学角度来看，它的形成包含着认知、情感和行为三种心理因素的共同作用，认知因素反映了个体对人际关系状况的认知和了解，包括对他人和自我的认知；情感因素是指人际活动中个体在情绪上的好恶程度，以及对交往现状的满意度等；行为因素则主要包括交往个体在活动中的外在表现和结果，例如风度、表情、手势以及言语等。它们是人际关系中三个相互联系、相互影响的心理因素，其中认知因素是人际关系发展的基础，决定了人际关系的性质；情感因素是人际关系的主导因素，制约着人际关系的亲密程度、深浅程度和稳定程度；而行为因素既是人际关系的结果，又是人际关系的表现。

人际关系以人们的需要为基础。有了需要，才有建立人际关系的动力。如果交往双方的社会需要能够得到一定程度的满足，就会产生喜欢、亲近的情绪反应，这时候交往个体的心理距离就会缩短；反之，就会产生厌恶、憎恨等情绪反应，交往的心理距离就会拉长。因此，社会需要的满足是建立人际关系的心理基础。

人际关系以交往活动为手段。在交往

活动中，随着个体的沟通交流，加深了解，获得肯定或否定体验，缩小彼此间的心理距离。交往活动的频率还是人际关系亲疏的一个指示器。一般说来，交往的频率越高，人际关系越密切；交往频率越低，人际关系越趋于淡化。

人际关系以感情为纽带。人们在交往活动中呈现出来的喜欢、亲近或疏远、淡漠的情绪状态，是人际关系质量的又一个评价指标。而人际关系所具有的这种情绪性，使人与人之间的心理距离成为可以被直接感知的心理关系。

二、职业院校学生人际交往的类型

从交往的范围来看，学生的人际关系一般可以分为三种：个体与个体之间的关系、个体与群体之间的关系和群体与群体的关系。其中，个体与个体之间、个体与群体之间的关系在学生中是最普遍和重要的。这两种关系与个体的生活、学习息息相关，个体也最容易直接受到影响。下面分别介绍学生人际关系中的师生关系、同学关系、亲子关系、社会交际关系及其网络人际关系。

（一）师生关系

老师与学生是校园里的两大基本群体，师生关系是构成学生人际关系的重要方面。在和谐的师生关系氛围里，老师和学生都能以积极、主动并富有创造性的态度去完成教学过程，而且都能达到一种理想而满意的效果，因此师生关系的和谐协调发展具有极其重要的意义。

职业院校师生的交往范围和内容与之前的教育环境不同，具有自发性、偶然性且多局限于知识学习方面。但相对于比较严肃、紧张的师生关系，职业院校师生之间的关系更加平等、自然和活泼。学生一般接触最多的是自己的辅导员和班主任，他们与学生的关系比较平等，会像朋友一样与学生沟通交流，还会参与一些班级组织的活动。而任课教师与学生一般是单纯的教学关系，师生之间较少有直接的沟通，也缺少必要的情感交流。这些老师往往面对着不同班级的学生，流动性大，通常只在其授课时间与学生接触，探讨一些问题。师生关系是教育过程中人与人之间最基本、最重要的关系。和谐良好的师生关系应当是尊师爱生、教学相长的关系，是一种民主、平等、互尊、互爱的和谐而亲密的关系，因而师生关系虽然是学生的主要人际关系，却依旧需要进一步加强。

（二）同学关系

同学是学生人际交往的主要对象，同学关系是学生人际关系的一个主要内容。总的来说，校园里的同学关系是和谐、友好的。和谐的同学关系有利于学生的身心健康，有利于其成长和发展，同时也能满足人的归属感和安全感；但也有少部分冷漠关系和冲突关系存在，这种紧张的同学关系会使人产生无助感和紧张感，进而影响学生的学习和生活。

大多数学生社会阅历浅，思想也比较单纯，能够自然地产生纯朴的"同窗"情谊，形成友好的同学关系。但随着相互了解和交往的深入，不同的地域、家庭背景、性格特点、生活习惯，都有可能成为继续交往的障碍。有些人因此开始逃避与周围同学的交往。但是，有些人际关系无法逃避，例如同宿舍的同学，毕竟每日朝夕相处，低头不见抬头见。同学关系不仅和我们在校期间的学习和生活有关，更与我们走出校园后的人生有关，是一生中最重要的人际关系之一。同学关系处理得不好，会让我们宝贵的学生生活黯淡无光，心情郁闷；处理得好，我们的生活就会充满阳光，心情舒畅，还会让我们学会今后工作中所需的处理人际关系的方法和技巧，为今后的人生做好多方面的准备，为自己创造更多的机会。处理同学关系是一门艺术，不可简单粗暴，不能委曲求全；既要体谅别人，又要维护自尊。

（三）亲子关系

亲子关系是家庭人际关系中最基本、最重要的人际关系，是我们来到世间需要面临的第一道人际关，也是唯一由血缘关系形成的人际关系，亲子关系是否融洽对个人的行为、人格方面有重要影响。从心理学家弗洛伊德和皮亚杰等人的理论可以看出，亲子关系对人一生的发展都有至关重要的作用。

大多数学生的独立意识进一步增强，也会有意识、积极地调整心态，以适应新的环境。一些同学能够体谅父母对自己的思念，他们会通过电话及时、主动地向父母汇报自己的学习、生活等情况，加强和父母思想、感情的交流。然而，有些同学却很少与父母沟通与交流，形成了代沟。其实，我们离家在外，父母是最惦记我们的人，家永远都是我们最温暖的港湾。我们要多体谅父母的艰辛，多与父母分享自己的生活。

（四）社会交往关系

社会交往能力是人在社会交往过程中表现出来的一种综合素质，它集中反映了人们对社会环境的辨析能力和对他人心理状态的洞察能力。学生的社会交往能力受生理、心理、环境等因素的影响，需要不断提升。而且，在就业压力日益增大的当下，要想在激烈的竞争中脱颖而出，较强的社会交往能力是必不可少的。

同学们平时可以多参加公益活动，以及勤工俭学、兼职等活动，通过这些社会实践活动，增加对社会的了解，扩大社会交往的范围，提高独立能力。但在社会交往的问题上，应注意避免两种极端倾向：一种是社会交往太多、对象太杂、频率太高，认为"多一个朋友多一条路"，抱着这样的心态盲目交往。毫无选择的社会交往不仅影响学习，甚至可能会让人染上不良嗜好；另一种是社会交往过少，"两耳不闻窗外事，一心只读圣贤书"，虽然注重了书本知识的积累，却忽视了实践能力的培养。另外，学生在各种社会交往中要善于培养自己的人际交往能力，掌握与不同类型、不同层次的人交往的技巧、方法，为自己营造一个和谐的人际环境。同时，社会毕竟是复杂的，思想单纯、阅历不深的职业院校学生们要有自我保护意识。

（五）网络人际关系

随着信息时代的到来，学生人际交往现状中还有一个不得不重视的方面，即网络人际交往。网络人际交往是人们在网络空间里进行的一种新型人际互动。人们通过各类社交平台在网络社区中聊天、交友、游戏等。

一般来说，网络人际交往对学生来说具有双重效应：一方面是积极影响，有的同学通过网络交往结交了许多新的朋友，获取了很多有价值的信息，开阔了视野，也丰富了生活；另一方面是消极影响，部分学生过度沉迷于网络交往，缺乏现实的社会沟通和人际交流，久而久之，他们与周围的人没有了共同语言。还有些学生在网络交往时受到不良影响，在网络里放纵自己，产生诸多网络道德问题。为了避免网络交往的消极影响，学生要学会充分利用网络为自己的学习、生活服务，把虚拟世界与现实世界联系在一起。同时，要具备必要的网络伦理知识，培养道德自律意识，正确把握网络人际交往的尺度。

三、人际关系的重要性

心理学家斯坦利·沙赫特曾经做过一个实验，证明了人际关系对我们生存的重要性。在实验中，他以每小时15美元的酬金聘人待在一个小房间里。这个小房间与世隔绝，没有窗户，没有报纸，没有电话，不准写信，也不让其他人进入。有人将一日三餐送至门下的小洞口，住在里面的人只要伸手就可以拿到食物。一共有5位被试参加了这个实验。实验结果表明，在小房子里待的时间最短的被试只待了2小时，而在小房子里待的时间最长的被试共待了8天。这个待了8天的人出来以后说："如果让我在里面再多待1分钟，我就要发疯了。"由此实验可见，一个正常的人不能独处太久、不能不与他人建立关系。因此，人际交往对个体来说是必需的。

（一）满足心理需要

人本主义心理学创立者亚伯拉罕·马斯洛于1943年提出了著名的需要层次理论。根据马斯洛的需要层次理论，在个体发展过程中，生理的需要、安全的需要、归属与爱的需要、尊重的需要、自我实现的需要是人们赖以生存的五种最基本的需要。它们依次构成了不同的等级或水平，并成为激励和指引个体行为的力量。其中，底部的四种需要被称为缺乏性需要，只有满足了这些需要，个体才能感到基本的舒适，而顶部自我实现的需要被称为成长性需要，它主要是指个体的成长与发展需要。

其中安全的需要包括对人身安全、生活稳定以及免遭痛苦、威胁或疾病等的需要。每个人都需要别人的关怀、帮助、爱护、同情，需要一种稳定的安全感，它表现为人们追求稳定、安全的环境，希望得到保护，能够免除恐惧和焦虑等。这种需要是一种精神上的需要，如果一个人没有亲人、朋友，他会感到孤独、寂寞、焦虑、恐惧，如果他有亲人、朋友，那么他会感到充实、快乐、安全。而归属与爱的需要，属于较高层次的需要，例如，对友谊、爱情以及隶属关系的需要。它主要包括社交需求和归属感。社交需求指希望和同事、朋友保持友好与忠诚的伙伴关系，希望得到关爱；归属感则是指希望有所归属，成为团体的一员。良好人际关系的建立正是个体安全的需要、归属与爱的需要得到满足的重要表现。

（二）有助于认识和发展自我，促进个性发展

人际交往活动是促进学生个性发展和自我完善的重要手段。人的个性除了受先天遗传因素影响外，更受后天环境的影响，所以生活环境对人，特别是对人生观、价值观尚未成熟的学生具有重要的意义。

《礼记·学记》中曾说："独学而无友，则孤陋而寡闻。"在人际交往的过程中，我们通过与别人交往提高了对自己和他人的认识，了解了自己和周围的环境；而且随着交往面的拓宽和交往深度的增加，我们对对方的认识越来越完整，对自己的认识也越来越深刻。而只有对他人认识全面、对自己认识深刻，我们才可能得到他人的理解、同情、关怀和帮助，才能形成良好的自我概念，塑造完善的人格。

（三）有助于加快学生的社会化进程

人际交往是个人社会化的起点。每个人的社会化进程从出生后就已经开始。社会化是个体学习社会知识、技能和文化，了解和掌握社会角色及角色规范，从而取得社会生活资格的过程。人际交往是个人社会化的必要前提：一方面，如果没有与他人的合作，个人就无法获得基本的生活知识和技能；另一方面，只有学会与他人和平相处，才有可能自立于社会，得到社

会的认可，成为一个社会化的人。

美国著名成人教育家戴尔·卡耐基经过大量的研究发现，一个人事业上的成功，只有15%是由于他的专业技术，另外的85%则要靠人际关系、处世技巧。可见一个人要想在事业上取得胜利，除了具备非凡的专业技能外，一定的人际交往能力也是必不可少的。学生的社会成熟是以个体对自身在社会中所处的角色，以及所担负的社会责任的正确认识为标志。而个体的社会交往、实践活动决定了其社会化程度的高低。我们要想使社会化程度不断提高，就必须开展人际交往，在人际交往中发展自我、完善自我，使自己成为社会所需的合格人才。

（四）心理健康发展的需要

新精神分析学派心理学家卡伦·霍妮认为，神经症是人际关系紊乱的表现。人类的心理病态，主要是源于人际关系失调。也就是说，人际关系紧张的人，不但事业会受阻，而且会陷入极大的痛苦之中。

埃里克森是美国著名的精神病学家，也是著名的精神分析学家。他在代表作《童年与社会》（*Childhood and Society*）中提出了著名的人格发展理论。埃里克森认为，人的一生是一个生命周期，可以分为八个阶段，依次体验着生物的、心理的、社会事件发展，循序渐进。职业院校学生正处

于第五、六阶段，这一阶段的任务是：明确自我概念以及获得亲密感避免孤独。由此可见，这一阶段的顺利完成需要与他人分享快乐与痛苦，如果不能与他人进行思想情感的交流，不能相互关心和帮助，就会陷入孤独寂寞之中，从而影响心理健康。

🔗 成长链接

〰️ 心理活动与体验

一、活动在线

心有千千结，也有千千解。心有千千结这个活动看似人与人之间结成了复杂的"人结"，但是经过一番穿梭、跨越复杂的"结"，人际关系一点点开始变得简单明了。

活动名称：心有千千结

参加人数：30~40人

活动时间：40分钟

活动场地：室内或室外，但要保证周围空旷，没有障碍。

活动内容与过程：

（1）所有组员手牵手连成一个大圆，面向圆心。

（2）请组员一定要记住自己的左手和右手分别牵的是谁。

（3）松开手，组员们在小范围内随意走动。

（4）等待一定时间后，组员们站定。在不移动位置的情况下去牵原来左、右手牵的人（如果实在够不着，可稍微挪动一下）。

（5）现在手与手、人与人之间，结成了一个混乱的死结。要求在不松手的情况下把结打开。最后恢复成刚开始手拉手的状态。

（6）当"结"很难打开时，应继续活动。只要每个人的左右手牵的是刚开始的同伴，这个结是肯定能打开的，并且能恢复原样。

在日常生活中，我们常常用语言进行沟通，希望自己表达的意思能够让对方明白。这是人际沟通的最终目的，然而事实却是，有时候我们不能把自己的思想很好地表达出来，也不能很好地理解别人的意思，这就需要团队成员之间互相沟通，多一些交流，少一些误解。这样，我们在解开自己心结的同时，也解开了别人的心结。

二、体验分享

在生活中，有的学生在与周围的人发生小摩擦后，不及时去解决，心里想的是：对方都不来找我和解，我也不需要去找对方。觉得自己主动和对方和解就是伤自尊、丢面子。其实，只要双方任何一方主动提出和解，把事情解释清楚，心结自然就解开了。

你遇到过类似的事情吗？你是如何解决的？与大家分享和讨论一下你的看法和收获吧！

拓展训练：同学们的讨论对你有何启示？

_____

_____

_____

_____

三、心海扬帆

既然人际关系对我们如此重要，那么怎样才能交到更多的朋友，怎样才能给别人提供他们所需要的东西呢？下面是获得良好人际关系的十个秘诀，只要遵照这些法则行事，我们就能增加自己关系账户上的财富。

（1）尽可能地鼓励别人。称赞他人获得的成果——即使是特别微小的成就。称赞如同雨露，缺少它，我们就没有了生长的养分。一句美好的称赞永远都不会多余。

（2）记住别人的姓或名，主动与人打招呼。称呼要得当，让别人觉得被礼貌对待、被重视，给人平易近人的印象。

（3）培养幽默风趣的谈话风格，幽默

而不失分寸，风趣而不显轻浮。与人交往要谦虚，待人要和气，时刻尊重他人。

（4）千万不要期望所有人都喜欢你，能让大多数人喜欢就是成功的表现。当然，自己要喜欢自己。

（5）如果你在表演或者是演讲，只要有一个人在听，也要用心继续下去。因为这是你走向成功的道路。

（6）对事不对人。对事无情，对人要有情。做人第一，做事第二。

（7）不要把别人对你的好当作是理所当然的，要常怀一颗感恩的心。

（8）仔细观察别人，在心里记住他（她）曾经做过的好事。这样，当你在表示赞许的时候就有充分的理由，你的称赞也就不会有谄媚之嫌。

（9）可以偶尔赠送一些小礼物，给对方一个惊喜，寻找让他人感到快乐的技巧。

（10）请允许别人偶尔自我感觉良好。要想有良好的人际关系，要谦虚谨慎、戒骄戒躁。如果你想得到更多的朋友，那就要得饶人处且饶人。

心灵天地

+ 心理保健

一、方法指南

很多人会为社交时的害羞而烦恼，美国斯坦福大学著名社会心理学家津巴多教授曾对人的害羞心理做过一个研究。研究结果表明有 40% 的美国人都认为自己有害羞的心理特点。当他们站在陌生人面前，总感到有一种无形的压力，似乎大家都在审视自己。他们不敢迎视对方的目光，感到特别不好意思。当与人交谈时，也感到面红耳赤、心里发慌。你在和别人交往时是否也有这种害羞情绪呢？克服害羞心理，不妨从以下几个方面试一试。

（一）勇于接受自己"害羞"的现实，正确评估自己

假如你的性格比较害羞，不善于在众人面前表现自己，那就不要刻意追求开朗和外向，毕竟每种性格都有优势和不足，害羞的人也许不能坦率地表达自己的思想，但他们一般都很善于为别人考虑。勇敢地承认自己就是"害羞"，这样就容易采取随和的态度，顺其自然地表现自己。不要总是担忧别人是否注意到了你，会怎样看待你，人人都倾向于关注自己。要相信自己在别人心目中的形象并不差，自己同别人一样，有思想、有性格、有自尊，是一个独立、完整的人。

（二）拓展知识领域

有时害羞不完全是由过分紧张引起的，而是当我们和一些比较陌生的人一起交流时，突然发现，他们谈论的一些话题自己所知甚少，甚至根本不知道他们谈论的内容。这是由于你的知识领域较窄，或对当前发生的事情知道得太少。所以在空闲时，我们应该经常读些课外书籍、报刊，了解热门时事话题，开阔自己的视野、丰富自己的阅历。这样，在社交场合就可以自如地表达自己的意见了。这也会帮助你建立自信、克服害羞。

（三）不要过分忧虑和担心

害羞的人都怕别人嘲笑自己，担心如果自己做得不好，大家会怎样看待自己，经常把自己置于不信任和不真诚的假定环境中。他们对别人总怀有一种戒备心理，自己偶有闪失，就会担心被他人看穿，加重害羞心理。换位思考一下，你在与陌生人打交道时，会嘲笑别人吗？当然不会。同理，别人也不会嘲笑你。因此，我们千万不要疑虑太重，过多地注意别人的表情与动作，而应尽可能往好的方面想。同时，平时也要多注意培养自己的良好情绪和情感，相信大多数人会以信任和诚恳的态度对待自己。

（四）多参加社会活动，增加与他人接触的机会

我们要多参加一些社会活动，在这些活动中，我们可以学习与各种各样的人打交道。刚开始不要急于求成，可以先观察一下他人的表现，看大家是如何展示自己的，然后，可以记下他们展示的优势与不足，注意观察与模仿一些善于交际、活泼开朗的人的言谈举止。例如，如何讲"开场白"，如何保持幽默、洒脱的风度等。模仿到觉得自己能行了，可以尝试在活动中发表一两句意见。当害羞者迈出可喜的第一步后，伴随着从未有过的成功体验和对自己的重新评价，你会开始相信自己的能力。

二、课堂实战演习

害羞是一种因胆怯、怕生或怕做错事情被人嘲笑而感到不安和压抑的心理状态。有些同学腼腆内向，一直都很害羞；而有些同学只是在某些情境下害羞。极端害羞的人沉默寡言，有可能会发展成为对人的害怕和恐惧。下面是一则案例，大家讨论一下如何帮助这位同学克服害羞心理。

叶某，某职业院校男生。进入学校之后，叶某看到其他同学在一起有说有笑，他特别羡慕。他从小性格就比较内向，从来不敢大声说话。考上职业院校后，学习

压力小了，他逐渐认识到了自己的问题，并急于改正。但是，现在如果在寝室或者班级中成为大家关注的焦点时，他还是很容易脸红、害羞。上课发言时，他也经常面红耳赤，说话语无伦次，手心汗淋淋的。偶尔与异性同学在一起，他就会特别不安，浑身不自在。上课时，他也总坐后排，不愿回答问题。当有人关注他时，他更是感到如坐针毡。

我建议的行动方案是：

_____

_____

_____

_____

小贴士

主题 20　构建人际网络：一生朋友一起走

每个人都希望自己能多拥有一些朋友，特别是能够同甘共苦、患难与共的知心朋友。那么，怎样才能让我们的友谊之花常开呢？我们不仅需要了解人际交往中的一些心理效应，同时还需要用信任、真诚、包容、感恩和理解来浇灌友谊，这样才能让友谊之花绚丽绽放。

心理探索

一、职业院校学生人际交往中的困惑

学生青春洋溢、充满活力，有着强烈的与人交往的愿望，希望能够与其他人一起分享自己的体验和感受，会把友谊放在重要的地位，同时也非常希望友谊能够保持长久。但是，由于多方面的原因，同学们在人际交往中往往存在一些困惑和苦恼。

（一）缺乏交往的勇气和信心

随着生活环境的变化，学生周围的人际关系也随之发生了变化。步入学校后，一些同学虽然有强烈的交往愿望，但由于个性、家庭背景和生活环境不同等原因，一些同学往往缺乏交往的勇气和信心。他们总是担心自己在交往中不会被别人接纳，担心自己被拒绝。因此，他们往往在人际交往中处于被动地位，不能主动与同学交流自己的想法，分享自己的感受。甚至有些同学对人际交往存在恐惧心理，或存在不同程度的交往焦虑。例如，在与其他人交往时，由于害羞、自卑等心理的作用，有人会心慌气短、面红耳赤、不敢正视别人；在与人交谈中语无伦次、词不达意；缺乏与同学、老师的正常交往，给学习和生活带来了很多烦恼等。

（二）不愿与他人交往和相处

有些同学由于升学结果不理想，便不愿意与老师、同学们交往。这些同学往往自高自大、孤芳自赏，也缺乏与他人合作的精神。他们通常以自我为中心，对周围的人和事漠不关心。还有一部分同学，从小就不善言辞，比较自我封闭，总觉得与人交往是麻烦的事情，缺乏对人际关系必要的信任与理解，总是一个人独来独往。人们只有相互帮助、相互支持才能生活得更美好。长此以往，不愿意与人交往和相处的同学可能会在身心健康和个人生活等方面出现问题。

（三）缺乏人际交往的技巧和方法

人际交往是一门学问，也是一门艺术。很多同学愿意与他人交往，希望多一些朋友，但是由于缺乏必要的方法和技

巧，往往事与愿违。在与他人交往的过程中，这些同学不是过于生硬、刻板、木讷，无法建立起与别人的良好关系，就是不注意沟通的技巧、方法和原则，显得过于热情、对别人不够尊重，甚至过于自我暴露等。这些表现导致他们虽然有与人交往的美好愿望，但是往往无法收获长久的友谊。此外，还有一些同学，在交往中往往带有理想的色彩，总是希望自己的友谊能够按照理想的模式来实现。例如，总希望别人能够主动关心、帮助自己，或者总是希望别人能够与自己成为无话不谈、不分彼此的朋友，甚至不允许自己的朋友与其他人过多交往，经常指责对方。每个人都是独立的个体，即使是最好的朋友，也应该有自己的空间，因此，这部分同学在生活中，往往也很难收获自己所期望的那份"友谊"。

（四）沉溺于网络交往，忽视现实交往

网络的迅速普及给人们的学习、生活和交往提供了一条新的途径。同样，网络也给同学们的学习和生活提供了很多便捷，它能够扩大同学们的交往范围，满足多样化的交往需要。由于网络具有匿名性、虚拟性等特点，一些职业院校学生过度热衷于网络交往，渐渐忽视现实生活。特别是当一些同学在现实生活中受到挫折和打击

的时候，他们往往不愿意寻求周围同学和朋友的帮助，而是通过网络获得帮助、关心，甚至通过在网上发泄以寻求精神慰藉和心理平衡。虽然这种形式的交往在一定程度上的确可以帮助人们渡过心理难关，但是长此以往，人们在现实生活中的交往技能将逐渐退化。毕竟，现实生活与网络世界有诸多不同，涉及的交往形式和交往内容也不一样。因此，长期沉溺于网络交往的同学，在现实生活中常常会有一定的交往困惑。

二、人际交往中的心理效应

人际交往的效果往往会受交往方法和技巧的影响，也受我们的个性、背景、价值观、态度等因素的影响。交往过程中还有许多有趣的心理效应。

（一）首因效应

我们在与他人交往时，留给别人的第一印象往往是非常重要的。首因效应一般指人们初次交往时对他人的直觉观察和归因判断。在这种交往情境下，人们对他人所形成的第一印象往往特别深刻、难以改变。首因效应在人际交往中有着决定性的作用，心理学研究发现，与一个人初次会面的 45 秒内就能形成第一印象。因此，为了塑造良好的第一印象，我们在第一次与他人进行交往时，要注意自己的仪表仪容和言行举止。当然，第一印象也并非无法

改变，如果我们不小心给别人留下了不好的印象，也不要自暴自弃，通过长期的交往可以让对方更加了解你。记住，真诚才是人际交往最重要的原则。

（二）近因效应

不仅第一次交往会给人留下深刻的印象，最近一次的交往同样也会让人"难以忘怀"。近因效应指最近一次与他人交往时形成的有关他人的印象。近因效应在生活中也随处可见，例如，当我们与某人发生了矛盾或争执，往往会改变对这个人的一贯看法，甚至可能会因为这次小别扭而结束一段友情。可以说，近因效应容易导致"一着不慎，满盘皆输"。因此，在交往中，我们应该时刻注意维护好友谊。

（三）晕轮效应

晕轮效应也称为光环效应，指的是在人际交往中，人们往往会将他人的某个突出品质泛化到其他有关的特性上，从而忽视了这个人的其他真正特点和品质。例如，"情人眼里出西施"就是这样一种现象。社会心理学家戴恩等人（Dion et al., 1972）做过这样一个实验，他们给人们呈现了漂亮、相貌一般、相貌丑陋三类人的照片，然后让人们评价这些人的婚姻、职业状况、幸福感等。结果发现，这些本与外貌无关的特征，相貌漂亮的人却几乎都得到了较高的评价。仅仅因为长得漂亮，就被认为

具有积极肯定的品质，就是一种典型的晕轮效应。晕轮虽然美丽，但在人际交往中我们更需要透过现象看本质，冷静、客观地选择交往对象。

（四）刻板效应

刻板印象是我们在交往中对某一类人形成的比较固定、概括而笼统的看法，它是通过亲身经验和社会学习的途径形成的。这种"先入为主"的成见，虽然有时会有利于我们对陌生人的特点做出快速判断，但是，人与人之间不可能完全相同，我们的偏见与歧视有时也会阻碍我们与其他人之间深入且细致的交流。

（五）登门槛效应

在人际交往中，我们总感觉一些人"得寸进尺"。这些人为什么会这样做呢？他们的要求为何又能够不断得到满足呢？其实，这些人在生活中运用了人际交往中的"登门槛效应"。这种效应指的是，当一个人先接受了一个"小"要求后，为了保持形象的一致性，他可能接受一项更大、更不合理的要求。心理学家通过实验发现，当我们一下子向别人提出一个较大的要求时，人们一般无法接受；而当这些要求是逐步提出的时候，人们往往比较容易接受。这是因为人们都喜欢在他人面前保持良好形象，不喜欢被看成是一个"喜怒无常"的人，因此，在接受别人的一个个逐渐升

级的"小"要求时，我们无形中也就接受了别人的大要求。

（六）投射效应

投射效应是指人们在交往过程中，往往会假设对方与自己有相同的想法，即以自己的想法推测别人。"以小人之心度君子之腹"就是一种典型的投射效应。例如，有同学想在考试中作弊的时候，会想别人肯定也会作弊，自己要是不作弊就"吃亏"了。这种想法短时间内可以让自己心理平衡，但是长远来看却会给自己带来损失。此外，有些时候我们自己没有意识到的某种特性，也可能会投射到别人身上。例如，疑心比较重的同学，可能没有意识到自己不相信别人，反而可能经常怀疑别人不相信自己。如果我们经常用自己的态度、价值观和想法推测别人，甚至"强加"给别人，就很容易引发人际交往问题。

三、人际交往的原则

在人际交往过程中，我们往往要遵循一定的原则，例如真诚、平等、信任、尊重、包容、理解、相互支持和感恩等，这些原则是我们构建良好人际关系网络的基本要求。

（一）真诚与平等

真诚和平等是我们人际交往中最重要的原则，北宋理学家程颐曾说："以诚感人者，人亦诚而应。"真诚是一种优秀的品质，是我们将自己的所思、所想、所感，以不伤害别人、也不委屈自己的方式，通过言语、行为表达出来，让别人感受到我们的真实和诚恳。可见，真诚不意味着在任何时候想说什么就说什么，想做什么就做什么，而是选择一个恰当的时间，用彼此都能接受的方式表达我们的想法、展现我们的行为。此外，平等也是交往中的一个重要原则。友谊不存在高低贵贱之分，每个人都可以拥有自己的朋友，其中一个非常重要的原因就是双方都能够平等待人。这种平等的关系会让彼此感到安全、放松，也只有建立在平等基础上的友谊才会坚固。

（二）信任与尊重

友谊和信任是密不可分的，长久的友谊需要信任的滋润。如果不相信自己的朋友，我们怎能将心中的快乐与他们分享？怎能将心中的苦恼向他们倾诉？如果我们不信任自己的朋友，朋友也会不信任我们。所以，信任是友谊的基础。在人际交往中，相互尊重也是一条非常重要的原则。在这个世界上，每个人都是独一无二的，我们不能以自己的标准来要求别人。在交往中要学会尊重别人与我们的不同，尊重他人的独特性。我们可以通过交往中的一言一行表达我们对他人的尊重，例如聚会时守时、交谈中注意倾听、虚心接受别人的批评、理解对方的困难等。

（三）包容与理解

每个人都有自己的长处和短处，作为朋友，我们不能一味挑剔和指责对方，而应该以包容的态度去对待他人。如果能够帮助对方改正一些不足，将会使你们的友谊变得更加牢固。学生在交往过程中容易意气用事，与朋友发生冲突。即使不是自己的原因，我们也不能得理不饶人、斤斤计较，应学会换位思考，宽容、谅解别人。每个人都有犯错误的时候，如果我们学会了原谅别人，就能避免许多烦恼和麻烦。当然，包容与理解不是无限度的忍让，我们也要坚持自己的原则。

（四）支持与感恩

每个人在生活中都可能会遇到困难，都可能需要得到他人的帮助。当朋友遇到困难和挫折时，我们要尽可能提供帮助，不论是物质上的支持还是精神上的安慰，都会让朋友感受到人与人之间的温情。经常给予别人关心、帮助和支持，也一定会让我们在需要帮助的时候得到他人的支持。当然，当我们在获得了朋友的帮助时，要学会感恩。感恩是一种生活态度，当我们怀着一颗感恩的心生活时，会发现获得友谊变得更加容易了。感恩有多种形式，可以是物质上的、精神上的、行动上的。一声发自内心的"谢谢"，一句节日里的问候，都是感恩的具体表现。与朋友的相互支持和感恩会拉近你和朋友的距离，加深你们的友情。

🔗 成长链接

心理活动与体验

一、活动在线

学会倾听对于拥有良好的人际关系至关重要。同学们可以通过下面的体验活动，提高自己的倾听能力。

每个小组3名同学，同学A向同学B说出自己在某一方面的心理困惑，例如学习、恋爱、宿舍关系等。同学B是同学A的好朋友，听了同学A的诉说要给予回应。同学C是观察员，主要观察并记录A、B之间是怎样沟通互动的，包括言语和非言语层面。

活动结束后，3个人一起谈谈这个过程中的感受，并讨论哪个地方做得好，哪个地方还需要进一步完善。思考如何运用非言语信息进行交流，以便更好地倾听。

做得好的地方：＿＿＿＿＿＿＿＿＿

＿＿＿＿＿＿＿＿＿＿＿＿＿＿＿＿＿

做得不好的地方：＿＿＿＿＿＿＿

＿＿＿＿＿＿＿＿＿＿＿＿＿＿＿＿＿

怎样运用非言语信息：＿＿＿＿＿

＿＿＿＿＿＿＿＿＿＿＿＿＿＿＿＿＿

二、体验分享

中国古代有一个这样的故事：有一个农夫丢了一把斧头，他总怀疑是邻居家的儿子偷的，于是他就开始悄悄观察邻居家的儿子走路的样子、脸上的表情，觉得他怎么看怎么都像一个偷斧头的贼。后来，农夫在深山里面找到了自己丢失的斧头，他再看到邻居家儿子的时候，竟然觉得他的言谈举止一点都不像偷斧头的了。

读了这个故事，你有什么感受？在人际交往中，我们怎样才能避免这种思维定式呢？和同学们一起讨论一下吧。

拓展训练：同学们的讨论对你有什么启示？

＿＿＿＿＿＿＿＿＿＿＿＿＿＿＿＿＿

＿＿＿＿＿＿＿＿＿＿＿＿＿＿＿＿＿

＿＿＿＿＿＿＿＿＿＿＿＿＿＿＿＿＿

＿＿＿＿＿＿＿＿＿＿＿＿＿＿＿＿＿

三、心海扬帆

我们在与他人交往过程中，不仅要掌握一些基本的交往原则，同时也要学习和掌握一些人际交往的技巧。

（一）学会倾听

年轻人在一起交流时，往往思维都很活跃，谈论的话题也很丰富，有时每个人都急于表达自己的想法，但是，在沟通过程中，"听"也是非常重要的。只有认真地"倾听"对方言语和行为中的有效信息，并适当地给予反馈，我们才能够做到有效地沟通。

（二）学会换位思考

在交往中，我们要做到能够理解和支持朋友，急人之所急，需人之所需。我们要经常从别人的角度去思考问题，学会换位思考。特别是当我们与朋友的观点和态度不一致的时候，能够站在对方的角度去考虑问题就显得尤为重要。此外，我们也要懂得"己所不欲，勿施于人"，不能强人所难，一味让朋友理解、包容自己。每个人都是不同的，也许你能学会换位思考，但是对方未必能够做到。因此，我们在与朋友相处时，要求大同、存小异。

（三）学会欣赏别人

心理学家威廉·詹姆斯说："人性中最深层的禀赋，就是被人赏识的渴望。"可见，我们每个人都希望得到别人的关注和肯定，而在人际交往中学会欣赏别人刚好可以满足人们的这种心理需要。"良言一句三冬暖"，一句真诚的赞美会给别人带来一整天的好心情。不论是新朋友还是老朋友，都需要我们经常去发掘他们的闪光点，让他们感受到被真正地欣赏。赞美不等同于恭维，不是拍马屁，也不是阿谀奉承。赞美别人时，我们要真诚，切忌夸大其词、虚伪做作。另外，我们在得到别人帮助时，也要不吝啬于表达谢意，这也是对别人的一种认可。

（四）学会主动交往

在交往中，有些同学总希望别人主动关心自己、帮助自己。其实，交往是一个相互的过程，我们不能只等着别人主动跟我们打招呼、对我们微笑、找我们做朋友。如果经常处于被动地位，那么我们在交往中就不一定能够找到适合自己的朋友。对于渴望交往的学生来说，不妨先伸出你的友好之手，学会主动交往，主动帮助别人，肯定能够收获属于自己的那份纯真友谊。

➕ 心理保健

一、方法指南

每个人都希望自己的友谊能够天长地久。然而，在生活中，我们总会因为种种原因与他人发生矛盾和冲突。如果我们不

能及时处理好这些问题，可能就会给友谊蒙上阴影，甚至让友谊破裂。因此，在人际交往中，学会解决冲突是十分必要的。

（一）客观了解冲突的原因

世界上没有两片相同的树叶，也没有两个完全相同的人。即使是最好的朋友，也会因为不同的经历、背景和观点发生分歧。在冲突发生过程中，我们可能都会带有一定的情绪，认为是对方的错。其实，正如"一个巴掌拍不响"一样，冲突的发生肯定双方都对冲突负有责任。我们可以试着从主观和客观、自身和他人等多个视角去看待冲突产生的原因，如果我们能够尽快客观地看待冲突的原因，就能尽快控制和消除冲突。

（二）提出解决冲突的方法

每个人都有自己解决问题的方式，有些人喜欢以理服人，遇到冲突时总会与别人争辩得脸红脖子粗；有些人喜欢用武力让别人屈服，遇到冲突时总会拳脚相加；有些人喜欢冷处理冲突，遇到冲突时总会默默走开……其实，冲突的解决不只有一种方法，当问题出现时，我们可以试着考虑提出几种解决方案，并思考每种解决方案的利弊，这样更有利于我们有效地解决冲突。

（三）学会沟通与批评

在冲突发生过程中，双方有争执是正

常现象。但是，大家都知道争执的结果往往是两败俱伤，让双方心里都觉得不舒服。因此，在冲突发生过程中，我们要学会运用沟通的艺术，不能得理不饶人，也不能对对方进行人身攻击，尤其不能一味指责、抱怨和批评对方，因为这样会让对方的自尊心和自我价值受到贬损。我们可以委婉、客观地提出自己的想法，对事不对人。在沟通过程中要让对方感受到你是为了解决问题，而不是为了批评或者指责对方，只有这样才有利于解决问题。

（四）勇于承认自己的错误

我们或多或少都会对冲突负有一些责任。为了冲突的顺利解决，我们要勇于承认自己的错误。勇于承认错误，不仅是解决冲突的明智之举，也是良好人际关系的润滑剂。因为，承认错误不是否认、贬低自己，向对方低头，而是一个自我成长的过程，是能够担当责任的表现。如果我们能够做到先承认自己的错误，相信很快就会化干戈为玉帛。

二、课堂实战演习

与人交往时，不可避免地会有产生冲突的时候，这些冲突就像平静的湖水中泛起的涟漪，美妙旋律中的不和谐音符，总会让我们的友谊失色。面对下面的人际冲突，你认为小鹏和菲菲该怎么办呢？

小鹏（化名）和菲菲（化名）都是某职业院校三年级的学生，她们是室友，平时关系还不错。小鹏在学习之余还在外面找了实习工作。她觉得这样一方面可以给自己赚一些生活费，另一方面也可以学以致用，为找工作做准备。每天她都是早出晚归，而同宿舍的菲菲睡眠特别浅，有一点声音都睡不着。小鹏每天晚上11点才回宿舍，收拾完上床都12点多了，菲菲则在床上翻来覆去到凌晨一两点才能入睡。早上菲菲想多睡一会儿，可小鹏的闹钟6点就响了，菲菲就再也睡不着了。因为睡不好觉，菲菲整天都打不起精神。她试着和小鹏说过两次，希望她能早点睡，不要定早上的闹钟吵醒自己。可是，小鹏依然还是老样子。菲菲觉得小鹏就是自私，一点不考虑别人的感受。终于在一天早上，菲菲忍不住和小鹏大吵了一架，之后两人就不说话了。

我建议的行动方案是：

_____

_____

_____

_____

📄 **小贴士**

主题 21　善用人际资源：竞争与合作

现实生活中，每个人除了有几个知心朋友，周围肯定还会有很多认识的人。虽然这些人不是我们的莫逆之交，但是他们也是我们宝贵的人际资源。未来的社会中合作与竞争并存，我们要善于利用身边的人际资源，在合作与竞争中实现"双赢"。

🔍 心理探索

一、合理利用人际资源

从出生到现在，我们每个人除了有一些知心朋友，肯定还认识很多其他人，例如同学、邻居、老师、亲戚等。这些人也许跟我们是点头之交，也许只是与我们在某个场合见过一次面，也许和我们天天见到但是从来没有过深入交流。不过，我们不能无视这些宝贵的人际资源，因为当我们真正遇到困难，需要别人向我们伸出援助之手时，我们也可以试试他们的力量！无论我们从事什么职业，只要学会处理人际关系，拥有丰厚的人际资源，就意味着我们在成功路上已经走了很远。由此可见，拥有并学会利用人际资源对我们的成功是何等重要。

我们不仅要有几个知心朋友，更需要不断扩大自己的交往范围，把握交往的机会，合理利用人际资源。首先，我们要经常整理自己的"朋友档案"，不能有事才想起找别人帮忙。平时，我们也要与别人多联系、多沟通。这样长此以往，陌生人就变成了熟人，熟人慢慢就变成了朋友。其次，我们要认识到每个人都有自己的特点，学会充分利用每个人的优势，当需要朋友帮忙时，我们就不会强人所难了，而是直接向那些能帮我们的人求助，发挥这些朋友的特长，提高解决问题的速度。最后，我们与他人交往也不能带有太多的功利目的。如果总是一味考虑别人能为我们做什么，而我们自己从来不为别人做任何事情，那么别人也不会愿意伸出援手，当我们真正遇到困难时，很可能就会束手无策、孤立无援了。因此，我们在交往中还是要把握相互性这一重要的原则，有来有往才称为"交往"。

二、合作与竞争的特点

除了要充分利用人际资源，我们也应该学会合作与竞争。群体与群体之间、群体内的成员之间，经常会有竞争与合作，两者有时还会并存，这些复杂的人际关系使我们的社会千姿百态。

（一）合作能促进人际和谐，提高团队工作效率

是否拥有和谐的人际关系是学生人际交往能力的重要体现，而能够与他人友好相处、合作共事是拥有和谐人际关系的关键。合作就是相互配合，共同把事情做好。无论是在各种社团活动中还是在体育比赛中，合作才能提高团队的工作效率。例如，篮球队的各成员之间必须是合作关系，这样每个队员才想为全队多作贡献，投篮手在其他成员的密切配合下才能提高投篮命中率。学会合作不仅在学生阶段对个体成长具有重要的意义，也是我们在未来人生路上获得成功的必备素质。

（二）竞争能力有利于提高个人工作效率

与合作不同的是，心理学研究发现竞争有利于提高个人的工作效率。竞争通常是一种激发自我、提高动机的活动形式。在这种活动中，个人为了取得好成绩，通常需要与他人展开较量。竞争在社会生活中是普遍存在的，竞争存在着一定的风险，但参与竞争也会给我们提供超越自我、开发潜能、激发学习热情的机会。同时，为了在竞争中获胜，实现目标，我们能够把这种压力化为动力，提高自己的工作和学习效率。例如，在学习竞赛中，我们往往比平时更加努力，也会取得更好的成绩。

但竞争有时也会带来一些消极作用。例如，有些在竞争中获胜的人，可能会产生骄傲自大的情绪，而失败者可能会丧失信心、产生挫败感。因此，我们要正确对待竞争，合理利用竞争的激励作用，把竞争看作是促进自我成长的手段，而不是战胜别人的方法。

（三）人们先天具有竞争倾向

合作与竞争各有特点，那人们天生喜欢合作还是喜欢竞争呢？从20世纪40年代开始，社会心理学家对合作与竞争问题进行了大量研究。结果发现，即使合作在解决问题中是最好的策略，但是许多人却宁可选择竞争而不愿意合作。如心理学家莫顿·多伊奇和罗瓦·克劳斯的卡车竞赛实验就说明了这样的结果。实验要求被试两人一组，分别充当甲乙两运输公司的经理。两人的任务是让自己的车辆以最快的速度从起点通向终点，速度越快赚钱越多，实验要求他们尽可能多地赚钱。每人都有两条路线可选：一条个人专用的，但路程较长；一条两人共用的，路程短但路面窄，每次只能通行一辆车。十分明显，双方为了多赚钱应该合作，轮流走较短的第二条路，以节省时间。然而，实验结果表明，双方都试图抢先通过近路，狭路相逢，谁也不肯让步。

（四）合作与竞争相互依存

合作与竞争在我们的生活中无处不在，但两者并不是对立关系。只有竞争，没有合作，竞争缺乏潜力；只有合作，没有竞争，合作也会缺乏动力。可见，竞争与合作是相辅相成、密不可分的。首先，在团队合作中可以鼓励相互竞争。成员之间的竞争可以促进团体竞争力的提高。当然，团队内部的竞争应该是良性的，目的是互帮互学、相互提高、携手共进，提高团队的整体实力。其次，在竞争中也有合作的机会。竞争本身通常并不是我们的目的，而是达到更高目标的一种手段。因此，在竞争中双方也不能相互排斥，造成两败俱伤的局面，而应该体现在竞争中合作的"双赢"原则，相互促进、共同提高。

三、职业院校学生不愿意合作的原因

与人类先天的倾向一致，学生也普遍存在着不愿意合作的现象。例如，在学生会中，很多同学斤斤计较、争名夺利，缺乏团队意识；在寝室里，一些同学互相嘲讽、排挤；在学习上，一些同学缺少必要的互帮互助，采用各种手段与同学展开恶性竞争……

一些同学过分看重竞争、不愿意合作，其中有社会竞争激烈的原因，有独生子女的成长环境原因，也有求职就业压力增大的原因等。除了这些原因外，学生自身的一些心理特点也容易引发不适当竞争。

（一）自视清高

有些同学能力较强，也有一些特长。来到学校后，他们找到了展示自己的舞台，在参加各种活动中开始崭露头角，显示出多方面的才能，也获得了很多肯定和奖励。这些同学有时会认为自己高人一等，他人一无是处。他们对待别人没有耐心，不能充分尊重别人的意见，通常以自我为中心，不愿意与他人合作。这些同学的表现很容易引起其他同学的不满和反感，也容易引发同学之间的矛盾和冲突。

（二）嫉妒心强

有的同学在学习、交往以及社团活动中，都希望自己能够超越别人。同时，他们非常害怕别人抢了自己的风头，不能容忍别人比自己更加出色。由于这些同学的嫉妒心很强，因此他们通常不会顺利地与别人合作，而是会不时地采取一些非正常手段打击、排挤别人。例如，在寝室里面，故意疏远比自己学习好的同学；主动向老师打报告，说别人坏话等。显然，如果长期如此，这些同学肯定会使自己陷入孤立无援的境地。长期生活在对他人的敌意和不安情绪中，也会严重影响他们自己的身心健康。

（三）合作意识淡漠

有些同学是独生子女，家庭条件较为

优越，处处有家长照顾，长期以来，受到了过度的保护。因此，他们很少能够感受到人与人之间需要相互帮助、相互合作。这些同学来到学校后，当出现生活上、学习上的困难时，他们或向父母求助，或自己解决。他们不知道很多时候可以向别人求助，自己也需要与他人合作。这种独来独往、不与他人合作的情况，会导致这些学生无法与周围同学和睦相处，也无法交到知心朋友。

（四）过分看重竞争

竞争与合作本来是相互依存的关系，但是在一些同学们眼中，现在社会资源非常有限，每个人都必须极力为自己争取各种机会，努力为自己的成长创造有利的条件。每个人都希望自己能够获得好的发展和成长。良好的竞争有利于激发我们的潜能，提高我们的能力。但是，如果我们不能正确对待竞争，将竞争看成是"你死我活"的争夺，并与他人展开恶性竞争，不仅会使我们的人际关系变得紧张，也会使自己处于长期的紧张不安之中。

🔗 成长链接

🎧 心理活动与体验

一、活动在线

我们每个人生活在这个世界上，都需要他人的帮助，都需要学会与他人合作。竞争不一定是你死我活的，面对各种竞争，学会紧密团结、保护自己和同伴一起不受伤害才是最佳的手段。下面是一个"孤岛求生"的游戏，与同学们一起做做看，体会一下合作的力量。

活动内容：每个小组准备一张报纸，代表本小组在落水时唯一的一艘救生艇，请小组同学一起想办法，让更多的人站到报纸上以获救，要求每个人都必须将脚踩到报纸上。最后看哪一组获救的人最多，哪一组获胜。

二、体验分享

从古至今，从国内到国外，每个人的成功都离不开其他人的帮助和支持，例如，桃园三结义、马克思与恩格斯的合作，很多诺贝尔奖也是多人合作获得的。可以说，学会了与别人合作，我们也就获得了打开成功之门的钥匙。因此，学会合作是一门必修课。

同学们，你知道哪些成功人士的故事？与小组同学分享一下，并谈谈你对下面几个问题的认识和看法。

（1）合作对我们的生活和学习有什么

作用？

（2）职业教育阶段都有哪些事情需要合作？

（3）怎样才能与别人建立良好的合作关系？

（4）对于自己的合作能力还有哪些地方需要提高？

拓展训练：同学们的讨论对你有什么启示？

_____

_____

_____

三、心海扬帆

任何人在这个世界上都不是孤立的，需要和周围的人产生各种各样的联系。可以说，合作是我们未来生活的必要。国际21世纪教育委员会向联合国教科文组织提交的报告《教育——财富蕴藏其中》也指出：学会合作是面向21世纪的四大教育支柱之一。因此，学生也应该不断培养和提高自己的合作能力。实际上，未来的用人单位也十分看重应聘者的合作能力，更倾向于选择那些有团队精神的求职者。因此，我们要积极提高自己与他人的合作能力。

（一）设定一个共同的目标

成功的合作要求我们有统一的目标，这样每个人才能朝着这一共同的目标努力。

如果两个人的目标不同，就没有办法实现合作。当然，有些小事情我们自己也可以完成，但是对于实现一个较为宏大的目标而言，一个人的力量就会显得过于渺小，通过合作，我们才会看到无比强大的团队力量。例如，在抗洪救灾中，在地震救援中，正是多方力量的合作挽救了无数人的生命。

（二）学会对团队负责

我们都生活在一定的社会团体之中，例如寝室、班级、学校。在这些团体中，每个人又扮演着自己的角色、承担着自己的责任。若要学会合作，首先就要学会对团队负责。如果我们能够处处考虑集体的利益，我们就会积极主动地与别人合作。例如，老师有时会布置一些小组作业，作为小组长，就要组织小组同学团结协作，共同完成任务。在这个过程中，不能只突出自己的贡献，要通过与小组同学的讨论，全面吸纳每个人的意见，最后把小组作业整合好。当每个人都能够努力为集体贡献力量的时候，合作的效果就会显现出来。

（三）学会接纳和信任别人

我们知道杂技演员在表演很多高难度的动作时，需要与他人进行配合。演员在表演时丝毫不会流露出担心和恐惧，而总是能够笑对观众、完成表演。这些演员为什么能够表演得这样好呢？除了他们自身有着高超精湛的技艺，一个重要的原因就是他们能够充分相信队友、相信他们能够很好地配合自己完成工作，信任，让他们合作完成了一个又一个高难度的动作。有些学生之所以不能与其他人友好合作，是因为总是存在一些担心和顾虑。例如，担心自己在学习上帮助了别人，别人会超越自己；担心自己在社团活动中与其他同学合作，显示不出自己的能力。其实，这些想法无形中已经阻断了我们与他人的合作。我们要想与他人开展良好的合作关系，首先要学会以开放的心态接纳别人、信任别人。当我们能够接纳别人、认可别人的时候，才能与他人建立良好的合作关系，在合作过程中出现不同意见的时候，才能够心平气和、开诚布公地探讨。因此，学会接纳别人、信任别人是双方开展合作的前提条件。

（四）学会独立思考

学会合作，并不是要求大家异口同声、一团和气、人云亦云，而是每个人都要有独立思考的能力和处理问题的能力。在合作中，如果我们都能拥有独立的思考能力，先提出一些创造性的想法和处理问题的方式，然后进行合作交流，就能够更好地提高合作的效率和质量。无论是在未来的职业生涯中，还是在目前的合作学习过程中，我们都需要有这种独立思考的能力，不能

有依赖别人和等待别人的想法。这样才能达到合作的目的，实现"双赢"。

💙 心灵天地

➕ 心理保健

一、方法指南

未来的社会不仅需要我们有竞争力，也需要具有合作能力。个体间的竞争的确能够激发我们的潜能，也能够推动社会的公平和进步。然而，在竞争过程中，也容易出现各种问题。例如，恶性竞争容易引起人际关系恶化，使人们变得自私、狭隘，有时也会使我们承受巨大的压力，感到无所适从。因此，在面对社会未来激烈的竞争时，我们必须培养自己良好的心态，正确面对各种竞争。

（一）正确认识竞争的目的

在现实生活中，总有一些人不能正确认识竞争的目的。他们通常会认为竞争是非常残酷的，总是要分出高低上下，导致两败俱伤。更有甚者，将竞争看作报复对方的一种手段，通过作弊、拆台、破坏对

手形象和名声，甚至进行人身攻击等方式，展开恶性竞争。其实，在职业教育阶段以及在未来社会中，我们面对的大多数竞争都是检验能力的一种机会。竞争带给我们的更多是机遇和挑战，通过竞争能够让我们更好地了解自己，促进我们进步。因此，竞争其实只是一种我们了解自己的手段，并不是为了证明自己一定会成功或者一定会失败。如果我们能够将竞争看成是激发潜能、认识自我的一种手段，那么我们在竞争中就能够放下成败的包袱，更好地发挥出自己的水平。

（二）正确面对竞争的成败

每一次的竞争必然会有胜负，因此，面对每一次竞争我们都要做好成功和失败两种心理准备。如果成功了，我们也不能骄傲自大，应该再接再厉、继续努力。如果失败了，我们也不能轻言放弃，而是要寻找失败的原因，认识到"失败是成功之母"，把失败当作一种契机，借此重新认识自己的不足，并为下一次的成功做准备。

（三）正确面对竞争对手

在竞争中，我们需要保持良好的心态，这种心态不仅是面对成功与失败的心态，也是我们面对竞争对手的心态。要想给自己创造一个良性的竞争环境，我们一定要尊重竞争对手。不论对方比我们强大还是弱小，我们都不能轻视对方，而是要对对方保持足够的尊重。如果我们内心充满着"嫉妒""怨恨""仇视"，在面对竞争对手时，肯定无法发挥出我们的真实水平，因为这些消极的情绪会给我们的行为和思维带来很多负面的影响。而当我们带着平和的心态去面对竞争对手时，往往更能轻松地看待竞争，发挥自己的优势，最终可能会更容易取胜。当然，如果失败了，我们也要为对方送上真诚的祝福，表达出我们对对方的敬意和尊重。即使我们在竞争中失败了，也可能赢得一个朋友。

二、课堂实战演习

在我们周围，常有同学会因为不会与他人交往或合作而感到苦恼，还有些同学面对学校里面的各种竞争时，总是提心吊胆，无法以平和的心态进入状态。这些人际交往方面的困惑已经严重干扰了一部分同学的正常生活。请同学们阅读下面的案例，大家一起开动脑筋，想一想应该如何帮助张阳同学。

张阳（化名）是某职业院校计算机专业二年级学生，目前担任院学生会文体部长。张阳每天看起来都非常忙碌，但他自己还是觉得时间不够用。每次学生会开会的时候，他都会一股脑提出很多想法，但是，他总觉得自己的想法不能得到大家的认可。张阳在设计、开展活动时，也总是独断专行，从来不让他人参与，觉得同学能力太差，不能按照他的意见去做，做事情的效果离他的要求差太远。在班级中，张阳同学也是一个全能型的选手，他什么事情都想自己做，不想让其他班级干部插手。在评奖评优的时候，张阳自然也是最积极的一个。时间长了，同学们都不太喜欢他，他自己也觉得又累又苦恼。

我建议的行动方案是：

_____

_____

小贴士

本章核心概念

人际关系；首因效应；近因效应；晕轮效应；刻板效应；登门槛效应；投射效应；冲突解决；竞争；合作

本章小结

1.人际关系是指人与人之间的关系，包括社会中所有人之间的关系及其一切层面，职业院校学生的人际关系包括师生关系、同学关系、亲子关系、社会交往关系以及网络人际关系。

2.人际关系可以满足我们的心理需要，有助于认识和发展自我，促进个性的发展，有助于加快学生的社会化进程，同时也是心理健康发展的需要。

3.可以采取以下方法克服交往中的害羞心理：勇于接受自己"害羞"的现实，正确评估自己；拓展知识领域；不要过分忧虑和担心；多参加社会活动，增加与他人接触的机会。

4.职业院校学生的交往困惑主要包括：缺乏交往的勇气和信心，不愿与他人交往和相处，缺乏人际交往的技巧和方法，沉溺于网络交往，忽视现实交往。

5.人际交往中的心理效应包括：首因效应、近因效应、晕轮效应、刻板效应、登门槛效应以及投射效应。

6.人际交往的原则包括：真诚与平等、信任与尊重、包容与理解、支持与感恩。

7.在人际交往中要学习和掌握一些人际交往的技巧，包括学会倾听、学会换位思考、学会欣赏别人以及学会主动交往等。

8.为了解决人际冲突，要客观了解冲突的原因，提出解决冲突的方法，学会沟通与批评，勇于承认自己的错误。

9.在现实生活中，要学会合理利用人际资源，在合作与竞争中实现"双赢"。

心理测试

人际关系综合诊断表

辅导案例

拓展阅读资料

［1］俞国良主编.心理健康（第5版，中等职业教育课程改革国家规划新教材）.北京：高等教育出版社，2020.

［2］俞国良主编.大学生心理健康（第2版，根据教育部《高等学校学生心理健康教育指导纲要》编写）.北京：北京师范大学出版社，2022.

［3］郑全全，俞国良著.人际关系心理学[M].北京：人民教育出版社（第二版），2011.

［4］［美］罗纳德·B.阿德勒，拉塞尔·F.普罗科特著.沟通的艺术.黄索菲，李恩，王敏译.北京：北京联合出版有限公司，2017.

［5］［美］戴尔·卡耐基著.如何赢得朋友和影响他人.周广宇译.北京：外文出版社，2010.

第八章

恋爱生活　让爱情更醇厚

人必生活着，爱才有所附丽。

——鲁迅

⭐ 学习目标

通过本章学习，了解职业院校学生恋爱心理的特点以及恋爱中的常见问题；理解爱情的真谛，掌握对爱情中遇到的困扰和挫折进行心理调适的方法；端正恋爱动机，培养爱的能力，增强爱的责任感，坚守爱情承诺，酿造健康美满的爱情。

主题 22   解读爱情密码：端正恋爱动机

从古至今，爱情一直是人类永恒的主题。爱情像春日的阳光温暖和煦；又像香醇的美酒沁人心脾。有时爱情是一首千古绝唱，有时爱情却酿成一杯苦酒……对正值花样年华的学生们而言，爱情犹如夏日雨中的花朵，灿烂却又带着些许的忧伤。让我们运用智慧与理性，学会包容与体谅，彼此用心经营，等待爱情的花朵灿烂绽放吧！

🔍 心理探索

一、认识爱情

爱情是一个古老而又常新的话题，不同的人对它有着不同的诠释。伊萨科夫斯基说："爱情，不是一颗心去敲打另一颗心，而是两颗心共同撞击的火花。"泰戈尔说："爱情是理解和体贴的别名。"培根说："了解爱情的人往往会因为爱情的升华而坚强了他们向上的意志和进取的精神。"哲学家黑格尔认为："爱情确实有这样一种高尚的品质，因为它不只停留在性欲上，而且显示出一种本身丰富的高尚优美的心灵，要求以生动活泼、勇敢和牺牲的精神与另一个人达到统一。"心理学家弗洛姆认为："爱情是我们对所爱者的生命与成长的主动关切，没有这种关切就没有爱。"那么爱情究竟是什么呢？

（一）爱情的内涵

爱情是现实生活中，双方基于一定客观物质基础和共同的生活理想，内心形成的最真挚的倾慕之情，以及渴望拥有对方直至成为终身伴侣的强烈、持久的感情。爱情是这个世界上美好、神圣而又神秘的情感，正处于青春期的学生们心向往之。然而，由于各种主客观原因，学生的恋爱普遍存在不稳定性。因此，理解爱情，学会正确处理恋爱与学业、恋爱与未来职业发展之间的关系，对于学生收获幸福美满的爱情非常重要。

（二）爱情与友情的区别

在漫漫人生旅途中，我们可能会经过许多驿站，而学校生活似乎成为最美好、最能够牵动心弦的一站。此时，我们的生理和心理日渐成熟，爱情的神秘与浪漫吸引着我们向往恋爱中的幸福，渴望拥有心目中完美的爱情。但是，由于学生还没有丰富的社会阅历和人生经验，对自己未来的人生还没有清晰的目标和规划，对爱情的认识难免存在一定局限性。有时候我们错把友情当作爱情，给未来美好的回忆留下了一丝淡淡的遗憾和悲伤。那么，如何区分友情和爱情呢？

友情和爱情都是这个世界上纯真而美好的感情，我们向往纯真的友情，同时也渴望真挚的爱情，爱情的建立往往需要友情的铺垫。有研究者认为：从友情到爱情一般会经历五个阶段，包括互不认识、开始注意、表面接触、建立友谊、亲密关系。在第四个阶段，双方开始建立友谊，逐渐把对方看作自己的知己，愿意向对方敞开心扉。当这种状态稳定之后，彼此达到感情的共存与相互依赖阶段，特别渴望对方能够陪伴在自己身边。此时，如果感情中渗入了性的需求以及奉献与满足等因素，双方的关系会进入第五阶段，酝酿成真正的爱情。这说明，友情是爱情的基础，但是友情不等于爱情，也不一定会发展为爱情。正如泰戈尔所说："友情意味着两个人和世界，然而爱情意味着两个人就是世界。在友情中一加一等于二，在爱情中一加一还是等于一。"

（三）爱情的特点

作为人与人之间一种特殊的社会关系，爱情有其鲜明的现代特征。

第一，自由性。爱情是两方的事情，真正的爱情必须建立在双方自愿的基础上。因外界的干预而非双方自愿的情感并不能称作真正的爱情。

第二，平等性。爱情双方是平等的，没有高低贵贱之分。平等是爱情产生与发展的前提，建立在金钱、权势基础上的爱情不会有真正的平等，在恋爱过程中将对方看作依附品的爱情也不能称作健康、完整的爱情。真正的爱情应是彼此尊重、相互关心、相互理解与包容，拥有共同的价值观，是双方在仪表风度、性格爱好、思想品质、文化涵养等方面相互追求、相互爱慕的过程。

第三，强烈性。爱情的强烈性是爱情魅力的重要体现。爱情仿佛是一块强力磁铁，双方一旦沉浸在爱河之中，这种磁力就会促使双方产生与对方在一起的强烈冲动。爱情的强烈性主要表现为希望与对方亲近的强烈愿望，为了对方的幸福和快乐不计较自己的得失，并享受付出的快乐。然而，爱情的强烈性有时还表现为在强烈的感情冲动下失去理性，孤注一掷，感情用事，可能会酿成不良的后果。

第四，排他性。爱情是两个人之间相互爱慕的关系，必须是专一、排他的。陶行知先生说："爱之酒，甜而苦。两人喝，是甘露。三人喝，是酸醋。随便喝，要中毒。"双方一旦确立了恋爱关系，都希望自己是对方唯一的恋人，容不得第三者插足。那些三心二意、朝秦暮楚的情感都不是真正的爱情。

第五，持久性。有些同学追求轰轰烈烈、浪漫奢华的爱情，而不在乎这样的爱是否长久。有一句话在年轻人中比较流行："只求曾经拥有，不求天长地久。"其实，这是对爱情的误解。真正的爱情，双方不仅有强烈深厚的情感基础，而且有相伴永久、共度一生的愿望与追求。真正的爱情是双方内在修养与外在气质的共鸣，是相互爱慕与深厚情感基础上需要承担的责任与义务，它不会随着时间的流逝而退化，反之，它会随着岁月的沉淀而更加牢固。正如苏霍姆林斯基所说："真正的爱情在个人的生活中是永恒的，它排斥昙花一现的钟情，也排斥另觅新欢的轻率。"

二、了解恋爱

恋爱是双方培养爱情的过程，是以爱情为中心的社会心理行为。社会心理学家认为：爱情以两人之间的相互吸引为基础，建立友情、萌发爱情，确立恋爱关系，是人与人之间感情纵向发展的过程。

（一）恋爱心理的发展阶段

恋爱心理是指在生理、心理及环境的共同作用下表现出来的接近异性、了解异性、追求爱情等行为，以及由此产生的各种心理现象。一般来说，恋爱心理的发展要经历以下五个阶段：萌芽期、酝酿期、表白期、热恋期和平稳期。

第一阶段，萌芽期。在这个阶段，一方被另一方的言谈举止、仪表气质、品质或才能等深深地吸引，感受到对方区别于其他人的特殊魅力，产生爱的萌芽。

第二阶段，酝酿期。一旦被另一方的魅力所折服，我们就会在心中酝酿一份美好的恋情。首先是美好想象。我们经常将自己喜欢的人理想化，这种理想的形象或许来自影视作品中的人物，或许来自早期生活经历中父母、亲近的人或其他人物形象的组合，通过想象对自己的意中人充满期待和渴望，并产生愉悦的情绪体验。其次是酝酿好感与恋情。在美好想象的基础上，我们开始想办法与对方接近，如通过看电影、散步、旅行、学习、共同参加一些活动和生活中的相互合作等促进感情的发展。在这一阶段，我们常常会揣摩对方心理，想办法让对方开心，考虑两人关系的未来发展等。这是一个充满"浪漫想象"并体验"辗转反侧是相思"的阶段。

第三阶段，表白期。随着两人在接触的过程中情感越来越深入，双方中的一方便开始寻找适当时机，鼓足勇气向对方表白自己的爱恋，两人的关系进入恋爱阶段。此阶段是恋爱心理发展最为关键的时期。表白是为了表明自己的心意，同时希望得到对方的回应。我们在表白时可能会惴惴不安，为了使表白成功，了解对方且采取恰当的表白方式都是很重要的。

第四阶段，热恋期。双方经过彼此爱慕、接受表白后，确立了正式的恋爱关系。随着感情进一步深化，两人会产生难舍难分的眷恋之情，可谓"一日不见，如隔三秋"。恋爱中的人因为爱到深处，会对未来充满向往和憧憬，常常会脱口而出一些浪漫的话语或是做出重要承诺，同时会有较多的身体接触。此外，热恋中的人往往会美化对方，接纳对方的一切，用欣赏的眼光看待对方，甚至认为对方的缺点也充满独特的美感。

第五阶段，平稳期。经过热恋期的激情之后，恋爱心理趋于理性与现实，两人的炽热情感降到"常温"状态。双方开始冷静下来，思考彼此的性格、价值观、生活习惯等方面的特点和差异，规划双方未来的生活和亲密关系的发展方向。

一些同学在恋爱过程中，并没有按照恋爱心理的发展规律，从第一阶段一下子跳到第四阶段，由一见钟情迅速发展为热恋。由于缺乏相互之间的了解，没有深厚的感情基础，当激情"降温"之后，爱情可能也就走到了尽头。

（二）职业院校学生恋爱心理的特点

恋爱心理的健康水平与我们的生活和学习有着直接的关系。一般而言，学生的恋爱心理有以下特点。

第一，公开性。随着人们观念的改变，传统观念中的两性关系的幕布已经被揭开。学生的恋爱不再处于"地下活动"状态，逐渐从"地下"转为公开。

第二，浪漫性。学生的恋爱普遍具有浓厚的浪漫主义色彩，追求丰富多彩的精神生活，对现实问题缺乏全面的思考，因此当爱情面临问题或者遇到挫折时，会比较脆弱。

第三，自主性。学生的自主意识和个性比较强烈，在建立恋爱关系的过程中，往往是自己选择、自行决定，很少征求父母的意见，呈现出较为强烈的自主性。

第四，开放性。我们在生活中经常见到一些学生在公共场合表现出亲密行为。有关调查数据表明，对"试婚"、婚前性行为等持认同态度的学生不在少数，由此可见，我们传统的婚恋观念已不再是当代学生衡量恋爱品质的唯一标准。

第五，不稳定与不成熟性。由于学生的社会阅历和人生经历相对简单，思想单纯，对人生目标没有清晰和准确的定位，恋爱心理呈现出不稳定与不成熟的特点。在择偶标准上，往往看重对方的外表；在恋爱方式上，往往是重形式、轻内容。恋爱多注重过程，没有建立起相互的责任感。当恋爱过程中出现情感方面的问题时，常常不具备妥善处理的能力。因此，学生的恋爱往往周期短、频率高且成功率较低。

第六，承受挫折能力较差。每个人都有追求爱情的权利，同时也有接受或者拒绝爱情的权利。学生在恋爱的过程中难免会遇到挫折，失恋后情绪低落是正常的情绪反应。但是有些学生往往因此对爱情失去信心，否定自己的能力，陷在抑郁情绪中难以自拔，对学习和生活失去兴趣。因此，学生要学会调节情绪，改变对恋爱失败的认知，积极向他人和心理健康咨询机构求助，走出爱情的低谷。

三、恋爱动机的培养

从年龄上来看，职业院校的学生们正处于憧憬爱情的关键时期，在这个时期，保持单纯、正确的恋爱动机，是恋爱取得成功的重要基础。

恋爱动机是恋爱行为产生的内部动力，由恋爱需要引起，并直接朝向恋爱目标。当今青年学生的恋爱动机呈现出复杂多样性，有人因金钱、地位等利益因素恋爱；有人因生活空虚无聊而恋爱；有人为了攀比、满足虚荣心而恋爱；有人为了满足性需求而恋爱等。这些都属于不良的恋爱动机，一旦把金钱、职业、地位、权势等因素作为自己恋爱的主导动机，就会破坏爱情的品质，使爱情失真。恋爱动机的单纯性是获得真正爱情的前提。恋爱的目的是寻求一个能在人生道路上与自己志同道合、同舟共济的终身伴侣，绝不应该把恋爱作为改变自己社会地位的手段和交易。

当然，并不是说恋爱过程中不需要考虑对方的家庭、经济状况等而只追求不食人间烟火的纯粹爱情。恋爱并不是空中楼阁，其目标是缔结婚姻、成家立业，需要一定的物质保障。因而，在恋爱过程中适当考虑对方的职业、相貌、家庭、经济状况等外在因素无可厚非，但绝不能把这些因素作为恋爱的主导动机，追求那种虚伪、浅薄的"爱情"，更不能把爱情当作一种手段和交易，这样只会亵渎爱情。那么，我们该如何培养自己正确的恋爱动机呢？

（一）理解爱情，感悟爱情真谛

耶鲁大学心理学家斯滕伯格提出了"爱情三角理论"。他认为爱情由三个基本成分组成：亲密、激情和承诺。

第一，亲密。亲密是指伴侣间亲近与温暖的体验，是相互契合与归属的感觉，属于爱情中的情感部分。

第二，激情。激情是一种"强烈渴望与对方结合的状态"。也就是说，见了对方会有一种怦然心动的感觉。性的需要是引发激情的主要因素，其他因素诸如照顾、归属、自尊与服从等也是唤起激情体验的重要源泉，属于爱情中的动机部分。

第三，承诺。承诺是指与对方维持爱情关系的意愿与决定。承诺由短期承诺和长期承诺两个部分组成。短期承诺是做出是否爱一个人的决定。长期承诺是对伴侣间亲密关系做出的持久性承诺，属于爱情中的认知部分。

斯滕伯格认为：亲密、激情与承诺这

三个因素在爱情中所占的比例会不断变化，可以构成八种不同的爱情关系组合（见图8-1）。

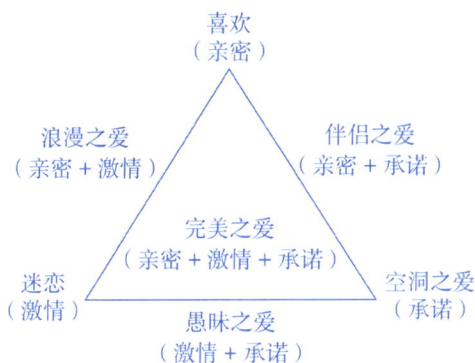

图 8-1　爱情三角理论

● 喜欢：只存在亲密的爱。这是两人之间感觉亲近、温馨的一种体验，但是彼此间缺少激情，例如异性之间的友谊。

● 迷恋：只存在激情的爱。两人认为对方有强烈的吸引力，对对方了解不多，也没有想过将来。

● 空洞之爱：只存在承诺的爱。如我国古代依父母之命、媒妁之言而成的婚姻关系，缺乏亲密和激情。此类爱情看上去丰满，却缺少必要的内容。

● 浪漫之爱：亲密与激情的结合。这种爱情崇尚过程，不在乎结果，在一起时很甜蜜，分手后可能感受到深切的痛苦。

● 伴侣之爱：亲密与承诺的结合，爱情中缺少激情，双方的感情如细水长流般绵长而不断，例如长期稳定的婚姻关系。

● 愚昧之爱：激情与承诺的结合。这种爱情缺乏亲密成分，当激情过后，常常

很难继续这段爱情。没有亲密的激情更多是生理上的冲动，而没有亲密的承诺更像是爱情的"空头支票"。

● 完美之爱：只有三个部分结合在一起才能够称为"完美之爱"。

● 无爱：亲密、激情与承诺三种成分都不具备就是无爱。

当然，在现实生活中，我们很难看到拥有完美之爱的爱情关系，即爱情的正三角形。有些爱情关系中，更多的是两人之间的亲密感，友情似乎要多于爱情；有些爱情关系中，占主导地位的是承诺和亲密。此外，爱情中三种成分所占的比例也会随着两人相处时间的变化而发生变化。例如，两个人在一起的时间久了，激情会逐渐消退，爱情逐渐演变成温馨的亲情和对家庭的责任感，伴侣双方已经习惯了彼此陪伴、依靠。

美国的库里安斯基博士曾在《拥有完美爱情》（*A Healthy Relationship*）一书中提到健康爱情的三个标志：与另一半在一起时，你感到安全而快乐，分离时也并不悲伤、怀疑、懊恼和孤独；彼此互相鼓励，实现梦想，发挥自己最大的潜力；慷慨付出，想为另一半付出一切，也愿意为周围的人付出。因此，健康的爱情是慷慨付出，为对方的幸福而满足；是相互信任，充分尊重对方的选择；是相互支持，又彼此独立，让爱情滋润生命，实现自己的梦想。

而过高地要求对方，一味让对方不断付出、不断对自己表露爱的情怀，或偏重于对外表的追求，缺乏体贴、怜爱之心，对伴侣有强烈的占有欲等都是不健康的爱情动机。

（二）提升自信，关爱自我

一些同学认为，找不到女友或男友是由于自己不够好，没有人喜欢自己。于是他们在恋爱方面就会随波逐流，看到别人谈恋爱，自己也急着去找人谈恋爱，这样做不过是为了证明自己的能力。其实，这些都是缺乏自信的表现。我们要相信自己，欣赏自己，对自己负责任，克服从众心理的影响。

第一，培养独立思考的习惯。无论做什么事情我们都要有自己的主见，恋爱亦是如此。"有主见"和"从众心理"是相互对立的两个方面，越有主见的人，从众心理也就越弱。

第二，正确处理压力。恋爱原本是双方感情逐步升华的过程，但是，由于周围环境的影响，如班级或者团体中的大多数同学在谈恋爱，那么那些没有恋爱又对自己定位不准确、缺乏自我肯定的学生就会感受到无形的压力，他们往往认为这是因为异性缺乏对自己的关注，从而否定自己，甚至产生自卑心理。为了寻求心理平衡，他们往往会"随波逐流"。因此，在周围的压力面前，我们要明确自己想要的是什么，相信自己的能力，接纳自己的不足，坚持走自己认为该走的路。

第三，理性对待他人的意见。克服从众心理，在听取别人意见的基础上自己拿主意，例如，在评价、选择恋人的问题上，可以适当参考同学的建议，但要根据自己的观察理性分析，而不要被别人的建议所左右。

此外，要警惕爱情中的过度补偿心理。一些学生在童年时代没有得到家人足够的关爱，因此在成年后极度渴望在爱情中找到童年时没有得到满足的情感，这是对童年时期父（母）爱缺失的一种心理上的补偿。过度补偿心理可能会酿成不良的结果。例如，严重缺乏父爱的女孩见到经济地位实力能够保护自己的人，可能会不顾一切地爱上对方，不断地索取爱。她在恋爱过程中可能异常敏感，有较强的依赖性，一旦发现对方没有满足自己的要求，就会产生焦虑、抑郁情绪，甚至为失去爱而绝望。如果没有对这样的学生进行及时的心理疏导，可能会有悲剧的发生。

（三）充实生活，丰富自我

学生们在学校里远离父母和朋友，面对陌生的环境，常常会感到孤独与寂寞。为了寻求心灵上的归宿与安全感，往往会通过恋爱来满足这种情感上的需求。恋爱对于没有丝毫恋爱经历的青年学生来说具有很强的吸引力，再加上许多言情小说、爱情题材的影视作品以及身边同学恋爱氛围的影响，不少学生对爱情充满了好奇与向往。然而，把心灵空虚和满足好奇心作为恋爱动机恰恰是一种不正确的爱情观。

确实，与中学时代相比，我们在职业院校生活中有了更多空间与自由，我们可以充分利用学校的资源开阔视野，多方面培养、发展自身的兴趣爱好，如通过积极参加学校、班级组织的各种公益活动与社团活动，不断提高自己的能力，还可以收获许多志同道合的朋友。另外，对于职业院校的学生来说，毕业后面临的主要问题之一是求职与就业，同学们需要做好充分准备，对毕业后的发展有一个整体而又清晰的规划，并依据长期目标设定一个个小的愿景，然后通过努力逐步实现每一个愿景，最后实现自己的长期目标。例如，首先要明确自己的兴趣是什么，以后想从事哪一类工作，然后了解从事这类工作需要哪些任职资格，是否应考一些相关的资格证书或是否需要具备相应的实习经历。在明确每一步的规划以后，就要开始准备了。只有早规划，早做准备，在未来工作的选择上才能掌握主动权，更好地实现人生理想。

心理活动与体验

一、活动在线

如何保持恋人之间的默契和吸引力呢？我们可以尝试以下几种做法。

（一）丰富职业院校生活

如果双方没有共同的奋斗目标，每天都在重复"图书馆—教室—食堂"三点一线的单调生活，可能会使恋爱少了一些默契或吸引力。如何改变呢？不妨为生活增加一些色彩，例如，讨论你们未来的目标，计划为实现目标要付出的时间和努力；在学习之余的生活中增加一些浪漫元素，给对方买小礼物作为惊喜，或者两人去爬山、野游，感受大自然的美好；一起参加个人心理成长小组，增加彼此之间的了解等。只要心中有爱，创意自然来。

（二）彼此尊重

恋爱中的双方是平等的，只有尊重对方才能建立默契、亲密的关系。尊重主要表现在以下几点：接纳对方的不同，欣赏对方不同的观点或做法，而不是横加指责；爱一个人并不是控制一个人，而是学会相处；不要总试图去改变对方，你可以改变自己，从而改善和对方的关系。

（三）给对方留出空间

尽管两人经过热恋，彼此不分你我，

但要记住，恰到好处的距离是恋爱中最有效的保鲜法。你和对方是两个独立的存在，不要束缚太紧，而要给对方留出自由的空间。例如，尊重对方的个人生活，不要监控对方的社交账号和电话；不要每时每刻都和对方黏在一起，无论是自己还是对方，都要有自己的社交圈。我们需要爱情，同样需要友谊的支持与温暖，因此，要给自己和对方自由享受这些情感的机会。

（四）掌握好接触的尺度

在恋爱中，亲吻、拥抱、抚摸等行为无可非议，但是掌握好身体接触的程度非常重要。对于青年学生来讲，婚前性行为从性心理和性生理角度来看都是不适宜的。

总之，恋爱双方要保持吸引力，需要共同努力，用心去爱，用情去浇灌爱情之果。

二、体验分享

对于正处于青春年华的学生来说，爱情是美好而令人向往的。不同的学生对爱情可能会持有不同的看法，从一些职业院校学生的恋爱行为数据中不难发现：有的学生认为爱情就是一见钟情，没有理由，没有原因；有的学生认为恋爱可以充实生活，缓解学习生活中的压力，寻找感情上的寄托；还有的学生害怕错失机缘，需及

时把握机会；也有学生把恋爱看作满足好奇心、排解心灵空虚、满足心理平衡的方法等。当然，不乏有些学生是在共同的学习与生活交往中，由深厚的友谊发展为恋爱关系，和谐的精神生活和共同的理想是其恋爱最主要的动力。

那么，你心中的爱情是什么样子呢？你在爱情中学到了什么？这对你今后的学习与生活有什么启示？请与小组同学分享你的观点。

拓展训练：同学们关于爱情看法的讨论对你有什么启示？

_____

_____

_____

_____

三、心海扬帆

爱情在每个人的心目中都是无限美好的事物。我们常说，真爱无敌。那么，如何培养真正的爱情呢？下面的三个小步骤有助于你赢得真爱。试一试吧！

第一，给予关注。当对方讲话时，不要随便打断对方，而是眼睛注视对方，微笑着倾听，并不时给予反馈。即使对方的观点和自己的不同，也不要评判否定，而要以好奇的心态去探索："你是怎么想到这些的？""你的想法很有趣。"要知道，每个人内心都有被关注、被认可的渴望。

第二，表达爱意。真爱需要表达，如果从不表露，如何让对方了解你的爱意呢？我们可以用关心与爱的语言表达，也可以用肢体动作表达，如牵手、拥抱等，让身体的接触强化言语的力量。

第三，欣赏与感激。每个人内心深处都想获得别人的肯定与欣赏，女生会担心男友是否真正爱自己，男生会害怕女友看不起自己。因此，要经常真诚地表达自己的欣赏，当对方为自己付出时，不要吝啬自己的感激，欣赏与感激会让双方的关系越来越密切，让爱情越来越甜蜜。

💙 心灵天地

➕ 心理保健

一、方法指南

你知道哪些爱情妙语呢？很多名人在爱情以及恋爱关系方面提出了很多耐人寻味的爱情妙语，希望这些妙语能够给刚刚步入爱情之旅的同学们带来一些思考与启迪。

伟大的爱情能使最平庸的人变得敏锐，勇于献身，充满信心。

——（法国）安德烈·莫洛亚

要想始终保持"相爱如初"，首先，爱情的对象必须拥有丰富的精神世界，善于做到永不枯竭，只有这样才能令人感到兴奋而充满神秘感；其次，钟情者必须具备善于观察的能力、丰富的想象力、细腻的心灵。没有这些品质水乳交融般的结合，即使最热烈的爱情也注定要结束。

——（保加利亚）基里尔·瓦西列夫

为什么人们在爱情方面遭到明显的失败却从不尝试学习这门艺术？答案或许就是：尽管人们对于爱的渴望根深蒂固，但对其他东西——成功、威望、金钱、权力——总是看得比爱更重要，我们的精力几乎全部用来学习如何达到这些目标，再没有什么精力学习爱的艺术了。

——（美国）艾里希·弗洛姆

二、课堂实战演习

思雨（化名）是一所职业院校二年级的学生，她活泼可爱，善解人意。在学校，她有很多好朋友，也有不少男生喜欢她。不过，思雨的心中早已有了一位心仪的男生。他与思雨是同乡，一年级的时候两人一同加入校学生会的文艺部。两个人经常一起学习，一起组织学校的文艺活动。男生的性格积极阳光，在学习与工作中非常有上进心，生活中也很会照顾人。慢慢地，思雨爱上了这个优秀的男生。但是，学校里也有许多女生喜欢他。正当她犹豫不决的时候，男生先向思雨表露了心中的爱意。就这样，思雨和男生幸福地相恋了，两个人徜徉在爱的海洋里，享受着爱情的甜蜜。

但是时间久了，思雨发现男朋友一点儿都不浪漫。大到各种节日，小到日常生活，男朋友从来没有送过她一件礼物。每当宿舍的姐妹在她面前展示男朋友送的玫瑰花、精美的饰品甚至更名贵的礼物时，思雨的心里就特别不是滋味，甚至觉得男朋友并不是真心爱自己。但是，她仔细回想这一年多的时间里，男朋友无论在学习还是生活中都很关心和照顾她。想到这里，她心里开始犯嘀咕：我的男朋友到底爱不爱我？

究竟什么才是真正的爱情呢？请和小组同学讨论一下，帮助思雨解开心中的困惑。

我的想法是：

_____

_____

_____

_____

 **小贴士**

主题 23　提升爱的能力：爱在共同兴趣

共同兴趣指人与人之间兴趣相同、理想与信念相契合。在爱情中如果能有一个志同道合的伴侣，相依相伴，执手共看美景，是一件多么美好的事情。然而，在现实生活中，双方会在性格、思维方式、处事方法等方面存在一些差异。那么，我们怎样才能接纳彼此的差异，提升自己爱的能力，与恋人培养共同兴趣，收获彼此之间的心灵默契呢？

🔍 心理探索

一、培养爱的能力

美国著名诗人惠特曼曾说："爱，不是一种单纯的行为，是我们生活中的一种气候，一种需要我们终身学习、发现和不断前进的活动。"爱存在于我们每一个人的心灵深处，但是，不具备爱的能力的人，很难品尝到爱的甘甜，所以培养爱的能力是一门艺术，会让人受益一生。培养爱的能力需要我们做到以下几点。

（一）识别爱情

识别爱的能力就是能够正确区分好感、友情与爱情，学会辨别爱情的真伪。在与异性相处的过程中，个体因直觉对对方产生好感是正常的心理反应，但这却并非爱情；我们在与同学交往的过程中会建立深厚的友情，这种朋友间的欣赏、喜欢和信任同样不是爱情。我们要学会鉴别爱，避免混淆爱情与其他情感而使自己陷入困境，尤其要警惕那些因动机不纯、目的不明确而建立的虚假爱情。只有在明确鉴别爱情的基础上，才能把握自己的情感方向，正确处理交往过程中的各种关系，使爱情朝着健康的方向发展。

（二）迎接爱情

迎接爱的能力包括给予爱和接受爱的能力，它们以健康的自我概念和恋爱观念为基础。弗洛姆说："爱主要是'给予'，而不是'接受'。"给予爱的能力指一个人对另一个人产生爱慕之情，在理性分析之后，敢于表达、善于表达。接受爱的能力指一个人面对另一个人的给予，能及时准确地做出判断，然后选择接受、拒绝或者再观察等。我们要学会客观地认识自己，明确自己的人生目标与未来发展方向，建立正确的恋爱观念与择偶标准，以成熟的心态迎接爱情的降临，不能草率做决定。

（三）等待爱情

对于职业院校的学生来说，明确人生

理想与未来发展方向是尤为重要的。在此基础上与"合适"的人谈恋爱，这样的爱情才能更长久。"为了恋爱而恋爱"是一种不成熟的恋爱观念。如果没有遇到心仪且适合的人，不要着急，更不要轻易展开一段自己都不清楚未来的恋情。在等待"他／她"出现的日子里，多读一些好书，多参加一些有意义的社团活动，培养发展自己的兴趣爱好，提升自身的内在修养与气质，相信在不远的将来，总会有一个适合自己的人。肯花足够的时间等待"执子之手，与子偕老"，这才是真正的幸福。当年，著名女作家铁凝去拜访冰心，冰心问："谈对象了吗？"铁凝回答："还没有找到。"冰心说了一句意味深长的话："不要找，要等。"所以，要相信真爱值得等待，愿意为爱等待的人才是智慧且优雅的，更是懂得爱自己的，最终也会获得属于自己的爱情。

二、维持爱的能力

维持爱的能力就是要让爱情稳定、长久、幸福并和谐地发展下去。为了让爱情历久弥新，我们要主动走进彼此的内心世界，学会耐心、智慧、责任与欣赏，懂得理解、包容、体谅和关怀，尝试交流、沟通和相互融合。正如法国著名戏剧家莫里哀说过的一句话："爱情是一位伟大的导师，它教会我们重新做人。"维持爱的能力需要我们懂得爱自己，也要学会爱他人。

（一）懂得爱自己

爱自己并不是以自己为中心、自私自利，而是对自己欣赏、尊重与爱惜。世界上并不存在两片完全相同的树叶，正因为形形色色、不同特质的人的存在，才构成了这个丰富多彩的世界。在这个世界上，每个人都是独一无二的，我们要学会发现并欣赏自己这种独有的特质，树立良好的自信心。在恋爱中，不要一味迁就对方而改变自己。有这样一个比喻能够很好地说明爱自己的重要性：如果你是世界上最好的一棵李子树，能够结出上等品质的果实，但是你心爱的人却不喜欢李子，只喜欢苹果。这时，你可以选择变成苹果树来博取爱人的欢心。于是，你倾尽全力让自己变成最好的苹果树。可见，如果我们不再欣赏、尊重自己，而将自己的价值寄托在满足恋人的喜好上，我们就失去了自己。那么怎样才能够做到爱自己呢？

第一，正确认识自己。我们常常听到这样的话：恋爱中的人智商几乎为零。确实，恋爱中特别是热恋中的男女往往会将对方理想化，认为对方是这个世界上最好的人，对自己的认识也失去了客观性。在享受爱情时，很少有人思考：我是什么样的人？我需要什么样的爱？如果我们不知道自己对爱的真实想法，不了解自己的优势和劣势，不明确自己的爱情观以及对未来的规划，就可能在爱情中迷失自己。例如，独立而有事业心的女人为了享受爱情，可能会放弃对理想的追求而成为他人的附属品；自卑的男人在爱情中没有安全感，会通过占有和索取证明自己的价值；人们在热恋中往往认为自己是世界上最幸福的人，失恋后认为自己是最悲惨的人等。这些都是不能正确认识自己的表现。因此，无论是女生还是男生，在享受爱情的同时，要对自己有一个明确的判断和评价，积极关注恋爱中的自我，不可因为恋爱而迷失自己。

第二，学会尊重自己。一些影视剧传递的错误爱情观往往会给我们带来错误的引导。例如，崇尚"新潮""时尚"的恋爱方式，不在乎恋爱结果，只在乎"曾经拥有"；在恋爱过程中只有通过夸张的自我张扬或者自我贬损才能得到爱情等。试想，当我们自己都不珍惜和尊重自己的时候，他人会珍惜我们吗？因此，我们要学会在恋爱中珍惜和尊重自己，像爱别人一样爱自己。不要为了对方而失去了自由；尊重自己内心的感受，不要委屈自己做不愿意做的事情；不要一味改变自己去迎合对方；无论恋情如何发展，都要积极地面对现实、接受现实；不要因为恋爱而放纵自己。只有这样，我们才能赢得美好而珍贵的爱情。

第三，对自己负责。热恋中的男女往往会有强烈而又丰富的情感体验以及对亲密关系的渴求，这是正常的心理反应和生理反应，但是我们要学会适当控制爱情的温度，避免不当的性行为对爱情及未来婚姻生活造成不良影响。要知道，很多不当性行为的对象并不是未来婚姻中的爱人，学生情侣尤其如此。有的学生幻想用亲密的方法拴住恋人的心，有的学生在亲密关系中才能找到自我价值感，这些都是对自己不负责任、在爱情中迷失自我的表现。如果两人心心相印，相信自己有能力去爱也值得被爱，就不会将亲密关系中的安全感过度寄托在性关系方面。

近代心理学对情绪智力（EQ）的研究表明，那些善于调整自己的情绪、克制本能欲望与冲动的青年人，在学习成绩和未来事业发展方面都显著优于缺乏这种能力的人。可见，学会控制性冲动、抵制性诱惑是高情商的一种表现。在我们还不能确定对方是不是未来可"与子偕老"的人之前，对性行为一定要有成熟的考虑，要学会拒绝，要更加负责地生活，在恋爱中不断成长。要记住，爱情不是为了虚荣而攀援的凌霄花，也不是终日形影不离，她是守望者看到麦田丰收的欣喜，是喜欢自我而不惧怕生命逝去的自信，是对彼此负责任的生活态度。

（二）学会爱他人

爱自己与爱他人是相辅相成的两个方面，欣赏、肯定与尊重自己的同时，也要学会关心、鼓励与尊重他人。恋爱中的一方不要把自己的意愿强加在对方身上，不要试图让对方做出改变来适应自己，而要在恋爱中渐渐学会宽容、包容与理解。爱他人要做到以下几点。

第一，平等与尊重。任何感情不可能永远是一方付出，另一方接受，爱情应该是平等的，是两个人在心灵上的共鸣，是相伴中的共同成长。平等是通过尊重来体现的。在爱情中，我们要尊重对方的观点、生活方式和兴趣爱好，如果你想凭着社会地位或经济的优势在爱情世界中享受优越感，那么你注定是爱情的失败者。长久的爱情一定经历了相互磨合的过程，磨合不意味着一方无条件地迁就另一方，或者把对方变成自己理想中的模样。磨合代表着两个人的相互理解、相互欣赏与相互尊重，让对方在爱的港湾中以其喜欢的方式自由发展。

第二，甘于付出。一些人在恋爱中习惯了接受，往往认为对方的付出理所当然，从而享受对方的付出，拒绝改变和成长，这是一种非常不健康的恋爱模式。我们要知道，没有人天生就是为我们服务的，我们必须先甘于付出，才能期待别人为我

们付出。因此，培养积极的恋爱关系要学会为对方付出、甘于奉献，当恋人经历挫折时给予情感支持；当恋人工作忙碌时提供实际的帮助和关怀，减轻恋人的家务负担。很多事业有成者得益于恋人的支持与帮助。

第三，学会宽容。在爱情生活中，恋爱双方之间出现矛盾和摩擦是在所难免的事情，这个时候，双方要静下心来将事情解释清楚，本着理解与宽容的态度，多从对方的角度思考，很快就可以尽释前嫌。但是，有的人被情绪控制了头脑，通过"大吵大闹"或者是以分手甚至轻生等方式解决，也有人以冷漠抗拒应对，这都是不成熟的表现，只能将爱情推向深渊。恋爱双方要有一颗愿意沟通的真诚之心，学会宽容与理解，这样两颗心才会越来越近。

三、发展爱的能力

相恋的人相处时间久了，会发现对方的一些缺点令自己难以忍受。其实，恋爱中的磕磕碰碰实属正常，关键是怎样处理这些问题，让我们的爱情不断更新、不断发展，保持长久的魅力呢？这些都需要有发展爱的能力。

（一）负责任的态度

美好的爱情是很多人的向往，要想获

得美满爱情，需要以负责任的态度对待自己和恋人，这样才能让爱情得到发展。

第一，爱情中我们要对自己负责，自尊自爱，不要被物质诱惑亵渎爱情的真谛。即使面对失恋也不要自暴自弃，而是以积极心态来面对，因为我们有责任让自己走出失恋的低谷。

第二，我们要对恋人负责。在恋爱过程中要懂得关心和尊重对方，学会欣赏对方的优点，包容对方的不足，维护对方的独立人格；不仅要享受爱情的成果，还要勇于为爱人付出，分担生活的压力和痛苦；当爱情修成正果步入婚姻以后，更要学会保鲜爱情。即使面临分手的结局，也要尊重对方的选择，因为每个人都有接受爱和拒绝爱的权利，切不可用言语或行为伤害对方，在失恋中仍要留有对原恋人的责任心。

（二）真诚有效地沟通

沟通是人与人相处的艺术，爱情中的沟通也是如此。在学校里我们经常听到恋爱中的男生抱怨："我也不知道自己做错了什么，女朋友就莫名其妙地生气了。"而女生往往会说："他根本不喜欢我，一点儿都不了解我的心思。"看来，女生的心思很难猜，男生经常发现自己费尽心思却不讨好，女朋友动不动就给脸色看，像这样恋爱中因缺少沟通而发生冲突的事情很常见。因

此，我们要学会真诚、有效地沟通，如果对方不明白你的心意，何不直截了当地向对方表明？要善于进行建设性的沟通，减少破坏性的批评，沟通的目的不是羞辱、指责对方，而是要有利于双方成长。

四、提高爱情抗逆力

抗逆力又称"心理弹性""挫折承受力"，是指一个人处于困难、挫折、失败等逆境时的心理协调和适应能力。学生在追求爱情的过程中难免会遇到例如单恋、失恋等挫折，这对学生的心理抗逆力是一种考验。如果在遇到挫折时能及时调整自己，就可以顺利走出爱情的低谷；如果承受挫折能力较低，可能会引发各种不良情绪，严重者还会影响身心健康。因此，树立健康的恋爱观念，积极正确地处理恋爱中的挫折非常重要。那么，如何走出恋爱挫折的心理误区呢？我们需要做到以下几点。

（一）端正爱情观念

恋爱是男女之间相互爱慕的行为表现，互爱是爱情产生和发展的必要前提，每个人都有追求与接受爱情的权利，当然也有拒绝爱情的权利，在恋爱过程中出现单相思或失恋是非常正常的现象。没有正确的爱情观念，很可能会因单相思或失恋产生挫折感、自卑、烦恼、痛苦、绝望感等负性情绪，甚至产生报复对方的行为倾向。如果不能很好地调整自己的情绪，长此以

往的积压可能会导致抑郁症等心理障碍，让人对爱情和未来的生活失去信心与兴趣。

我们应该理智客观地面对恋爱中的挫折，对自己的恋爱进行理性分析。例如，当你对异性产生强烈的倾慕之情，切勿急切表达，而应首先进行评估：这是我一见钟情的冲动，还是我思虑成熟后向往的爱情？要仔细观察对方对自己的态度和行为，区分热心、好感、友情和爱情。如果对方经常在学习与生活上帮助自己，可能是他/她拥有一副热心肠，无论对谁都一样。当然，在这个过程中，你可以多和对方接触，给对方了解自己的机会，让对方感觉到你心中对他/她的感情。如果对方还是没有任何反应，你们发展成爱情的可能性较低，那么你可以暂时放下对爱情的幻想，以免造成双方的尴尬。

失恋是人生旅途中的一堂必修课，是绝大多数人或迟或早要面临的考验。我国著名学者周国平曾说："未经失恋，不懂爱情；未经失意，不懂人生。"任何事情都是一分为二的，失恋也是如此。只要树立正确的爱情观，善于从积极成长的角度看问题，失恋就可以使我们升华自己的情感，磨炼自我意志，使我们更加懂得自尊与自爱。失恋是爱情成功前的预演，通过失恋我们可以反思自己，改正自己在恋爱中的缺点，学会怎样与恋人相处，以更成熟、更美好的姿态迎接下一次成熟的恋情。

（二）升华挫折情感

升华是单相思及失恋后宣泄心理能量的最理想方式。面对单相思或失恋带来的烦恼和痛苦，我们要学会积极面对，将情感和精力投入能够充分实现自我价值的事业中和对生活的热爱上去，从而使恋爱的挫折在更高的境界中得到补偿。正所谓"失之东隅，收之桑榆"，如果你发现心中爱慕的对象并没有给予相应的情感回应，或者深恋的爱人转身离去，可以将大量时间和精力投入新的学习和生活，以补偿失恋后的空虚与痛苦。有这样一个小故事，法国文学家罗曼·罗兰在年轻时爱上了聪颖秀丽的姑娘索菲亚。他们常在一起谈论文学、探讨人生，可以说是志同道合。有一天，他们并肩漫步在林间小道上。此时，罗曼·罗兰再也控制不住自己，向索菲亚表达了自己对她的爱恋之情。出乎意料的是，索菲亚婉言拒绝了他。这个打击犹如五雷轰顶，让他陷入了失恋的极度痛苦之中。一连几天，他食不知味，彻夜难眠。经过痛苦的思考，他悟出了一个道理：摆脱失恋困扰的好方法就是学习和创作。后来，罗曼·罗兰为人类创造了许多杰出的精神财富，其巨著《约翰·克利斯朵夫》（Jean-Christophe）轰动全世界。无独有偶，文学巨匠歌德也是失恋后将内心的痛苦升华为写作的动力，写就了风靡世界的名著《少年维特的烦恼》（*Die Leiden des jungen Werther*）。

因此，学生在短暂的学校时光里，要将主要精力放在学业上，积极参加学校组织的各种活动，不断提升自己的学习与实践能力。

（三）学会调适压力

学生应该加强心理品质的修养，学习调适心理压力。我们可以通过改变行为调整压力。例如，面临单恋的困扰时，与其整日苦苦相思、患得患失，不如选择一个合适的时间和场所，勇敢地向对方表达心意，如果对方同意与自己交往，自然会减轻内心的焦虑；我们可以通过理性认知减缓压力，例如，当你对单恋对象表明心意却遭到对方拒绝时，不要自暴自弃，完全否定自我价值，要明白一个道理：被拒绝并不代表你不优秀，可能只是对方认为你们不适合而已。有道是"塞翁失马，焉知非福"，要学会正确评价自己，理性思考恋情被拒绝或者失恋的原因，分析自身的优点和缺点，对未来的学习、工作和生活树立信心。

我们还可以通过调整情绪减缓压力，例如，向知心朋友、家人倾吐心声，或者向学校的心理咨询中心寻求帮助，还可以选择合适的地点大哭一场。这样一方面有助于缓解失恋所带来的心理压力，另一方面也可以从中获得有益的启发与帮助，得到所需的心理支持。

心理活动与体验

一、活动在线

你知道婚戒为什么要戴在无名指上吗？相传在很久以前，人们认为无名指的一条动脉与心脏相连，用戒指套住爱人的无名指，就可以留住他/她的心了。虽然我们不知道这种说法是否有据可查，但是可以通过下面的活动体验一下无名指的"相亲相爱"。

（1）请同学们伸出两手，将中指向下弯曲，让两个中指的背跟背靠在一起。

（2）然后，将其他的四个手指分别指尖对碰。

（3）请分开两个大拇指，你可以做到吗？大拇指代表父母，大拇指能够分开，象征着每个人都会有生老病死，父母有一天也会离我们而去。

（4）请合上大拇指，再分开两个食指。食指代表兄弟姐妹，他们长大后也会离开我们。

（5）请合上食指，再分开两个小拇指。小拇指代表子女，子女长大以后，会有自己的家庭生活，也会离开我们。

（6）最后，请大家合上小拇指，再试

着分开两个无名指。你会发现，无名指怎么也分不开。无名指代表婚姻伴侣，真正的伴侣是无法分开的。

戒指不仅仅是爱情的证明，更是责任和义务的担当。那枚小小的金属环时刻提醒爱情中的两个人要理解真爱的含义，遵守爱的承诺。

讨论与分享：

（1）你是如何理解爱情的？

_____

（2）你从同学们的讨论中学到了什么？

_____

（3）如何增强爱的能力？

_____

二、体验分享

德国著名作曲家舒曼从小就表现出非凡的音乐天赋。他在莱比锡大学法学系读书的日子里，认识了他后来的妻子克拉拉。克拉拉是当时著名音乐教育家弗列德·维克的女儿，她在9岁时已经成为小小的钢琴家了。在舒曼与克拉拉一同作曲、弹琴以及开音乐演奏会的两年多时间里，两个人逐渐产生了深厚的感情。但是，克拉拉的父亲认为舒曼根本配不上他的女儿。为此，舒曼十分痛苦，但是他没有放弃，决心为爱情发奋努力。在之后几年里，舒曼发表了很多著名的作品。

舒曼爱克拉拉，克拉拉也深爱着舒曼，

终于，两个人冲破重重阻挠，30岁的舒曼和21岁的克拉拉在莱比锡附近的一个乡村教堂里举行了简单的婚礼。从此，克拉拉成为音乐家舒曼的得力助手，两个人开始了如诗如画的婚后生活。婚后，他们并没有在爱情中失去自我，放弃共同的音乐理想，而是相互支持、共同努力，在结婚后一年的时间里，舒曼创作了138首歌曲，成为欧洲受人尊敬的钢琴家，而克拉拉则一直努力宣传并演奏她丈夫的作品，即使在舒曼去世后仍旧坚持不懈，他们的生命之舟不但没有在爱情的沙滩上搁浅，反而在爱情的海洋中扬帆起航，越行越远。

读了舒曼与克拉拉的爱情故事，你有什么感想和体会？想一想你的爱情观念与爱情实践，你是否具备培养爱、维持爱与发展爱的能力呢？在今后的爱情中，你会怎么做？和同学们讨论一下吧。

拓展训练：同学们的讨论对你有什么启示？

_____

_____

_____

_____

三、心海扬帆

爱情中不只有激情时的柔情蜜意、海誓山盟，也会有争吵中的"飞沙走石"、恶语相向。有人说，在爱情中，既会经历和暖的春光，又要经受凛冽的寒风，相爱的两个人通过"吵架"会更加亲密，也才能更全面地了解对方。也有人说，争吵时双方将一把把言语的"尖刀"甩向对方心脏，因为了解对方的弱点，所以刀刀命中要害，让对方感受更深切的痛苦。既然争吵在亲密关系中不可避免，那么恋人之间该如何争吵呢？下面是一些"高情商的争吵艺术"。

（一）轮流发言，认真倾听

一有冲突，双方都会急着说出自己的想法，却往往不愿去聆听对方的心声。这样一来，双方原本已受伤的心，就会因为"你不在乎我，连我的话也听不进去……"的感觉，而愈发难受不已。这时要想和对方理性沟通，肯定难如登天。所以聪明的你，会先认真倾听，并且在诉说自己想法前，重述一遍另一半刚说过的话："你的意思是……而觉得很生气（失望）吗？"如此一来，就能成功安抚对方的情绪，并顺利找到矛盾症结。

（二）不乱道歉，但必定道歉

有些人一旦发生冲突，就立刻心不甘情不愿地向恋人道歉："好啦，好啦，算我对不起你，好不好？"事实上这种缺乏诚意的做法，不但无法解决问题，反而容易让双方更加对立。高情商的做法是先思忖一下自己是否有错，如果是自己的不对，

就优雅而诚恳地为事情道歉："很抱歉，我做得不好……"如果不是自己的错，也别忘了为心情道歉："不论如何，很抱歉让你有这样不愉快的感觉……"

（三）不翻旧账，专注焦点

和恋人吵架，最怕的就是"举一反三"。不但对当前的状况不满，说着说着，还把以前的旧账一并拿出来数落。这么做感觉很是过瘾，对吧？然而贪图一时的快感，会让新仇纠缠着旧恨，讨论很快就会失去焦点（"你到底是在谈今天我迟到的事，还是我和前女友发短信的事？"），而许多人一抓不到焦点，就容易恼羞成怒，因而认定对方不可理喻，所以，翻旧账反而得不偿失。

聪明的做法，则是一次只讨论一件事，万一有人不小心岔开了话题，应看着他/她的眼睛，温柔地提议一句："我知道你很在意那件事，等我们解决了这件事，再讨论那个问题吧！"

（四）强调感觉，不做攻击

"你真是个不负责任的人！"这句话一出，就往对方心上重重出了一拳，也同时在两人的关系上深深划下一刀，原先甜蜜的恋爱，也就开始有了难以弥补的裂痕。

心理学家发现，不论多不高兴，只要能在争吵时避开人身攻击的字眼，你就学会了疼惜自己的爱情。请试着用"我觉

得……"代替"你真是……"，例如："当你和我约会迟到 30 分钟时，我觉得很不受重视（生气、失望）。"

（五）强调解决，而非抱怨

吵着吵着，千万别吵上了瘾，开始滔滔不绝地重复数落起来！只要双方都表达了立场，接下来就该为达成共识而努力。教你一个超赞的说法："那你认为我们怎么做会更好？"如果你心中已有想法，不妨这样开口："如果我们这么做……行不行？"

学会进行建设性的争吵，爱情再也不会越吵越少，相反，会越吵越美好！

❤ 心灵天地

➕ 心理保健

一、方法指南

爱情有着神奇的魔力，可以唤醒每个人心中最美好的一面，让双方得到心灵的滋养。但是，经营不善的爱情也会给人带来创伤和深切的痛苦。如何更好地经营爱情呢？以下爱情十诫希望能对你有所启发。

第一，不要强求对方。每个人都是独一无二的个体，我们无法要求对方与自己有同样的思想和感觉，也不能强求对方改变，要求对方懂得"读心术"，能够随时满足我们的期待，这样只会造成双方的冲突。恋爱并不是要求对方满足自己全部的需要，每个人都要学习为自己的快乐负责。在成熟的爱情里，我们必须完善自己之后才能去爱别人，才能真正懂得如何接受别人的爱。

第二，避免让恋爱关系进展得太快。恋爱关系进展迅速，一开始就如胶似漆，发生婚前性行为，这是高风险的事情。成熟的恋爱要经过相识相知—接纳信任—相互支持—承诺—性爱等阶段，关系进展过快会减少双方彼此信任、相互了解、建立亲密关系的机会，最终降低彼此吸引力。

第三，避免过早地将个人隐私全部告诉对方。爱需要学习，也需要有智慧。如果在恋爱初期，一方将过去的痛苦、心中的不安全部倾诉给另一方，看起来是诚实的表现，实质上是强求爱人带给自己快乐，为自己的情绪与安全感负责。时间久了，不但会失去对方的尊重，也可能会导致对方无法承受而离开。每个人都有自己的秘密，随着彼此信任感的增强，可以分享，但是不能勉强。

第四，不要剥夺对方的自由空间。爱情最怕的是一开始总是形影不离，过了一段时间后，一人变成逃避者，开始追求自己的独立空间；另一人变成追逐者，抓住对方不放，剥夺对方的个人空间。要对自己保持信心，培养广泛兴趣，提升自己的个人魅力；同时体贴、尊重对方，给对方适度的自由空间，不要一味强求对方满足自己。

第五，不要勉强对方做不愿意做的事。要尊重对方，保持理解、接纳与宽容的态度。如果不是涉及原则性的问题，尽量不要妨碍对方做喜欢做的事。努力提升沟通与解决冲突的技巧，寻求双赢。

第六，不要因恋情稳定就言行随便，态度懈怠。即使两人的恋情已经发展到稳定阶段，也要始终如一地保持尊重、接纳与支持，不要言行随便，不注意自己不礼貌的态度。

第七，择偶时不要只关注外表。尽管最初恋爱时，大家很容易被对方的外表所吸引，但是，随着爱情的发展，外表就没有那么重要了。一个人忠诚、专一、善良、乐观等优秀的品格要比薪水、学位更重要，是维护未来婚姻幸福的关键。

第八，不要只专注对方对自己的态度，也要观察其人际关系如何。有些学生不自信，自我价值感比较低，当别人对自己好的时候，很容易陷入感情中，根本没有机会去看清楚对方到底是谁。在交往时，要保持清醒的头脑，不要被爱情冲昏了头。

要去拜访对方的家人，看他／她与父母如何相处、与家人如何相处、人际关系如何等。要知道，一个人是否有健康的人际关系，与将来的幸福感一定是相关的。若单单对你好，是非常不实际和危险的。

第九，不要回避婚前准备。当双方开始考虑婚嫁问题时，可以理性地沟通婚后的一些问题，提前做好准备。例如，双方对金钱的看法如何？对双方父母的态度如何？要不要寄钱回家？寄多少？婚后家务如何分配？什么时间要小孩？如果这些问题在婚前有一些共识的话，婚后可减少很多困扰。婚姻等于两个人各自带着一幅自己的蓝图，一起去盖一栋婚姻的房子，这是一件很困难的事。这就是为什么婚前的准备是如此重要！

第十，要了解某些人会有"婚前焦虑"的反应。有些人在婚前或许会出现焦虑反应，虽然很爱对方，但对对方还是有一些疑虑，不确定自己的选择是否正确。这时，不要委屈自己或是逼迫对方，而要给对方和自己空间，或者寻求婚姻心理辅导，了解自己的焦虑和恐惧来源，学习如何解决。经过一段时间的思索之后再进入婚姻，是一种成熟的表现。

总之，上面的内容我们不可能都做到，但了解得越多、做得越多，将来的婚姻就越幸福美满。

（改编自婚恋专家的"爱情十诫"）

二、课堂实战演习

晓楠（化名）是某职业院校一年级的学生，她美丽大方、善良聪慧。晓楠的家境一般，她从小就很懂事，为了减轻家庭压力，她报考了职业院校，希望能学到专业技术，早日走上工作岗位，实现自己的理想。在学校里，晓楠不仅学习成绩优异，而且积极参加学校组织的各种活动，有很多男生追求她。经过一年的比较与相处，她选择了一个高大帅气的男孩子作为男朋友，男朋友的家庭条件很优越。随着两人感情的逐渐升温，晓楠提出希望男朋友能与她一同去见自己的父母。但没有想到的是，男朋友告诉她，他的父母其实一直都不同意两人的交往，他们要求自己儿子的婚姻一定要"门当户对"，并且已经为他选定了结婚的对象，只不过他一直迟迟未见。晓楠听到这个消息以后，如同晴天霹雳，

她要求男朋友一定要尽快做出选择，否则就分手。男朋友在父母的施压之下，最终还是选择结束与晓楠的恋情。从此以后，晓楠无心学习，成绩一落千丈，不再参加学校里的任何活动，没有了以往的自信，很难走出失恋的低谷。

看了晓楠的故事，你的感受是什么？如果晓楠是你的同学，你会怎样帮助她走出失恋的阴影，重塑自信，更好地面对今后的学习与生活？

请以小组为单位进行讨论，并在班级内分享。

小贴士

主题 24　培养爱的责任：誓言心心相印

　　真正的爱情意味着神圣的责任和真诚的承诺，需要相爱的双方肯于付出爱心与等待。当爱情花朵绚丽盛开的时候，虽然我们并不确定是否可以收获爱的硕果，但是，既然选择了爱情，就要对自己、对伴侣、对爱情做出真诚的承诺，承担爱情的责任。即使有一天，誓言没有兑现，承诺已然成空，我们依然要相信爱情，依然要感谢对方当时表达誓言时的真诚。因为——那些誓言温柔了爱的岁月，滋润了两颗享受爱的心灵。

🔍 心理探索

一、提升责任意识

　　爱情中的责任是相爱的两个人内心自觉的意识，勇于同甘共苦，敢于生死相依，是爱的愿望与行动。爱情不是激情，激情只是爱情中不可或缺的一部分，真正的爱情是一种理性的情感，是情感与责任的统一体。在恋爱中坚守责任，指的是与爱人共同度过漫漫人生的决心，是遇到挫折和困境时的勇敢面对，是双方共同承担风险不离不弃的努力，是为对方的快乐和幸福感到欣慰的情怀。

　　学生刚刚步入爱情王国，爱情的责任意识不强，对爱情的理解可能会存在偏差。主要表现在以下两个方面。

（一）没有理解爱情的真谛，爱情动机不纯

　　当代学生恋爱的一个主要特点是为了恋爱而恋爱，对双方未来的发展方向没有清晰理智的分析，通常不是有意识地选择与之"执子之手，与子偕老"的终身伴侣，而是为了满足爱和被爱的心理需求。调查数据显示，一半以上的职业院校学生认为恋爱的最终目的并不是婚姻，而主要是排解寂寞、满足感官或功利心理，还有一些学生仅仅是为了满足对性的好奇，过早地与伴侣做出亲昵动作，甚至发生性行为。建立在这些动机之上的爱情之花只会如昙花一现，不能长久。

（二）不能正确对待爱情与学业，爱情责任感淡薄

　　在漫漫的人生旅途中，恋爱固然占有重要地位，但并不是最主要的，更不应该是生活的全部内容。刚刚坠入爱河的学生对于爱情的体验往往会比较强烈和丰富，总是希望两个人能够朝夕相处、形影不离。在校园里我们经常会看到一对对情侣，一同出入于自习室、食堂、图书馆，几乎在校园的各个角落都能够捕捉到他们亲密的

身影。时间久了，自然而然形成一种习惯，当对方没有陪伴自己的时候，就会坐立不安，不能静下心来认真学习，在一定程度上，甚至会"茶不思，饭不想"，干扰到个人的正常生活，也不利于身心健康发展。

鲁迅曾说："不要只为了爱——盲目的爱——而将别的人生要义全盘疏忽了。"心理学家马斯洛在需要层次理论中提出：人的最高层次需要是自我实现的需要。对于仍处于学生时代的我们来说，这种自我实现的价值主要是指学业上的成就或职业技能方面的成长。因此，我们不要因恋爱而荒废了学业，心中要有崇高的人生理想，要关注家人和朋友，享受亲情和友情，而不是将爱情当作生活的全部内容。爱情需要责任感，在责任的坚实土壤中生长的爱情才能够枝繁叶茂、开花结果。那么，如何提升爱的责任意识呢？

1. 端正恋爱态度，遵守恋爱道德

爱情固然是美妙的，它使我们蜕变成长，教会我们许多人生道理。但是，学生恋爱不应该仅仅是为了体验爱情的感觉，或是把它作为人生中的一种重要经历和必经阶段。如果抱有这样的信念，必然会在恋爱过程中降低自我约束能力和控制能力，无法保持对爱情的坚定信念。当代学生应该端正恋爱态度，遵守恋爱道德，在恋爱过程中处理好以下几个问题。

第一，爱情是权利和义务的统一。爱情不仅仅是一种权利，更是一种责任和义务，爱情中的权利和义务是不可分割的。只注重恋爱过程，不重视恋爱结果，实质上是只强调爱情的权利，而否认了爱情的责任，这种对爱情不负责的态度实质上是对美好爱情的亵渎。一位教育家曾经这样教导他的儿子："要记住，爱情意味着你对爱侣的命运、前途承担责任。爱，首先意味着奉献，把自己的精神力量献给爱侣，为她缔造幸福。"这种爱的权利和义务的统一，是恋爱生活的基础。你一定听过《美女与野兽》这个动人的童话故事。贝儿对野兽的爱并不是因为他的外貌或财富，而是因为他内在的品质。同时，野兽也不仅是为了索取而去爱贝儿，在贝儿需要帮助的时候，野兽总是尽自己最大的努力去帮助她，他愿意与贝儿分享他的生活和内心的痛苦。虽然这只是一个童话，但它蕴含着深刻的道理，爱情不是索取、不是强加物，双方不仅在快乐时刻彼此陪伴，也在困难和挑战面前彼此扶持。他们愿意一同分享生命中的喜悦和忧伤，共同经历人生的种种变迁。

第二，遵守恋爱道德，把握恋爱行为。恋爱是情侣双方的交往活动，同时也是社会活动，受社会生活方式的制约。作为当代学生，一定要以正确的恋爱观对待爱情生活，遵守恋爱道德，把握恋爱行为。

首先，在恋爱过程中要懂得尊重和理

解对方的情感与意愿。爱情的道德原则是奉献和利他，而不是占有和满足私欲。恋爱双方一定要自尊自重，平等相待，不要只看到自己的优点而忽略对方的闪光之处，或者是放大自身的不足，一味仰慕、崇拜对方。爱情是一种自然的默契，一厢情愿、单相思或是充当爱情中的第三者都是有悖于爱情道德的。

其次，恋爱言谈要文雅、恋爱行为要大方。恋爱中言语的交谈要坦诚自然，双方的沟通应及时有效。恋爱行为要端正得体，亲昵的行为需掌握分寸。学生应该更加注重通过思想、知识、兴趣爱好等方面的交流使感情得以升华，不宜过早做出亲昵的动作，这不仅有损爱情的纯洁与尊严，还可能引起对方的反感，影响感情的正常发展。

最后，适度控制热恋中的"温度"，理智行事。热恋中的青年学生容易有性冲动，我们需要加强恋爱道德的修养。在恋爱过程中，一方面需要学会用理智制约情感，预防婚前性行为和多角恋的发生，这不仅仅是对自己和恋人的高度负责，也是对恋爱道德情操和婚姻责任感的坚持。正如莎士比亚说过的一句话："爱，和炭相同，烧起来，得想办法叫它冷却，让它任意着，那就要把一颗心烧焦。"另一方面，可以通过其他方式转移性冲动的注意力，使情感得以升华。恋爱双方可以多多交流学习与工作方面的心得，可以共同参加有趣的文体活动，可以相约一起看电影，一起散步，这些都是深化爱情的催化剂，不但使精神境界变得高尚与纯洁，也使爱情沿着健康的轨道发展。

2. 摆正爱情位置，正确处理爱情与学业的关系

学生正处于学习阶段，应该有这样的一种意识：与人交往不仅仅是个人生活中的一种调剂，更多是提高社会环境适应能力的一种重要途径，它与我们学业的成功、未来事业的发展以及身心健康都密切相关。许多同学一旦步入爱情的海洋，生活中似乎只存在爱情的字眼，为了恋爱不顾一切，学业、家人、朋友似乎都变得不那么重要了。这样不仅耽误学业，也错失了许多与其他同学、朋友交往和学习的机会，这对未来适应复杂的社会生活是极为不利的。所以仍处于黄金时代的学生面对爱情一定要有一个准确、清晰的定位，处理好爱情与学业之间的关系。

学业是学生的第一事业，与当下的学习成绩和未来人生理想的实现密不可分，也是美满爱情的重要基础。学习知识、锻炼能力、修养品质、完善人格应是我们生活的基本内容和核心要求。把恋爱放到适当的位置上，不要过多沉溺其中，珍惜时光，努力学好专业知识，尽可能拓宽视野，为今后求职就业打下坚实的基础。其实，从哲学的角度来看，任何事情都是一分为二的，既有积极的一面，又有消极的一面，恋爱亦是如此。爱情既可以增强彼此学习的动力，共同奋进，实现学习目标；也可以使彼此深陷爱情的泥潭不能自拔，最终导致学业的荒废。这其中的关键就是牢牢把握恋爱的"度"。这就需要我们克服"爱情至上"的恋爱观，把精力主要放在学业和理想的实现上，努力提高思想道德和文化科学等各方面的修养水平，把这些作为恋爱的基石。只有把爱情置于学业和理想之中，沐浴阳光，爱情之花才会常开不败。

总之，爱情是一门艺术，也是一种情操，同学们在开始品尝爱情这杯美酒之前，首先必须懂得爱、理解爱、学会爱。从爱自己的家人、朋友、老师、同学做起，塑造爱的品质，升华爱的境界。当自己的感情更加深刻、胸怀更加宽广、意志更加坚强、人格更加完善时，爱情这一主题恰到好处地出现才能使人生这部气势恢宏的交响曲演奏得更为悦耳动听。

二、坚守爱的承诺

爱情三元理论告诉我们，承诺是爱情中不可或缺的一部分。什么是爱的承诺呢？

（一）承诺的内涵

爱情中狭义的承诺是指双方的山盟海誓，广义的承诺可以用爱的五种语言来实现，因为爱的表达本身就是一种承诺。了解什么是"爱的语言"对我们更深刻地感悟爱的承诺、与所爱的人建立良好的恋爱关系非常重要。

第一，鼓励的语言。通过鼓励、赞赏的语言来成就对方。每个人的内心深处都有被赞美、被欣赏的需求。对你所爱的人，源自你内心真诚的鼓励与赞美，其实就是一种爱的表达，代表着你对恋人的肯定与承诺。例如，当你的恋人穿着新买的连衣裙不自信地站在镜子前时，你可以面带微笑地对她说："亲爱的，这条裙子的款式和颜色特别适合你，把你衬托得更加有气质了。"相信在你说完这些话以后，她不仅会自然大方地穿着这条裙子走在大街上，而且能够感受到你对她的爱。用言语鼓励和肯定对方是表达"我爱你"的有效方式之一。

第二，服务的行为。表达爱的第二种方式是服务的行为。这里的行为是指特意为对方做一件他/她喜欢的事，这通常会给他/她带来惊喜。例如，在恋爱关系中，对方属于比较细心、更懂得关心和体贴人的类型，他/她在你学习忙碌的时候，会默默地去食堂为你带饭，在天冷的时候会嘱咐你多穿衣服，注意身体。而一直处于被动的你，假如在某一天他/她生病时给他／她带去了药并亲自准备了他／她最喜欢吃的饭菜，那么你的行为是对他／她的爱的一种承诺，让他／她感受到他／她在你心目中的价值和更深的爱。

第三，赠送礼物。对于喜欢小礼物的人来说，即使是一些不起眼的小礼物都有着十分重要的含义。其实送礼物的价值并不是金钱可以衡量的，它只是在传达这样一种信息——"我的心里一直有你""虽然我没有经常陪伴你，但你对于我来说是最重要的"。有时自己亲手制作或者是花费心思"淘"来的礼物更有意义。例如，你的女朋友很喜欢某一件东西，但是因为价格不菲一直没有买回来，你了解她的性格，即使你自己花钱买下这个物品送给她，她也不会接受。但是，你在另外一个地方发现了和这个物品风格相似的东西，不但价格很合适，而且做工更加精致，你可以选择一个平常的日子把你精心"淘"来的礼物送给她。相信这平常的一天一定会变成一个特别的日子，她的内心会被你的这份用心深深地触动，知道你是一直爱着她的。

第四，有品质的时光。与你所爱的人一起度过有品质的时光并不意味着你与他／她肩并肩坐在一起，各自看着喜欢的小说，分别做自己喜欢做的事情。有品质的时光是指，定期抽出一段时间，与你所爱的人在一起相互交流，分享心灵深处的渴望、快乐、焦虑以及生活中的点滴。有品质的时光在很大程度上代表专注倾听对方的话语，因为倾诉是讲话的一方表达爱的方式，同样，倾听者全神贯注地倾听，也是对恋人爱的回馈。倾听者的不专心或者心不在焉不仅是一种不礼貌的行为，而且会对对方的内心造成伤害。也许你们每天在一起的时光并不长，但重要的是这段时光对于你们来说是高品质的、非常珍贵的时光，让你们体验到彼此的关心与爱。例如，两个人可以在安静的夜晚一同散步，选择合适的地点共进晚餐，或是在假期里来一次自助旅行。这些都会成为你们一起度过的有品质的时光，让彼此感受到对方的重要与珍贵。

第五，肢体语言。肢体语言是第五种爱的语言。恋人间手拉手、温暖的拥抱或是彼此的依偎都能传递爱的信息。对所爱的人施以适当的肢体语言，有时胜过千言万语。例如，一些恋人在一起的时候话很少，喜欢静静地坐在一起看书学习，他们觉得这是一种爱的默契，只要自己所爱的人能够在身边陪伴着自己，就是最大的幸福。其实用肢体语言表达爱并不难，你只要和对方在一起就好。他／她在图书馆学习，你也可以安静地坐在他／她身边看书；当你们在公园漫步的时候，你可以牵着他／她的手；当他／她心情沮丧需要安慰的时候，你可以给他/她一个温暖而又踏实的拥抱。这些都是你在表达爱的承诺。对你的恋人来说，和你在一起做什么并不重要，重要的是能与你在一起，哪怕是做你喜欢做的事情。

以上就是爱的五种语言。这里一定有你喜欢的表达爱的语言，也有你的恋人乐意接受的爱的语言，到底哪一种是你们共同接受的语言，需要彼此用心去了解与探索。只有熟知对方爱的语言，才能真正拥有表达爱的空间。它是你们彼此对爱情的承诺，是通向幸福之门的必经之路。

（二）如何实现承诺

第一，尊重事实，郑重承诺。爱情需要承诺，当两人交往时，承诺给双方提供了安全感，可以让两人顺利交往下去。如果彼此谁也不承诺，那么交往时的信任感也就无法建立起来。承诺是一种责任，也是对未来的规划。无法给予对方承诺的人是懦弱之人，因为他/她无法担负起承诺带来的责任。对于学生而言，必须清楚的一点是：爱情很浪漫，但是责任很现实。双方要做出通过努力可以实现的承诺，而不是在两情相悦时，不负责任地随便承诺。毕竟爱情终究要走向婚姻，坚固的爱情是婚姻美满的重要条件，而爱的承诺就是爱情长久的坚实基础。

第二，增强了解，投入情感。承诺需要双方的努力才能实现，而不仅是一方的努力。尊重对方，了解对方的想法，双方都能投入这份情感，才能保障承诺的实现。这一方面需要恋爱双方建立有效的沟通和良好的信任机制。信任是亲密关系的基石，信任的培养来自诺言的履行，光有承诺没有实际行动，信任就无从谈起。信任和沟通是相辅相成、彼此不可分割的两个部分。信任是承诺的基础，恋人间没有信任感，无论多么良好的沟通都难以增进双方的感情、深化对彼此的了解。同时，承诺也是信任的催化剂。二者有机结合才能促进恋人间亲密关系的进一步发展。另一方面，承诺的实现需要恋爱双方都投入这份感情。因为相爱是两个人的事情，一方一味投入，另一方一味接受，就会使两个人的关系在爱情的天平上严重失衡，也许对方还没来得及摆上爱情的砝码，这一边的你却早已如同山洪倾泻般倾注全力，这可能会成为对方的负担，压得他/她喘不过气来。有时越想让对方留在身边，两个人反倒越像相斥的磁场，事与愿违就是这个原因。因此，对于处于青春年华的学生来说，应该树立正确的恋爱观，崇高的爱情需要无怨无悔的奉献和牺牲精神，但是一定要清楚这种爱是相互的，在恋爱开始的时候就要摆正这架爱情的天平，用对方喜欢、愿意接受的方式来爱对方。也许恋爱开始的时候，你投入多一点，对方投入少一点，但是随着彼此感情的加深和恋爱关系的发展，爱情的天平一定是渐渐趋于平衡的，这样的爱情才能够长久。

第三，言行一致，付诸行动。俗话说："言必行，行必果。"这是说一旦向对方许下了诺言，就不要把它当成过眼云烟，一定要为之付出努力，实现当初的承诺。切记不要为了讨好对方而承诺，不要为了表现自己而承诺，不要为了一时的感情冲动而承诺，也不要为了留住对方而承诺。作为当代高素质学生，对待恋爱要有严肃认真的态度，对待爱情的承诺也要特别慎重，一定要在恋爱双方相互了解的基础上，经过深思熟虑再做出决定。毕竟爱情是人生的一桩大事，它与社会、家庭和新生命密切相关。爱情承诺的不慎重、不严肃都可能为自己、他人乃至社会带来严重的伤害。

当两个人建立起真挚深厚的爱情、做出真诚的承诺以后，就要更加重视爱情的责任和义务，与对方坦诚地交流学习、思想、兴趣爱好等，以求达到心灵上的和谐，互相关心、互相帮助，为爱情诺言的早日实现共同努力、共同进步。真正的爱情诺言对于恋人的改变在于：当两个人知道未来是需要共同努力的时候，就会有不同的

作为，不会只考虑短期的目标，会更加宽容、包容与理解，愿意去适应彼此。承诺并非对未来的笃定，而是一起去面对明天的不确定。正如一首汉乐府的诗歌：上邪，我欲与君相知，长命无绝衰。山无陵，江水为竭，冬雷震震，夏雨雪。天地合，乃敢与君绝。

承诺的实质就是对待爱情的一种态度。当双方做出承诺，并为之付诸行动，这代表了彼此对这份爱情的肯定与对所爱之人的珍重。但是，在诺言践行的过程中，由于发现对方并不适合自己、双方在原则上的分歧无法弥合、相处变得不愉快了或对方已经不再爱自己了等，导致双方确实无法实现当初的诺言，在这种情况下解除承诺、达成分手也是非常正常和必要的。因为我们每个人都有接受爱和拒绝爱的权利，当爱情已经失去了它本来的味道时，放手是最好的方式，这不仅是对自己负责、对他人负责，也是对这份爱情负责。

心理活动与体验

一、活动在线

通过抽签的方式将男女生分别组成两人小组，教师提供系列情境题目，每个两人小组随机选择一个情境题目，进行相应的表演。

在如下两个情境中，请搭档的男生和

女生分别以男女朋友的身份进行表演。

情境一：女生正在教室里上自习，突然感觉身体不适。这时男生应该怎么做？

情境二：男生由于期末考试中有一门课的成绩未达到合格标准，一直心情低落、闷闷不乐。这时女生应该怎么做？

两组成员表演完毕后，小组成员间分享彼此的感受，然后在班级里进行交流讨论。

请写下你的感受：

_____

_____

_____

_____

二、体验分享

春秋时，齐景公想把爱女嫁给晏子。一次，景公在晏子家饮酒，酒兴正浓时，景公见到晏子的妻子，问他："这是你的妻子吗？"晏子回答："是的。"景公说："又老又丑啊。我有一个女儿年轻又漂亮，让她做你的妻子吧。"晏子离开座位回答："现在我妻子的确又老又丑，可是我同她一起生活很长时间了，以前她也年轻貌美。况且人都是以少壮托付一生到年老，以美貌托付一生到衰丑。她曾托付于我，而我接受了她的托付。国君您虽然有赏赐，怎么能够让我背弃她的托付呢？"晏子拜了两拜谢绝了。

同学们看完《晏子拒婚》这个故事后有什么感想？你对爱情的责任感和承诺有什么新的认识和体会？请把你的感想和体会与大家分享。

拓展训练：同学们的讨论对你有什么启示？

_____

_____

_____

_____

三、心海飞扬

承诺对于爱情来说是非常必要和重要的，下面我们一起学习爱情的十种承诺方式。

（1）承诺全心全意地付出。

（2）承诺每天花10%或更多的时间在一起。

（3）承诺尽量避免对恋人的负性评判。

（4）承诺专一和真诚。

（5）承诺发生矛盾时不冷战，当天的矛盾当天化解。

（6）承诺彻底沟通彼此的想法。

（7）承诺尊重彼此的朋友和家人。

（8）承诺要付出努力，让恋人幸福。

（9）承诺在两人争吵时不算"旧账"。

（10）承诺当不再爱对方时会坦诚相告，不欺骗、隐瞒对方。

💙 心灵天地

➕ 心理保健

一、方法指南

假如你非常爱一个人，不管付出多少，你的爱情都不会枯竭，依然会那么浓烈和深厚。那么，追求爱情的同学们，怎样才能做得更好呢？以下几点建议可供你借鉴。

（一）对女生的建议

1. 注重第一印象

和对方相处时，要展现自己的魅力，给他留下良好的第一印象。第一，要注意仪表，适当的打扮是必要的，通过装扮可以给对方留下深刻的印象。例如，一条清新素雅的长裙，或者一个别致的头饰等，让对方注意到你。但是，切不可过分醉心于华丽，刻意追逐流行服饰。第二，和悦地微笑。微笑是女人最好的化妆品，也是爱情最好的催化剂。你的微笑是向对方发出欣赏和喜欢的信息，让他愿意和你在一起。第三，赏识对方。通过肯定的眼神、耐心的倾听以及真诚的赞赏，可以让对方

体验到被关注、被欣赏的感觉，由此产生和你交往的想法和期待。

2. 制造更多的机会

发现了你喜欢的男生时，不要急于追求，太过急切地追求往往会将男生吓跑。首先，要弄清男生是否已有女朋友，以免仓促追求，徒留尴尬。然后，想办法多接近对方，例如，借书或球拍，一借一还，一本书或一副球拍便成为两次接触的借口，而且不着痕迹，既自然又合理。或者留心男生常去的场所，如果男生经常去图书馆学习，你也可以坐在他附近学习等。

3. 保持适度的矜持与神秘感

矜持可以让自己保持神秘感，提升自己的吸引力。在没有和对方确定关系时，矜持还可以给对方留下稳重的印象，如果男生对你有好感，你的矜持往往会激起他主动和你交往的冲动。但是，矜持要适度，一味拘谨、与男生保持距离也可能会让心仪的男生知难而退。不妨偶尔主动一下，给对方发个信息，说说心情或天气，让他有勇气和你拉近距离。

（二）对男生的建议

1. 注重第一印象

无论对于男生还是女生，第一印象在恋爱中都起着重要作用。男生不必过分讲究穿着，但是打扮上一定要整齐干净，发

型要梳理得当，不要追求奇异的服装和发型。见到心仪的女生，要主动去搭话，介绍自己，让对方初步了解自己，并在交谈中了解对方的兴趣和爱好。

2. 举止有礼

有礼的男生可以是低调内敛的，也可以阳光外向，洋溢着积极向上的力量，但是绝不粗鲁。和女生交往时可以主动提供帮助，但当女生对自己的主动表现出反感时，要知趣地后退，尊重女生的感受。和女生交谈时，要充满自信，能理性客观地看待自己，尊重对方，不要自我标榜，更不要盛气凌人、自吹自擂。

3. 主动关心

每个人都希望得到关注和认可，女生也是如此。当她生病或遇到困难时，要主动做一些事情，例如，买药、帮忙打水等，并给予情感支持，安慰对方；每天主动给对方发短信问候，例如，嘱咐对方晚上早点休息，天气变化注意增减衣物，或者赞美对方的表现、服饰等，让对方逐渐适应有你陪伴的日子。特别要注意的是，记住和女生相关的特殊日期，例如她的生日、你们相识的日子等，你可以发送问候的信息，也可以准备一些精巧的小礼物。

二、课堂实战演习

请以小组为单位，进行角色扮演。

程序：

（1）每4名同学结成一组，包括2名男生、2名女生，分成两对进行角色扮演。

（2）教师设置爱情情境，包括以下主题：

如何向心仪的异性表达爱情？

如何拒绝一个自己不爱的人？

如何约会，建立和发展爱情？

（3）每个小组的同学抽签决定要表演的主题。

（4）小组内讨论如何以最有创意的形式展现要表演的主题，然后分为两对进行角色扮演。对于第1、第2个主题，可以小组内一对异性表演男生向女生表白或拒绝对方，另一对表演女生向男生表白或拒绝对方。

（5）各小组表演展示小组成果。

（6）小组讨论：

观看了全班同学的表演之后，你喜欢哪一种表白方式？哪一种拒绝方式让你感到好接受一些？

_____

_____

_____

你觉得怎样约会有利于爱情的建立与发展？

_____

_____

_____

_____

你从大家的讨论中学到了什么？

_____

_____

_____

_____

📱 小贴士

本章核心概念

　　爱情；恋爱；恋爱动机；恋爱心理；爱的责任；承诺

本章小结

　　1. 理解爱情，学会正确处理恋爱与学业、恋爱与未来职业发展之间的关系，对于学生收获幸福美满的爱情非常重要。

　　2. 爱情作为人与人之间一种特殊的社会关系，具有其鲜明的现代特征：自由性、平等性、强烈性、排他性以及持久性。

　　3. 一般来说，恋爱心理的发展要经历以下五个阶段：萌芽期、酝酿期、表白期、热恋期和平稳期。

　　4. 职业院校学生常见的恋爱心理特点有：公开性、浪漫性、自主性、开放性、不稳定与不成熟性以及承受挫折能力较差。

　　5. 职业院校学生应该培养正确的恋爱动机。需要做到以下几点：理解爱情，感悟爱情真谛；提升自信，关爱自我；充实生活，丰富自我。

　　6. 职业院校学生应该学会接纳恋爱双方的差异。培养爱的能力、维持爱的能力、发展爱的能力以及提高爱情抗逆力。

　　7. 培养爱的能力需要我们识别爱情，迎接爱情，耐心等待爱情；发展爱的能力要做到对恋人持有负责任的态度，真诚有效地沟通。

　　8. 维持爱的能力需要我们懂得爱自己，也要学会爱他人。懂得爱自己要求我们正确认识自己，学会尊重自己并对自己负责。学会爱他人要保持恋人之间的平等与尊重，双方都要甘于付出以及学会彼此宽容。

　　9. 恋爱挫折是人生旅途中的一堂必修课，通过挫折我们可以反思自己，端正爱情观念，升华挫折情感，学会调适压力，以更成熟、更美好的姿态迎接成熟的恋情。

　　10. 培养爱的责任需要提升责任意识，坚守爱的承诺。要想提升责任意识，我们需要端正恋爱态度，遵守恋爱道德；摆正爱情位置，正确处理爱情与学业的关系。

坚守爱的承诺首先需要了解承诺的内涵，然后要尊重事实，郑重承诺；增强了解，投入情感；言行一致，付诸行动。

心理测试①

恋爱心理成熟度

辅导案例

拓展阅读资料

［1］俞国良主编．心理健康（第 5 版，中等职业教育课程改革国家规划新教材）．北京：高等教育出版社，2020.

［2］俞国良主编．大学生心理健康（第 2 版，根据教育部《高等学校学生心理健康教育指导纲要》编写）．北京：北京师范大学出版社，2022.

［3］方旭峰主编．爱情进行时：爱情心理发展．汕头：汕头大学出版社，2019.

［4］［美］罗兰·米勒著．亲密关系．北京：人民邮电出版社，2015.

［5］［英］伊恩·麦克尤恩著．最初的爱情，最后的仪式．上海：上海译文出版社，2019.

---

① 田宝伟主编．心理学的帮助：心理学通识读本．北京：高等教育出版社，2011。

第九章
认识职业　直面职业选择

世界上最快乐的事，莫过于为理想而奋斗。

——［古希腊］苏格拉底

⭐ 学习目标

　　通过本章学习，了解职业理想对学生职业发展的作用，职业理想的特点以及如何树立正确的职业理想观；了解职业兴趣与职业选择之间的关系，学会分析自己的职业能力、个性和特长，以及如何根据自身特点选择适合自己的职业；正确认识职业角色和职业指导，学习如何进行职业生涯规划，掌握实现自己职业理想的方法和途径。

主题 25 职业理想与兴趣：我想做什么

人的一生中有大部分时间是在工作中度过的。可以说，工作是我们重要的人生舞台，职业选择关系到我们未来事业发展的成败，对职业的满意度也直接影响了我们对人生的满意度。那么，你想从事什么职业呢？如何选择适合自己的职业，在专业领域不断发掘自身潜能，闯出属于自己的一片广阔天空？让我们一起走进职业的课堂，探索自己的职业理想和兴趣吧！

🔍心理探索

一、树立职业理想

理想是人们对未来事物的合理想象和希望，是个人对未来的追求和向往，是人们的世界观、人生观、价值观在人生奋斗目标上的集中体现。雨果说："人有了物质才能生存，有了理想才谈得上生活。你要了解生存与生活的不同吗？动物生存，而人则生活。"理想是人生的精神支柱，对我们的人生目标、人生态度和人生道路具有积极的导向作用，照亮我们前行的道路，点燃我们奋斗的激情。

职业理想是人生理想的重要组成部分，是职业生涯发展的动力。职业理想是人们对未来职业以及事业上获取成就的追求和向往，与人的价值观、世界观、人生观是密切相关的。职业理想是社会发展的产物，是随着生产力的发展和社会分工的出现而产生和逐步发展起来的，它决定着人们在职业生活中的事业心和责任感。我们在进入职业院校时对专业的选择，其实已经在一定程度上体现了自己的职业理想，只是这种职业理想是模糊的，具有一定的从众性和随意性。随着年龄和社会阅历的增长以及知识水平的提高，我们对自己也有了清晰的了解，对社会和职业有了更加深刻的认识，会逐渐在理性的基础上形成相对稳定的职业理想。

职业理想不等于理想职业。理想职业指人们心中最希望从事的职业，带有一些理想化的成分。一般认为，当个人的能力、职业理想与职业岗位达到最佳结合时，这个职业才称得上理想职业。理想职业侧重于职业，职业理想侧重于理想，是两个不同的概念。例如，某同学的职业理想是通过不断奋斗，成为市场营销领域的精英。在职业理想的驱动下，即使他毕业后一时找不到适合自己的理想职业，也会在当前的工作岗位上尽职尽责，通过努力获得职业上的成就，不断寻找自我发展的机会，最终实现自己的职业理想。

（一）职业理想的特征

职业理想是具体的、现实的，具有以下基本特征。

第一，时代性。随着时代的变迁，社会生产力水平不断提升、各个领域的社会实践不断向深和向广发展，人们对职业的追求及其职业理想也会发生变化。例如，随着计算机技术的发展，学生的职业理想可以扩展到计算机工程、软件工程、电子商务、游戏开发等领域。因此，职业理想要以客观现实为基础，符合社会的发展和时代的要求，在社会需要的岗位上充分发挥自己的才能。

第二，社会性。人们通过自己的职业履行公民对社会应尽的义务，每种职业都有其特定的社会责任。例如，教师的社会责任是教书育人，医生的社会责任是救死扶伤，售货员要童叟无欺、诚信经营等。学生要想实现自己的职业理想，在相关职业领域找到自己的位置和价值，必须要培养自己的社会责任感，学会理性分析，拒绝形形色色的诱惑，遵从职业道德。

第三，发展性。一个人的职业理想会因时间、地点、生活经历的变化而发生变化。你小时候的职业理想是什么？或许你在孩提时代想当一名解放军，长大以后却希望做一名幼儿教师，在幼儿教育领域闯出一番天地。我们可以在人生旅程中不断调整职业理想，尝试不同的领域和方向，积极适应社会和个人发展的需求，最终找到适合自己的人生道路。无论遇到何种困境和挑战，坚持不懈、积极进取都是实现个人价值和取得成就的关键。

第四，个体差异性。正如世界上没有完全相同的两片树叶，也没有完全相同的两个人。每个人的思想品德、知识结构、能力水平不同，相貌、身高、身体状况、兴趣爱好和气质性格也都不同，这些都影响了一个人的职业选择。因此，每个人的职业理想都不尽相同。在选择职业的时候，一定要考虑自己适合从事哪些职业，不适合从事哪些职业，这样才能充分发挥出自己的潜能，为社会作出更大的贡献。

（二）职业理想对学生职业发展的作用

"理想是指路明灯。没有理想，就没有坚定的方向；没有方向，就没有生活。"在职业生涯中，我们从事的每一份工作都是未来事业发展的重要组成部分，要想在某个领域内事业有成，就必须树立适合自己的职业理想，并为实现该理想而努力奋斗。一般来说，职业理想对学生的职业发展具有以下作用。

第一，职业理想是职业发展的航标。如果说，理想对我们的人生起着重要的导向作用，是我们思想和行为的定向器，那么，在职业发展的海洋中，职业理想就为我们指明了前行的方向。一个有着清晰的职业理想的人，在职业准备、职业选择、职业适应等职业发展阶段，都会找到明确的奋斗目标，不至于迷失前行的方向。职业院校学生正处于职业探索和职业准备的重要阶段，拥有明确的职业理想，可以帮助我们确定学习阶段的奋斗目标和学习任务，我们在努力实现这些阶段性目标的过程中，就离职业理想越来越近了。

第二，职业理想是实现自我价值的动力。职业理想是人们对未来职业的追求，它不仅包括了工作的行业、类型，还包括了工作中的自我价值感和满足感。我们将来所从事的职业是实现自我价值的重要来源，在职业领域内的成就是人生自我价值感的重要支持，这些都需要在职业理想的指导下才能实现。学生有了明确的职业理想，为了让美好的憧憬成为现实，就会更加珍惜学校的学习时光，努力提高职业技能和综合素质，为将来的职业发展做好充分的准备。

第三，职业理想是事业成功的精神支柱。无论在顺境还是逆境中，职业理想都是人们成就事业、推动社会进步的精神力量，它会激励着人们克服重重困难，朝着自己的职业目标前进。法国文学巨匠巴尔扎克小时候的职业理想是成为一名文学家。在20岁时，他写过剧本，却失败了。但他坚信自己的才能，尽管负债累累，他仍然发奋读书，每天勤奋工作。经过20年的

不懈努力，终于写成了《人间喜剧》(La Comédie humaine) 这部巨著，实现了自己的职业理想。诸如此类的例子有很多，但凡在某一领域有所成就的杰出人物，都有自己的职业理想。即使遭遇重重困难，跌倒之后也能重新站起来，这就是职业理想的力量。

（三）职业院校学生职业理想的特点

职业院校学生正处于从青少年向成人转变的重要时期，生理发育已基本成熟，心理发展程度也有了很大提高，其职业理想主要具有以下特点。

（1）职业自我概念增强，职业理想逐渐明晰。和中小学阶段相比，学生的自我认识水平不断深入，独立意识增强。通过专业课的学习和实习，很多学生对自己的专业有了更多的了解，开始探索自己在本专业发展方面的优势和不足，了解自己的职业兴趣、职业能力是否和未来职业相匹配，确立职业自我概念，职业理想逐渐明晰。但学生的自我认识易受环境的影响，当面对职业发展中的"理想我"和"现实我"、"理想职业环境"和"现实职业环境"之间的落差，或遭遇职场挫折时，可能会对自己的职业能力评价过低，对未来职业发展前景悲观失望，对自己实现职业理想的能力产生怀疑，甚至会安于现状，不思进取，丧失职业理想。

（2）职业理想不断调整，职业选择渐

趋理性。职业理想形成之初，职业仅仅作为谋生的手段，较少考虑职业发展的前景、职业成就等因素，职业选择的功利性较强，带有一定的盲目性。随着对职业以及自我了解的深入，学生的职业认知能力不断增强，有些学生在调整职业理想时开始考虑自己的兴趣、个人的发展以及职业前景等因素，然而这也仅仅是关注个人的前途和职业收入，较少考虑到社会需要和社会贡献。随着阅历的丰富和思想的成熟，有些学生的职业理想开始由个人转向社会，考虑职业的社会需求，职业发展对社会的意义，将职业作为个人创业、创新，实现自我价值的重要平台，将职业理想和社会发展有效地结合起来。

总之，职业既是我们谋生的手段，更是为社会服务的途径，在不同职业理想的人的心目中，两者的比重迥然不同。有些学生没有明确的职业理想，对未来发展悲观失望，在职业选择中随波逐流，仅仅将职业作为生存的工具。然而，也有很多学生能够将自己的职业理想根植于所处的社会时代，利用职业发展的广阔平台，最大限度地实现自己的价值。

（四）如何树立职业理想

职业理想是实现自我发展和推动社会进步的精神力量。拥有崇高的职业理想，才能满腔热忱地投入本职工作中，在未来的岗位上尽职尽责，兢兢业业，对社会作出贡献。由于职业理想具有个体差异性，每个人的家庭背景、知识能力、价值观都不尽相同，因而不可能有统一的职业理想。因此，学生要树立适合自己未来发展的职业理想，要认识自己、了解职业、了解社会、树立正确的人生观和职业观，这样才能实现人与职业之间的合理匹配。

1. 认识自己

在古希腊的阿波罗神庙中，镌刻着这样一句箴言：认识你自己。可见认识自己不是一件容易的事情，千百年来，人们都在不停地求索如何认识自己。全面地认识自己是树立正确职业理想的前提。认识自己不仅包括认识自己的生理特点，如身高、体重、相貌等，还要了解自己的心理特点，如兴趣、能力、气质、性格以及自己的内在需求等。此外，我们还要全面认识"现实的我"和未来职业领域中"理想的我"之间的差距，了解自己的优势和不足，才能对自己进行合理的定位。

以下几个问题可以帮助我们了解自己。

☆我的梦想是什么？

☆我对什么感兴趣？（将所有能够激发你热情的东西列出来）

☆我做人和做事的价值观是什么？

☆我有什么样的优势和不足？

通过自我认识，我们对自己能做什么会有较为清晰的想法，这能帮助我们制定适合自己实际情况又切实可行的奋斗目标，进而确立一个可以实现的职业理想。

2. 了解职业

由于每个人的身心特点不同，适宜的职业的范围存在差异，不同类型的职业也对从业人群有着不同的要求。因此，确定自己的职业理想，就要对职业有所了解，这样才能在将来的职业生涯中发挥自己的特长，让潜能得到最大限度的发挥。了解职业包括了解职业分类、职业性质、职业地位、职业需求信息、职业报酬条件、职业发展趋势等。有些职业虽然现在不是热门职业，但是随着社会的发展，可能会逐渐成为热门职业。此外，每种职业都有与之相适应的职业能力要求，除了具备观察能力、逻辑思维能力、语言表达能力等一般能力，一些特殊行业还会有特殊要求。因此，还要了解该职业对人员的素质要求，包括学历、专业、性格等方面的要求。了解职业对从业者的要求和发展趋势，可以帮助我们实现自己和职业的最佳匹配。

3. 了解社会

树立正确的职业理想，要全面、科学地了解社会的需求，把个人需要与社会需要统一起来。

首先，了解党和国家关于经济发展的大政方针，认清当前的经济形势和发展趋势。当前世界正处于知识创造财富的时代，知识就是生产力。知识经济时代带给人们的不仅是科技的进步和生活水平的提高，更多是观念的进步。只有不断地与时俱进，实时更新观念，才能跟得上时代发展的脚步。

其次，了解社会对人才的需求。由于求职中竞争激烈，有些学生对自己的能力缺乏自信，对求职充满恐惧。社会对人才的需求是多样化的，既需要理论型人才，也需要实践型、技能型人才。要相信天生我材必有用，各种类型的人才都有用武之地。此外，社会对人才的需求是不断变化的。今天的热门职业，明天可能变成冷门。因此，确立职业理想要与社会需要密切联系起来，才能让理想之树健康成长。

4. 树立正确的人生观和职业观

人生观是人们对人生目的和人生意义的根本看法和态度。职业观是人们对选择职业与从事职业所持有的基本观点和态度。职业观是理想在职业问题上的具体反映，是人生观的重要组成部分。人生观不同，其职业理想不同，职业观也不尽相同。职业观包括三个基本的要素：维持生活、完善个性、服务社会。三者的地位和比例不同，构成不同的职业观。正确的职业观主要表现在为社会作贡献及实现个人人生价值两方面。因此，我们选择职业首先要能够维持生活；其次是在工作中不断完善自己的个性，实现自我价值；最后应在工作中承担应尽的社会义务，服务于社会。只有这样，我们才能让自己的职业理想符合人民群众的根本利益，把选择职业与选择人生道路有机地结合起来。

综上所述，职业理想是社会和时代的

产物，随着社会的发展以及人们认识的深入，职业理想也会不断发生变化。学生在走向社会之前，对社会和职业的了解不一定科学、客观，需要通过职业实践检验，不断过滤职业理想中的幻想成分，对自己的职业理想进行合理的调适，让职业理想为社会、为人民服务，为人类造福。

二、培养职业兴趣

兴趣是快乐工作的源泉，是进行职业选择的重要依据。在兴趣的支配下，人们在工作中会表现出高度的自觉性和积极性，即使遇到困难也会努力克服，最后取得工作中的成功。

（一）兴趣与职业兴趣

兴趣是指人们积极探索某种事物的倾向。稳定而持久的兴趣可以使人们对某一事物产生深刻的认识，影响着我们对工作的投入程度，是职业规划中自我探索的重要方面。

职业兴趣是兴趣在职业领域的延伸，指人们对某种职业活动产生的比较稳定而持久的心理倾向。人们对某种职业感兴趣，就能在学习和工作中集中注意力、积极主动且富有创造性地完成任务，并体验到工作带来的成就感和满足感；相反，如果对自己的职业不感兴趣，则会感到枯燥乏味，甚至厌烦自己的工作，很难获得事业上的成功。可以说，职业兴趣对我们的职业选择和职业规划具有重要的作用。

（二）职业兴趣与职业选择

职业兴趣是职业选择的重要依据，也是促使人们忘我地投入工作的一种强大的精神力量。职业兴趣会影响人们的职业选择方向和职业理想。人们在择业过程中，除了考虑待遇、环境等问题外，更重要的因素就是自己对这份工作是否感兴趣。如果人们对所从事的职业有着浓厚的兴趣，即使最初薪水不高，工作较为辛苦，也会感到精神愉快，充满乐趣，并为了实现自己的职业理想不懈努力，最终会在该职业领域有所收获。

职业兴趣可以使人们尽快熟悉并适应职业环境和职业角色。从学生角色向职业角色转化的过程中，会遇到很多困难和挫折。职业兴趣可以帮助我们接纳现实，调整心态，尽快投入工作中，积极主动地规划和完成任务，发挥自己的创造性。当遇到困难时会主动思考解决的方法，而不会轻易放弃，从而使潜能得到充分开发和利用，能力也因在职场中的磨炼而不断增强。

不同的职业兴趣对应着不同的职业，职业兴趣如果与职业相匹配，可以激发工作的动力，最大限度地发挥个人潜能。对于职业兴趣和职业选择之间的关系，国内学者做了如下分类（表9-1）[1]。

---

① 共青团中央学校部，中国青少年研究中心编.大学生职业生涯设计.北京：中国言实出版社，2004。

表9-1　兴趣类型与职业选择

职业兴趣（喜欢从事的活动）	相应职业（适合的职业）
与事物打交道	制图、勘测、工程技术、建筑、机器制造、会计等
与人接触	记者、推销员、服务员、教师、行政管理等
做规律性强的事情	图书管理、档案管理、邮件分类、文字录入、统计等
社会福利和助人	律师、咨询人员、家政、科技推广人员、医生、护士等
领导和组织工作	行政人员、企业管理干部、学校领导和辅导员等
乐于研究人的行为	心理学、人类学、政治学、人事管理、思想教育研究等研究工作以及教育管理工作等
从事科学技术事业	生物、化学、工程学、物理学、地质学等
抽象的和创造性的工作	社会调查、经济分析、各类科学研究工作、化验、新产品开发等
操作机器的技术工作	驾驶员、飞行员、机械制造、建筑、石油、煤炭开采等
具体的工作	室内装饰、园林、美容、理发、手工制作、机械维修、厨师等

成长链接

心理活动与体验

一、活动在线

你了解自己和家人的职业理想、职业兴趣吗？下面的活动可以帮你对自己和家人有更多的了解。

（一）活动名称

家庭职业图。

（二）活动内容

画出家庭图。男性用方框表示，女性用圆圈表示，以下图为例。然后在每个人的旁边写上年龄、目前的职业、职业兴趣和职业理想四条信息。如果不知道家人的这些信息，可以向家人询问。

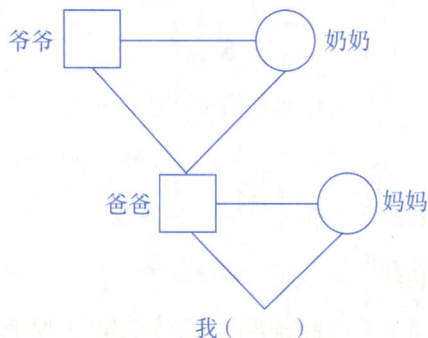

完成家庭职业图后，请回答下列问题。

（1）你从自己的家庭职业图中有什么发现？

_____

_____

（2）哪位家人的职业理想、职业兴趣与现在的职业是匹配的？

_____

_____

（3）家人的职业理想、职业兴趣与现在的职业对你有什么影响？

_____

_____

（4）你从小组同学的分享中学到了什么？

_____

_____

二、体验分享

有一个年轻人，身上背着七个背囊，分别是美貌、金钱、荣誉、理想、机敏、健康、学识，在漫漫人生路上长途跋涉。有一天，他走到一个渡口，坐船过河。渡船刚开出的时候风平浪静，过了不知道多久，突然风起浪涌，渡船上下颠簸，险象环生。老艄公对年轻人说："船小，负载太重，客官您必须丢掉一个背囊，才可安全到达彼岸。"可是年轻人不想丢掉任何一个背囊，老艄公又说："有弃有取，有舍有得！年轻人，生命只有一次！"年轻人想了想，把"理想"丢到了水里……

小组讨论与分享：

（1）年轻人丢弃了理想后，今后的生活会怎么样呢？

（2）你的理想和职业理想分别是什么？

（3）在实现职业理想之前，你可能会遇到哪些困难？你有信心克服这些困难吗？

拓展训练：同学们的讨论对你有什么启示？

_____

_____

_____

三、心海扬帆

你在大海中航行，看到了六个小岛，这六个岛屿各有特色：

A岛：美丽浪漫的岛屿。弥漫着浓厚的艺术文化气息，很多文艺界的朋友来寻找灵感。

S岛：友善亲切的岛屿。居民个性温和、友善、乐于助人，社区有一个密切互动的服务网络，人们重视互助合作，重视教育，关怀他人，充满人文气息。

E岛：显赫富庶的岛屿。居民善于企业经营和贸易，能言善道。经济高度发展，处处是高级饭店、俱乐部、高尔夫球场。来往者多是企业家、经理人、政治家、律师等。

C岛：现代、井然的岛屿。岛上建筑

十分现代化，以完善的户政管理、地政管理、金融管理著称。岛民个性冷静保守，处事有条不紊，善于组织规划，细心高效。

R岛：自然原始的岛屿。岛上自然生态保持得很好，有各种野生动物。居民以手工见长，自己种植花果蔬菜、修缮房屋、打造器物、制作工具，喜欢户外运动。

I岛：深思冥想的岛屿。有多处天文馆、科技博览馆及图书馆。居民喜好观察、学习，崇尚和追求真知，常有机会和来自各地的哲学家、科学家、心理学家等交流。

思考：假如只有七天的假期，让你选择一个岛屿去生活，你会选择哪个岛屿？为什么？

假如你要去某个岛屿度过一生，你会选择哪个岛屿？为什么？

你有什么发现？你的两个选择一致吗？

你刚才进行的是霍兰德职业兴趣测验，六个岛屿代表着六种典型的职业兴趣类型。R岛的职业兴趣类型是实用型，I岛是研究型，A岛是艺术型，S岛是社会型，E岛是企业型，C岛是事务型。这六个类型按照固定顺序（RIASEC）排列成六边形（如下图所示）。

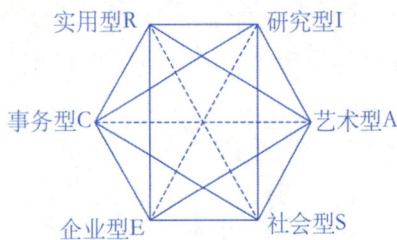

实用型（R）：这类人愿意从事事务性的工作，喜欢技术性和体力性的工作，喜欢与机械打交道，以及各种修理工作，他们对大自然和户外感兴趣。不喜欢模糊、抽象的问题，不善于交际，不喜欢在办公室工作。典型职业为工程师、木匠、机械业和军事工作者等。

研究型（I）：有明显的科学倾向，喜欢收集和处理信息，喜欢探索和理解事物，分析和解释资料，倾向于独立工作。具有分析概括和抽象思考能力，典型职业为生物学家、数学家、物理学家以及实验室工作人员等。

艺术型（A）：喜欢创作，重视审美品质，自我表现欲和参与性很强，在活动中表现出艺术兴趣。喜欢写作、表演、音乐、色彩。典型职业为音乐家、画家、作家以及室内装潢师等。

社会型（S）：喜欢与人打交道，喜欢帮助别人，与他人合作，善于与人交往，善解人意。典型职业为教师、社会工作者以及社会服务人员等。

企业型（E）：追求领导地位和权力，善于说服别人，喜欢竞争，希望成就一番事业。典型职业为企业家、官员、经理人员以及市场或销售人员等。

事务型（C）：喜欢组织和处理数据，喜欢具体的、实际的、有秩序的工作，希望确切知道工作的要求和标准。愿意在公司或政府机关工作，但一般处于执行和从属地位。工作认真细心，条理性好。典型职业为会计师、银行出纳以及档案文书等。

霍兰德的兴趣理论认为职业兴趣可以影响人们对自己职业的满意程度，当个体所从事的职业和其职业兴趣类型匹配时，个体的潜能可以得到最充分的发挥，工作业绩和工作效能也显著提高。霍兰德职业兴趣测试不仅可以帮助大家清晰地了解自己的职业兴趣类型以及自己在职业选择中的主观倾向，还可以帮助大家做好职业选择和职业设计，从整体上认识和发展自己的职业能力，避免职业选择中的盲目行为。

💙 心灵天地

➕ 心理保健

一、方法指南

在一项社会调查中，当一些求职者被问到"职业理想"时，相当一部分人说自己没有职业理想，有工作就做；有人说："进入全球500强企业。"还有人说："有个工作就行，在就业形势这样严峻的情况下，谈职业理想真的没有必要。"那么，我们真的不需要职业理想吗？该如何正确看待自己的职业理想呢？

（一）职业理想很重要

一个人在任何情况下都应该有一个长远而又切实的职业理想。很多同学刚开始找工作时还有一定的目标，但是越找就越没有目标，感到很迷茫。究其原因，很大程度上是因为他们没有树立正确的职业理想。

因此，职业院校阶段是我们了解自己和职业信息、树立职业理想、做好职业准备的关键时期。毕业后，我们就进入了"职业探索期"。在这段时间里，我们会发现职业理想与现实之间存在着较大差异。但是，正是在这样一个探索、磨合的阶段，我们通过在职业实践中不断认识自己，积累工作经验，提高自身的能力和素养，同时对自己的职业理想进行调整，并积极寻找机会发展自己。

（二）事业比金钱重要

"追求高薪"是职业理想吗？在现代社会中，人们通常会认为理想就是实现某些物质利益，例如钱、名誉或者地位。其实不然，高薪并不等于职业理想。职业理想是人们对未来职业以及事业上获取成就的追求，而事业上取得的成就远远不是用金钱衡量的。我们生命的价值在于为社会、为人民做了多少有意义的工作，而不在于拥有多少钱。在努力工作的过程中，我们可以找到自我实现的快乐，感受到生活的意义。

（三）先就业再择业

面对严峻的就业形势，先就业再择业也不失为一种明智的选择。有的同学或许会说："这不是让职业理想向现实妥协吗？"其实不然。先就业并不是说放弃职业理想，而是因为缺乏相关的工作经验，先就业可以让我们在实践中锻炼自己，调整自己的职业理想，让职业理想更切实可行，为择业做好准备。

此外，即使我们有着坚定的职业理想，也并非毕业后立刻就能实现，需要有计划、有步骤地进行。我们可以将职业理想作为制定行动目标的指南，将职业理想分成许多小目标，一步一步地实现它。

二、课堂实战演习

有些学生入学以后，发现所学专业和自己想象中不一样，对专业充满抵触情绪。你有类似的困扰吗？请阅读下面的案例，想一想如何帮助小敏同学解决她的问题。

小敏（化名）是某职业院校食品加工专业的学生，但是她对食品加工专业没有任何兴趣，甚至对这所学校都充满了排斥情绪。可是这又有什么办法呢？"只能怪父母和自己填报高考志愿时没有经验，我才被调剂到这所学校的食品加工专业。"小敏无奈地告诉班主任。

小敏现在感到十分痛苦，"我很喜欢市场营销，本来是想读商学的，可是事与愿违啊！"小敏出生于生意之家，三代经商，她对经商十分感兴趣。她是一个性格活泼、头脑灵活的女孩，现在却要每天面对各种面粉和营养食谱。每次上课的时候，小敏就"身在曹营心在汉"，翻阅各种关于市场营销的杂志；小组课外实践的时候，她就偷懒逃避。一年下来，她的专业成绩可想而知，几门课程挂科是意料中的事了。这时小敏有些着急，再这样下去可能连毕业证都拿不到了。小敏很想找到解决问题的办法。她不喜欢自己的专业，可是这偏偏又关系到她未来的发展。她该怎么办？

（1）小敏的问题主要是什么？

（2）你认为有哪些好的解决方法？将你能想到的方法和大家分享。

（3）你有这方面的困惑吗？如果这件事发生在你身上，你会如何解决呢？

_____

_____

_____

_____

📱 小贴士

主题 26 职业能力与个性：我能做什么

同学们，当我们树立了明确的职业理想，是否就一定能够实现职业理想，成为自己想要成为的人呢？在实现理想的过程中，我们还要不断了解自己的能力和个性，清楚地知道自己能做什么、适合做什么，从而缩短理想和现实的距离。

🔍 心理探索

一、职业能力

（一）能力与职业能力

能力是人们顺利完成某种活动所必备的心理特征。任何一种活动都要求参与者具备一定的能力，而且能力直接影响着活动的效率。能力不仅指已经学会了的知识和技能，也包括个体的潜能。能力可分为一般能力和特殊能力。一般能力是人们在完成大多数活动时共同表现出来的能力，包括注意力、观察力、记忆力、思维力、语言表达能力和社会交往能力等，其中抽象概括能力是一般能力的核心。这些能力是每个人都具有的基本能力，人们完成的任何一项活动，都和这些能力的发展分不开。特殊能力指在某种专业活动中表现出来的能力，它是顺利完成某种专业活动的条件，也就是人们通常所说的特长，如计算能力、音乐能力、绘画能力等。

职业能力是指人们从事某种职业活动必须具备的各种能力。职业能力分为一般职业能力、专业职业能力和综合职业能力。一般职业能力主要是一般的学习能力、语言表达能力、空间判断能力；专业职业能力是指从事某一专业的职业能力，反映个体在某一方面的专业素质，在求职的过程中，企业最关注的就是求职者是否具有胜任岗位工作的专业能力；综合职业能力是个体素质的综合体现。

在职业活动中，不同的职业都有自身所需要的特殊能力，如管理人员的人际协调能力、机械工人的手眼协调能力和动手操作能力、教师的语言表达能力、驾驶员的空间判断能力等。

（二）培养职业能力的意义

第一，提高就业竞争力。在当前就业环境严峻、竞争异常激烈的形势下，一部分毕业生因为具有较强的职业能力和职业素质，而颇受用人单位的欢迎，而那些职业能力不足者，则很难在激烈的就业竞争中找到适合自己的位置。因此，我们要注重培养与锻炼自身的职业能力，这对于提升未来的就业竞争力具有极为重要的意义。

第二，适应社会发展。目前，科技迅猛发展，新学科不断涌现，知识生产高度分化和高度综合，社会各行各业对人才的要求也越来越高。为了适应社会发展对人才提出的新要求，我们既要发展自己的专业知识和专业技能，又要注重良好心理素质的培养以及对环境变化的适应能力的提升，还要锻炼自己的创新能力、问题解决能力、理论联系实际的能力等。

第三，实现个体全面发展。职业能力的提高是个体全面发展的重要内容和主要任务。我们想要成为一名适应社会全面发展的应用型人才，就必须加强自己职业能力的培养，在反复实践中锻炼自己的实际操作能力、创新能力、适应能力、人际沟通能力以及团队协作能力等。职业能力的强弱直接关系到求职就业、自我成长以及未来事业的成败。

（三）职业院校学生应具备的职业能力

职业教育的培养目标是使学生具备从事一种或一类职业的能力，为生产和服务一线提供高素质的劳动者和技能型应用人才。因此，从某种意义上说，职业教育就是就业教育，职业能力是职业院校学生成功就业的重要条件，职业能力的培养是职业教育的首要任务和重要目标。那么，作为面向生产、服务和管理第一线的职业院校学生应该具备哪些职业能力呢？

第一，职业认知能力是形成职业能力的前提。职业认知是指人们主动了解某个职业，并形成对该职业的认识和评价。我们的职业认知能力越强，对职业就会有越深刻的认识，越能准确、客观地结合个人实际，制定恰当的就业目标，找到适合自己的工作。

第二，相关职业技能是形成职业能力的基础。现在很多学生感慨就业难、就业机会少，可能是因为缺乏专业知识和专业技能。作为技术型人才的职业院校学生，应该具备过硬的专业知识和熟练的职业技能。

第三，职业品质是形成职业能力的核心。职业品质是个体在职业活动中表现出来的思想、态度、认识等相对稳定的倾向和特征，主要包括职业道德、职业态度以及责任意识等。我们不仅要重视自己职业技能的培养，更要注重职业品质的提升。

第四，职业适应能力是形成职业能力的关键。职业适应能力包括环境适应能力、角色适应能力、技能适应能力和人际适应能力。我们要注重培养自己的环境适应能力，学会如何顺利完成从学生角色到职业角色的转变，理顺职场中的各种人际关系，尽快熟悉并掌握职业要求的技能。总之，想要在人才济济的社会中竞争成功，就需要不断地充实自己，提高自己的职业适应能力。

二、个性、性格与气质

（一）个性的内涵

个性是一个人整体的精神面貌，是个体具有一定倾向性的各种心理特征的总和。每个人都有自己独特的个性，例如，有人活泼开朗，有人敏感多疑，有人内敛沉静……个性包括个性心理特征和个性心理倾向性。个性心理特征是指个体经常表现出来的本质的、稳定的心理特性，包括能力、气质、性格，其中，性格居于核心地位，决定个人的活动方向，是区别于他人的最主要特征。个性心理倾向性是指具有一定的动力性和稳定性的心理成分，构成个体的内部动力系统，决定着个体对认识对象的趋向和选择，包括需要、动机、兴趣、理想、信念和价值观等，其中，需要是个性心理倾向性的源泉，只有在需要的推动下，个性才能形成与发展。

个性具有自然性与社会性、稳定性与可塑性、独特性与共同性等特点。自然性与社会性是指人的个性是在先天遗传、成熟、环境、教育等后天因素的交互作用下逐渐形成起来的。稳定性指人的个性是相对稳定的，例如，一个性格外向的人，在很多场合会表现出活泼开朗的特点，这种特点历经多年都不会发生很大的变化。当然，这并不是说个性就一成不变，随着社会的发展、教育的影响以及个人的努力，

个性也会发生某种程度的改变，即个性具有一定程度的可塑性。独特性是指每个人的心理、行为各不相同，即使是同卵双生子长大成人，也同样具有自己个性的独特性。共同性指某一群体、某个阶级或某个民族有着共同的、典型的心理特点。

（二）性格与性格类型

性格是指个体对现实的态度和相应行为方式中比较稳定的、具有核心意义的个性心理特征，是一种与社会相关最密切的人格特征，性格中包含许多社会道德含义。性格在一定程度上决定人们的行为方式，影响人们对职业的选择。将一类人身上所共有的或相似的性格特征综合起来，称为性格的类型，心理学家对性格类型的分类主要存在以下几种看法。

第一，理智型、情绪型和意志型。英国心理学家培因和法国心理学家李波特等人依据理智、意志和情绪在性格结构中的优势地位进行划分。理智型的人头脑冷静，情绪稳定，以理智来衡量一切并支配自己的行为；情绪型的人情绪体验深刻，行为常常受情绪支配和控制；意志型的人目标明确，有较强的自制力。

第二，内倾型和外倾型。从心理活动倾向性上划分，性格可分为内倾型和外倾型。内倾型的人心理活动倾向于主观世界，表现为沉静、孤独、好幻想、反应缓慢、适应环境的变化较为缓慢；外倾型的人心

理活动倾向于客观世界，表现为开朗、活泼、善交际、关注外部事物、能较快适应周围环境的变化。

第三，理论型、经济型、审美型、社会型、权力型和宗教型。德国哲学家、教育家斯普兰格根据人类的六种生活方式，将人的性格划分为六种类型。理论型的人理论思维能力强，处事客观冷静，但处理生活实际问题的能力相对较弱；经济型的人注重功利、追求利润，以获取最大收益为目标；审美型的人以追求美为己任；社会型的人善交际、乐于助人，热衷于从事慈善事业和教育工作；权力型的人看重权力，有强烈支配他人的欲望；宗教型的人信仰宗教，以善良为本，富有同情心。

第四，顺从型和独立型。依据个体独立性程度将性格划分为顺从型和独立型。顺从型的人随和、谦虚、易与人合作，但独立性差，缺乏主见，易受暗示；独立型的人善于独立思考，自信心强，不易接受暗示，能果断地处理偶发事件，但容易主观偏激。

（三）气质与气质类型

气质是表现在心理活动的强度、速度、灵活性与指向性等方面的一种稳定的心理特征。人的气质差异是先天形成的，受神经系统活动过程的特性所制约。例如，有的孩子天生就活跃好动，有的孩子则反应较慢，平稳安静。

研究者将气质类型划分为多血质、黏液质、胆汁质和抑郁质四种类型。多血质的人反应速度快、活泼好动、思维敏捷、善于交际、工作能力较强、容易适应新环境，但做事缺乏持久性，注意力容易转移；黏液质的人属于安静型，表现为安静稳重、善于忍耐，但反应缓慢、不够灵活。他们能够较好地克制自己的冲动，不会感情用事，严格遵守既定的生活秩序和工作制度；胆汁质的人属于兴奋型，表现为兴奋而热烈。他们精力旺盛、反应迅速、行动敏捷、直率热情、能以极大的热情投入工作，但情绪容易激动，脾气暴躁、缺乏耐心；抑郁质的人一般表现为行为孤僻、不太合群、观察细致、非常敏感、多愁善感、行动迟缓、优柔寡断等。他们能够与别人和睦相处，胜任别人的委托，感受一般人感受不到的生活细节，但有刻板和不够灵活的特点。

在现实生活中，完全属于一种气质类型的人很少，大多数人都是几种气质的混合，只是在四种类型中，更倾向于其中的一种。气质没有好坏之分，每种气质类型都各有所长，也各有不足，并不能决定人们的生活幸福感和事业成就的高低。此外，气质类型与职业选择的关系也是相对的，关键在于我们要了解自己的气质类型，认识到自己的优缺点，在工作中学会扬长避短，最大限度地调动积极因素。

🔗 成长链接

⌇ 心理活动与体验

一、活动在线

你了解自己吗？下面的活动可以帮助你了解自己的职业能力、职业兴趣等，发现自己的优势、不足以及可能面临的职业机会和风险，快来试一试！

步骤 1：请在"十"字的左上方列出你的优势所在。这些优势可以是个性、兴趣、学习能力、人际交往能力、实践能力等；在"十"字的右上方写出你的不足。

步骤 2：想一想，你最感兴趣的职业是什么？请在"十"字的左下方描述你将来从事该职业的职业机会，例如，人才紧缺、政策优势、人脉资源等；然后在"十"字的右下方写下这个行业所面临的威胁，例如，竞争压力大、对学历要求高等。

步骤 3：沿着对角线画两条直线，让优势对应威胁，不足对应机会。

步骤 4：讨论与分享。

（1）你的优势是否能够应对职业面临的威胁？

_____

_____

（2）你的不足能否通过行业机会去弥补？

_____

_____

（3）你的优缺点与你想从事的职业是否相匹配？

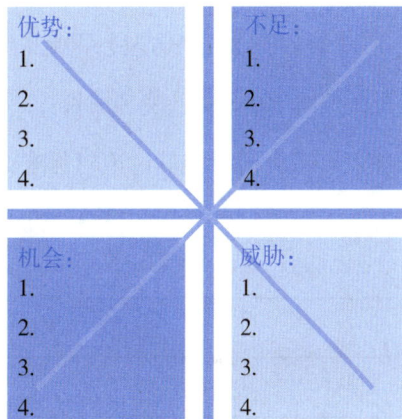

_____

_____

优势：	不足：
1.	1.
2.	2.
3.	3.
4.	4.
机会：	威胁：
1.	1.
2.	2.
3.	3.
4.	4.

二、体验分享

用人单位在人才招聘时，不仅考查求职者的专业和能力是否与岗位匹配，还考虑求职者的性格是否与岗位匹配。例如，科研岗位一般需要求职者认真负责、逻辑性、推理性强；教师岗位一般需要求职者有助人倾向、善于表达、口才好。你的性格适合什么样的职业呢？下面的活动可以帮助你了解自己。

步骤 1：每 5~6 人为一组进行讨论与

分享。

步骤2：每个人都写出自己的理想职业，以及该职业对求职者的性格特征的要求。然后，写出自己的性格特点，判断自己目前能否胜任理想职业。

步骤3：在小组中依次分享自己的性格特点和理想职业，其他同学针对这位同学的陈述进行提问与补充，包括以下两点。

（1）该同学在性格方面还有哪些优势？

（2）针对自己性格与理想职业需要的不匹配，该同学应如何改变和成长？

拓展训练：同学们的讨论对你有什么启示？

_____

_____

_____

_____

三、心海扬帆

我们在选择职业时，不仅要考虑工作性质、工作环境等外在因素，还要结合自己的内在条件。将工作和自我结合起来，选择匹配的职业，这是迈向成功的关键一步。那么，我们该如何认识自己呢？

美国心理学家乔瑟夫和哈里提出了关于自我认识的窗口理论，被称为乔哈里视窗。

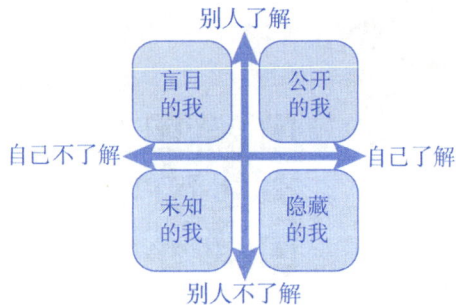

他们认为，人对自己的认识是一个不断探索的过程。

每个人的自我都分为四部分：公开的自我，也就是透明真实的自我，这部分自己很了解，别人也很了解；盲目的自我，别人看得很清楚，自己却不了解；隐藏的自我，是自己了解但别人不了解的部分；未知的自我，是别人和自己都不了解的潜在部分，通过一些契机可以激发出来。由此可知，要了解自我还需要对"隐藏的我""盲目的我"以及"未知的我"进行进一步探索。

"隐藏的我"可以是自己的愿望、雄心和信念，也可以是自己的懒惰、厌烦和嫉妒心，你可以通过记日记的形式来反省自己，了解"隐藏的我"。

"盲目的我"是自己的盲点，通常是自己没有觉察的瑕疵、坏习惯等，我们可以通过同家人、朋友等交流的方式，像照镜子一样来发现自己的盲点。

"未知的我"是有待开发的部分，我们每个人都有巨大的潜力，但通常别人和自己都不容易发觉。因此，我们可以通过一些心理测评工具了解自己未知的潜能，也可以在学习和生活中，通过积极面对问题、解决问题来发现自己的潜力。

此外，在人际交往中，我们可以坦诚地向别人开放自我，与他人分享隐藏的自我，增进别人对自己的了解；还可以通过别人的反馈减少盲目的自我，增强对自己的客观认识。当我们面对新的学习领域或新鲜事物时，不要盲目排斥，尽量去尝试，在这个过程中可以发现自己新的兴趣，激发自己的潜能，不断提升自己。

♥ 心灵天地

➕ 心理保健

一、方法指南

一个人职业的成功，并不完全取决于学历的高低、能力的强弱、综合条件的优劣，还取决于自己是否与所处的职业环境相匹配。当我们进行职业选择时，一定要考虑自身能力、性格特点以及气质类型与

职业的匹配问题。如果我们自身的特点与所选职业不适配，不仅会影响我们在工作中的表现和工作效率，还可能会影响职业发展。美国著名心理学家霍兰德认为："一个人在与其人格类型相一致的环境中工作，容易感受乐趣和内在满足，最可能充分发挥自己的才能。"

（一）能力与职业相匹配

第一，能力类型与职业相匹配。在择业时，首先要了解并分析自己的职业能力，在此基础上寻找与自己相匹配的职业，或者根据自己选定的职业去培养自己的能力。

第二，能力水平与职业层次相匹配。每一种职业对从业者的能力及其能力水平都有一定的要求。我们在选择职业时，要清楚认识到自己的能力水平能否达到职业岗位的要求，如果理想中的职业对能力水平的要求较高，就要试想一下自己如何才能达到其能力要求。可以先选择能力水平较低的职业，然后逐渐向能力水平要求较高的职业发展。

第三，充分发挥自己的能力。人的潜能是无限的，只有不断开发和利用，人才会不断进步和发展。在选择职业时，我们要充分发挥自己的能力和特长，找准自己的优势，抓住机遇，积极面对挑战和挫折，只有这样才能在激烈的竞争中取得事业的成功。

（二）气质与职业相匹配

气质是个体在心理活动和行为表现方面的动力特征，本身并没有好坏之分，却直接影响着我们处理问题的方式和行为反应，从而影响工作效率。

不同气质的人和合适类型的职业相匹配，才能在职业中发挥自己的优势。同时，不同的职业类型对从业者的气质要求也是不同的。一份需要快速做出反应的工作，多血质和胆汁质的人比较适合；而一份要求耐心细致的工作，则黏液质和抑郁质的人比较适合。尤其是一些特殊的职业，例如宇航员、运动员等，这些职业对气质类型的要求比较严格。当然，气质不能决定个人职业的社会价值和成就的高低，不同的气质类型各有自己的优势和不足，无论是哪一种气质类型的人都可以在各自的领域内发挥作用，关键是要懂得扬长避短并进行合理的职业选择和定位。

胆汁质的人工作有激情，行动力强，能够克服工作中的重重困难。适合选择竞争激烈或社会服务型的工作，如推销员、导游、演讲者、节目主持人、外事接待人员等，不适合机械性或稳定性太强的工作。

多血质的人适合那些对外交往比较多、挑战性比较强的职业，如外交官、律师、企事业管理者、驾驶员、记者、运动员等，但不适合做细致单调、环境过于安静的工作。

黏液质的人具有自制和安静的品质，适合那些有条不紊、平静且耐受性较高的职业，如会计、医生、出纳、话务员、保育员、播音员等，但不适合做变化太快且比较激烈的工作。

抑郁质的人反应速度缓慢、情感细腻，适合从事那些安静、细致的职业，例如校对、艺术工作者、打字员、化验员、护士、幼儿教师等，不适合从事营销等职业。

（三）性格与职业相匹配

性格反映了一个人的行为方式，性格与职业环境的匹配是职业满意度和成就感的基础，也决定着个人事业的成功。一项研究发现：98%的成功人士之所以成功，是因为他们从事的职业与他们的性格相匹配。

一般来说，外向型的人适合从事与外界接触广泛、环境多变、热闹的工作，如社会活动家、管理人员、政治家、营销人员、记者、律师、导游员、运动员、教师等；而内向型的人更适合计划性强、比较稳定的职业，如研究员、技术员、图书管理员、会计、打字员、资料管理员、考古研究员、办公室职员等。对于混合型性格的人而言，则应该全面考虑职业要求和自己性格中比较突出的优势，再做出选择。性格受后天的影响比较大，具有可塑性，在职业活动中，我们既可以根据自己的性格选择相应的职业，也可以根据自己喜欢的职业调整自己的性格，使性格和职业达到最佳匹配。

二、课堂实战演习

能力对于将来选择职业、适应职业生活具有重要作用，同学们，你了解自己吗？你有哪些能力呢？在下面的活动中，请同学们用 10 个陈述句来描述自己的能力，并按照能力水平从高到低的顺序进行排列。

我能做的事情有

（1）我能_____

（2）我能_____

（3）我能_____

（4）我能_____

（5）我能_____

（6）我能_____

（7）我能_____

（8）我能_____

（9）我能_____

（10）我能_____

讨论与分享：

请将自己能做的事情同小组成员分享，想一想，你从这个活动中学到了什么？

_____

_____

_____

_____

 **小贴士**

主题 27　职业指导与职业角色：我能怎么做

同学们，你是否还在忙着追求别人眼中最理想的职业？你是否一次又一次茫然失措，徘徊在人生转折的路口？你是否希望未来有目标、有方向，活出美丽的职业人生？让我们学习职业规划，体验职业角色，绘出属于自己的人生导图吧！

🔍 心理探索

一、职业指导与职业生涯规划

（一）职业指导的内容

职业指导也称为就业指导，是职业指导部门根据市场需要和个人需求，让求职者了解社会的职业需求以及自己的职业心理，然后进行个人与职业最佳匹配的辅导过程。职业院校的职业指导内容包括帮助学生了解职业基本信息和相关知识；了解自己，树立良好的职业自我概念；培养学生基本的职业技能，学习职业生涯规划，根据学生的不同需求有针对性地进行有效的就业指导。

（二）开展职业指导的意义

在学校开展职业指导，对实现毕业生的职业理想有着积极的促进作用。通过就业指导，学生能看清就业形势，掌握择业技巧，充分发挥优势，最终找到适合自己的就业岗位，开始自己的职业生涯。

首先，职业指导有利于我们正确认识自我，扬长避短，提高综合素质。职业指导可以帮助学生更加深刻地了解自我，分析自己的性格、职业能力、职业兴趣、职业价值观等，正确评价自己，发现自己的求职优势及不利因素，客观地确立择业目标。

其次，职业指导能帮助学生树立正确的职业理想，培养健康的求职心理。职业指导通过纠正学生不合理的职业理想，例如"高薪高位的职业就是好职业"，帮助学生根据自己的个性特点和社会需求确立合理的择业目标，树立"适合自己的职业就是好职业"的择业观；帮助学生确立合理的就业范围和要求，消除不切实际的就业倾向，及时调整择业心态，树立"脚踏实地"的就业意识；帮助学生根据自己的特点选择合适的职业，尽快完成从学生到职业人的角色转变。

最后，职业指导能给予学生就业技巧的指导，提高就业竞争能力。职业指导通过指导学生掌握面试求职的具体技巧，培养学生的自荐能力，帮助学生树立自信，有效预防和解决求职过程中可能遇到的各种问题，提高学生的就业竞争力。

（三）职业生涯规划

职业生涯是人一生中职业发展的历程，也是职业理想实现的过程，简单地说，就是人一生的工作经历。职业生涯是个漫长的过程，虽然不是我们生活的全部，却是生活的核心，直接决定了一个人的生活质量，对人的一生有重要的影响。可以说，我们每个人的一生都被深深地打上了"职业"的烙印。

职业生涯规划是对自己未来职业的计划和安排，是将自身条件和社会环境相结合，确立职业目标和职业方向，选择职业发展道路，制订相应的计划和行动方案，最后达成目标的过程。简单地说，就是要解决三个问题——"想干什么""能干什么"和"怎么干"。做好职业生涯规划，对我们在职业领域不断发展、实现职业理想有着重要作用。

然而，并不是每一位同学都具有职业生涯规划意识，有些同学对未来职业发展并没有明确的规划，或者是职业规划中存在着各种问题。可能存在的问题如下。

第一，缺乏职业目标。部分学生在高考填报志愿时是盲目的，并没有认真思考应学习哪一门专业及该专业的未来发展方向，也不清楚自己毕业后将从事何种职业。进入大学后，发现自己对所学专业不感兴趣，对未来的职业发展感到迷茫。

第二，自我期望过高。一些学生对就业有较高的期望值，例如，有的学生择业时非常挑剔，会将自己未来的工作定位于高工资、高福利、大企业、大城市。对自己和职场并没有进行理性的分析，没有综合考虑求职竞争的激烈程度、自身条件和个人专长，使自己陷入困境。

第三，自信心不足。每个人都期望自己能有个好职业，但当真正面对竞争激烈的就业市场时，又会表现得信心不足。

第四，就业能力欠缺。就业关键要靠自己，自身素质是就业的根本前提。有些学生对学习不感兴趣，又忽视了实践学习，综合能力偏低，难以满足用人单位的需要。要想在当今社会立足，我们必须要培养积极的就业态度，提高专业技能，不断增强自己的竞争力。

二、学生角色和职业角色

职业角色是指人们在一定的工作活动中所扮演的角色和职业形象，是人们在职业活动中所处地位和发挥作用的表现。在职业人生的大舞台上，有多少种职业就有多少种职业角色，人们通过自我职业角色的展示，实现职业成就和人生价值，完成自我角色的塑造。

我们进入职场之后，会面临着从学生角色到职业角色的转变。那么，学生角色和职业角色有什么区别呢？

第一，社会责任不同。学生角色主要以学校教育为背景，学好文化知识，掌握专业技能，提升自己各方面的能力，为将来服务于社会做好准备。职业角色则以职场和社会为背景，以特定的身份去履行自己的岗位职责，用自己学到的知识服务他人、服务社会，承担更多的职责与义务，不断创造社会效益和经济效益。

第二，社会规范不同。学生角色要求学生遵守国家和学校制定的各种行为规范，如《学生行为准则》《学生手册》等规章制度；社会对职业角色的规范因职业的不同而不同，如教师要遵守《教师法》《未成年人保护法》等法律，医生要遵守《执业医师法》等。

第三，社会权利不同。学生角色的权利是在家庭及社会给予的经济生活保障或资助下，依法接受教育、完成学业。职业角色的权利是在遵守法律的前提下开展工作，并在履行社会义务的同时获取经济报酬。

我们要充分意识到学生角色和职业角色的不同，在校期间努力学习文化知识和专业技能，进入职场后要培养职业角色意识，按照职业场所要求的角色开展工作，并在不同的场合表现出适合角色的行为。

🔗 成长链接

🧬 心理活动与体验

一、活动在线

成功的人往往是善于对未来进行规划的人，在目标的指引下，按照自己的长期、中期、短期规划去安排日常的生活，才能逐步实现自己的理想。我们要想拥有自己的事业，在职业生涯中收获成功，是否也需要做一个长期规划呢？现在，请按照下面的步骤，对自己的未来做一个规划，列出自己的职业规划方案吧！

（1）确定职业理想，俗话说："志不立，天下无可成之事。"

（2）将职业理想划分为具体的目标，目标的设置要符合 SMART 原则，即目标具体明确（Specific）、目标可衡量（Measurable）、目标可以达到（Attainable）、目标与理想相关（Relevant）、目标的实现要有明确的期限（Time-bound）。

（3）客观地进行自我评估，包括自己的兴趣、特长、性格、技能、智商、情商、思维方式等，可借助一些心理测验的工具来进行自我认识。

（4）对自己的职业机会进行评估，分析职业环境的特点、发展状况、自己与环境的关系等。

（5）职业选择，根据自己的性格、兴趣、特长以及职业环境来选择相匹配的职业。如果喜欢的职业与自己并不匹配，可以凭借自己的努力进行调整。

（6）职业生涯路线的选择，根据职业目标以及自身的特点，确定自己的发展路线，提升自己的职业能力。

（7）制订行动计划，行动是关键，在一定的时间内，完成自己的计划。

（8）评估与回馈，每一步骤的实施，都需要进行反馈，积极调整自己的计划以及态度。

列出自己的职业生涯规划方案之后，你的感受是什么？

_____

_____

_____

_____

二、体验分享

你有过实习或兼职的经历吗？请将自己的经历和同学分享。

步骤1：5~6名同学一组，每人针对自己的工作经历（兼职、实习等）进行讨论与分享。

步骤2：分享的话题如下。

（1）你当时是如何适应自己的职业角色的？

（2）你在工作过程中遇到了哪些问题或压力事件？你是如何解决这些问题的？

（3）你在工作中有哪些感受和收获？

拓展训练：同学们的经历和分享对你有什么启示？

_____

_____

_____

_____

三、心海飞扬

快速适应职业角色

进入实习期后，尽快适应职业角色是我们走向职业成功的第一步。那么，我们该如何调整自己，顺利完成从学生角色向职业角色的转变呢？

第一步：做好工作准备。工作前首先要了解公司的基本情况，例如，搜集与公司相关的信息，了解公司的管理制度及业务范围等；准备好上班的必需品；事先确定上班的交通路线；确定着装风格与公司形象一致；调整情绪和心态，以积极向上的精神面貌进入公司。

第二步：积极主动交往。去公司后要主动和同事打招呼，必要的话，也可以请主管领导带自己去相关部门，逐一向大家问好，为以后的工作打下良好的人际关系基础。

第三步：了解工作职责。不仅要知道自己负责工作的内容、责任以及工作流程，还要了解周围同事的工作职责。这有助于尽快适应工作环境，顺利与其他人合作。

在工作方面有什么不懂的地方，要虚心向同事请教。

第四步：进入工作状态。要尽快静下心来，对领导布置的工作进行分析，根据工作的重要程度和紧迫程度进行排序，然后逐项完成。要注意的是，无论面对多么琐碎的工作都要认真完成。除了完成领导安排的工作外，还可以主动向领导询问，自己还需要做些什么，或者留意自己可以帮助部门同事做些什么。通过积极主动地工作，一方面可以给同事们留下良好的印象；另一方面可以尽快熟悉工作的内容，促进自己成长。

♥ 心灵天地

➕ 心理保健

一、方法指南

在学校期间我们要为将来的工作打好基础，为未来积极储备知识和力量。同学们在校期间需要做哪些准备呢？

第一，正确认识职业教育。职业教育和普通高校教育的培养目标不同，职业教育强调职业的应用性，旨在培养高技能的专门人才。社会对人才的需求是多层次多方面的，用人单位在选取人才方面也越来越注重能力、专业和职业岗位的匹配。因此，职业院校学生要正确认识职业教育，合理定位自己，自信地选择适合自己的职业。

第二，明确兴趣方向。不管你的专业是什么，都需要在毕业时找到一份自己喜欢并能胜任的工作，这就需要明确自己感兴趣的方向。我们要广开思路，充分利用学校的各种优质资源，学习各种知识。例如，多听各种类型的讲座或其他专业开设的课程，去其他高校听课，或者通过大量阅读丰富自己的知识，在这些学习的过程中就会逐渐发现自己的兴趣。此外，实习或兼职也是了解自己兴趣的重要途径。我们可以尝试在不同的领域进行兼职，这不仅可以了解社会的需要和我们的特长，还可以在兼职的工作中发现我们真正的兴趣。

第三，注重人际沟通。人际交往技能是社会的基本技能之一，也是招聘单位重点考查应聘者的能力之一。在未来的工作和生活中，我们需要接触各种各样的人。在短时间内赢得陌生人的好感，与不同的人建立良好的人际关系，是我们工作得以顺利进行的有力保障。因此，在校学习期间我们要有意识地锻炼自己的人际沟通能力。可以给自己设置一个目标，例如，每周认识几个其他院系的陌生同学，主动与对方交谈，并找到和对方的相似点，欣赏对方的优点，接纳对方的不足，和对方建立友谊。通过有目的、有意识的练习，我们可以逐步培养自己的人际交往能力。

二、课堂实战演习

有 4 只毛毛虫，从小一起长大。有一天，他们到森林里寻找苹果吃。

第一只毛毛虫跋山涉水，终于来到一棵苹果树下。他根本就不知道这是一棵苹果树，当他看到其他毛毛虫往上爬时，就稀里糊涂地跟着往上爬。他不知道自己到底想要哪一种苹果，也没想过怎么样去摘取苹果，只好一切全凭运气了。

第二只毛毛虫也爬到了苹果树下。他知道这是一棵苹果树，也确定自己的目标是找到大苹果。于是他慢慢地往上爬，遇到分支的时候，就选择较粗的树枝继续爬。终于，毛毛虫找到了一个苹果，他刚想扑上去大吃一顿，但是放眼一看，他发现这个苹果其实是全树上最小的一个，如果他选择另外一个枝杈，就能得到更大的苹果。

第三只毛毛虫知道自己想要什么苹果，为了更好地达到目标，他研制了一副望远镜。通过仔细搜寻，他发现了苹果树上最

大的一个苹果。于是，他在很多条通向大苹果的路径中，经过反复思考、计算，终于选定了自己的道路，开始缓慢地朝着目标爬去。然而，当他爬到那里的时候，苹果已经因熟透而掉落了。

第四只毛毛虫知道自己想要的是什么，也知道苹果将怎样长大。当他用望远镜观察苹果时，他的目标并不是大苹果，而是一个青涩的小苹果。他计算着自己的行程，估计当他到达的时候，小苹果正好长成成熟的大苹果。结果他如愿以偿。

请每 5~6 人为一组，进行讨论与分享。

（1）4 只毛毛虫各自有什么特点？

_____

（2）你从这个故事中学到了什么？

_____

（3）同学们的讨论与分享对你有什么启发？

_____

 **小贴士**

本章核心概念

职业理想；职业兴趣；职业能力；个性；职业角色；职业指导；职业生涯规划

本章小结

1. 职业理想是人生理想的重要组成部分，是职业生涯发展的动力。职业理想不等于理想职业。职业理想具有时代性、社会性、发展性和个体差异性的特征。

2. 职业理想是学生职业发展的航标，是实现自我价值的动力，是事业成功的精神支柱。

3. 树立适合自己未来发展的正确职业理想，要学会认识自己、了解职业、了解社会、树立正确的人生观和职业观。

4. 职业兴趣是兴趣在职业领域的延伸，指人们对某种职业活动产生的比较稳定而持久的心理倾向。职业兴趣是职业选择的重要依据，会影响人们的职业选择方向。

5. 职业能力是指人们从事某种职业活动必须具备的各种能力。职业能力分为一般职业能力、专业职业能力和综合职业能力。

6. 培养职业能力有助于提高就业竞争力，适应社会发展，实现个体全面发展。

7. 职业院校学生应具备的职业能力包括：职业认知能力，相关职业技能，职业品质和职业适应能力。

8. 个性是一个人整体的精神面貌，是个体具有一定倾向性的各种心理特征的总和。个性包括个性心理特征和个性心理倾向性。个性具有自然性与社会性、稳定性与可塑性、独特性与共同性等特点。

9. 个性心理特征指个体经常表现出来的本质的、稳定的心理特性，包括能力、气质、性格，其中，性格居于核心地位。

10. 个性心理倾向性是指具有一定的动力性和稳定性的心理成分，构成个体的内部动力系统，决定着个体对认识对象的趋向和选择，包括需要、动机、兴趣、理想、信念和价值观等。

11. 进行职业选择时，一定要考虑到自身能力、性格特点以及气质类型与职业的匹配问题。

12. 职业指导也称为就业指导，是职业指导部门根据市场需要和个人需求，让求职者了解社会的职业需求以及自己的职业心理，然后进行个人与职业最佳匹配的辅导过程。

13. 在学校开展职业指导有利于学生正确认识自我，扬长避短，提高综合素质；树立正确的职业理想，培养健康的求职心理；提高就业竞争能力。

14. 职业角色是指人们在一定的工作活动中所扮演的角色和职业形象，是人们在职业活动中所处地位和发挥作用的表现。

学生角色和职业角色的区别在于社会责任不同，社会规范不同，社会权利不同。

15. 职业院校学生进入实习期后，要尽快适应职业角色，需要做好工作准备，积极主动交往，了解工作职责，进入工作状态。

心理测试

职业能力测试

辅导案例

拓展阅读资料

［1］俞国良主编.心理健康（第5版，中等职业教育课程改革国家规划新教材）.北京：高等教育出版社，2020.

［2］俞国良主编.大学生心理健康（第2版，根据教育部《高等学校学生心理健康教育指导纲要》编写）.北京：北京师范大学出版社，2022.

［3］［澳］安德鲁·马修斯著.跟随你的心——寻找生活及工作中的快乐.邓碧霞译.北京：生活·读书·新知三联书店出版社，2002.

［4］［美］罗伯特·C.里尔登等著.职业生涯发展与规划（第4版）.侯志瑾等译.北京：中国人民大学出版社，2016.

［5］黄天中著.生涯规划——理论与实践.北京：高等教育出版社，2007.

第十章

适应职业生活　为就业与创业做准备

千里之行，始于足下。

——《老子》

⭐ 学习目标

通过本章的学习，了解什么是职业生活，职业院校学生初入职业生活存在哪些心态问题，以及如何主动适应职业生活；掌握求职就业的策略与技巧；培养将工作当作事业的态度，在工作中积累经验，为创业打好基础；认识良好心理素质以及创新在创业成功中的重要性，培养良好的心理素质，提升自己的创新能力。

主题 28　求职就业实战策略与技巧

即将走出校门，面对充满挑战的求职市场，你知道如何推荐自己吗？或许你会说，只要有能力，不愁找不到工作。然而我们常常发现，能力条件相似的同学，求职的结果却大相径庭。一个重要的因素是，那些获得好的应聘岗位的同学，其求职技巧往往略胜一筹，能够在面试官面前恰到好处地展示自己的能力、素质和求职诚意。可以说，在求职过程中，娴熟的求职技巧永远无法弥补贫乏的职业素养，但是优秀的职业素养却容易被欠缺的求职技能所埋没。因此，了解并掌握求职策略和技巧，对于帮助大家顺利就业、迈好走向社会的第一步非常重要。

🔍 心理探索

一、搜集就业信息

在信息时代，信息的重要性对每个人来说都不言而喻。在求职过程中谁能及时获取最广泛、最有效的信息，谁就把握了成功的机遇。因此，求职者应当充分利用各种渠道收集与求职有关的各种信息，并认真细致地对这些信息进行分析、筛选和整理，从而做出准确的处理，把握选择的主动权。职业院校毕业生在求职前该如何搜集、筛选以及处理信息呢？

第一，明确就业目标。明确的就业目标对求职者而言具有巨大的引导力，更能够增强求职的方向性。毕业生应学会正确地了解、认识自己，并对自己做出恰当的评价，从而确定符合自己实际情况的就业目标，既不要妄自尊大，做力不能及的事，也不要妄自菲薄，放弃可能的发展机会。

第二，了解信息获取渠道。职业信息的内容范围很广泛，获得职业信息的渠道也有很多，大致可以归为两类：公开渠道与非公开渠道。公开渠道包括学校就业指导中心、双选会、人才交流大会、人才市场等，也包括各大媒体，例如广播、电视、互联网、手机端应用、报纸杂志等。非公开渠道主要是通过与亲戚、朋友、师长、校友等人的交流获取信息。这种方法可以收集针对性较强的用人信息，一般来讲效果比较好，就业成功率也比较高。

第三，职业信息的筛选和处理。在收集信息的过程中我们要讲究全面而广泛，但我们收集信息的目的是择其有用者而用之，所以我们要根据职业要求与自己已经具备的条件，两相对照，选择适合自己的最佳职位，达到人与职业的最佳匹配。具体而言，我们要分析信息的具体情况（用人单位的要求、职位、未来发展、地点、信息的时效性等），并对信息进行客观的剖析和筛选。一旦发现有适合自己的工作，要及时主动出击、全力以赴，以免错失良机。

第四，按照求职信息的要求提升自己。招聘信息中标注的条件往往就是用人单位所需要的，我们可以此为对照，分析自身的不足，并主动学习，加以弥补。如果我们发现自己在哪些方面的技能有欠缺，要抓紧时间训练，提高自己的工作能力，为今后的面试增加筹码。

此外，信息的可靠性也是非常值得我们关注的问题。信息可能来自不同渠道，需要我们在一定时间内对其进行可靠性分析，一般由学校就业中心、正规的人才交流会、亲朋好友等渠道提供的信息较为真实可靠，应予以重视；而对于一些小广告，尤其是那些标注酬金丰厚、轻松自由的招聘信息，大家应谨慎，防止受骗，谨记"天下没有免费的午餐"。

二、善于自我推荐

求职过程本身就是一个自我推荐的过程，也是让招聘方了解和认同自己的过程，更是一个游说招聘者甚至征服招聘者的过程。求职者在择业过程中要勇于推荐自己、善于推荐自己，才能获得成功。那么，怎样算是"善于"推荐自己呢？

首先，选择适当的自荐方式。自荐是

毕业生使招聘单位了解自己的较为直接的求职方式，也是毕业生宣传、展示自己的一种有效途径。常见的自荐方式主要有四种：口头推荐，毕业生亲自到用人单位或招聘现场展示自己的才能；书面推荐，毕业生通过递送自荐材料向用人单位"推销"自己；网络自荐，毕业生通过网络将自荐材料投递给用人单位；媒介自荐，毕业生借助传播媒介进行自我推荐，例如电视招聘节目或求职网站、app 等，求职者可以在更大的舞台上展示自己，增加找到合适工作的概率。

其次，充分准备自荐材料。自荐材料是毕业生和单位取得联系的常用方法之一，自荐材料的好坏直接影响着就业，主要的自荐材料类型包括以下三类。

（1）自荐信。自荐信是自我推荐的一种形式，主要表述毕业生的主观愿望与专业特长，表明自己适合担任某项工作或从事某种活动，使对方接受。其目的在于引起用人单位的兴趣和重视，争取被录用的机会。因此，自荐信非常重要，一份简历要附一份自荐信。

（2）个人简历。简历就是对个人学历、经历、特长、爱好及其他相关情况所做的简明扼要的书面介绍。一份成功的个人简历，往往可以吸引用人单位的注意，使用人单位从字里行间看到求职者的才华、优秀的成绩以及强烈的事业心和责任心，从而增加被聘用的筹码。写简历时要注意突出你的专业优势；用事实和数字说明你的强项，而不是泛泛而谈，只写"善于沟通"或"富有团队精神"这些空洞的文字。在简历中最好可以用具体的事例来阐明你拥有的能力，这样才有说服力并让人印象深刻；自信但不自夸，充分准确地表达你的优势即可；此外，你要适当表达对招聘单位的关注及兴趣，才会引起招聘人的注意和好感。

（3）其他材料。其他材料主要包括本人以往获得的各类荣誉证书、成果证明材料以及学校的推荐表等。如果面见招聘者或者亲自上门推荐自己，应将那些能反映自身能力的材料带齐全，而且最好带原件。若采取寄送的方式，则应根据用人单位的情况，选择具有针对性和代表性的材料，寄去复印件。

三、学习面试技巧

面试是用人单位通过当面交谈对求职者进行考核挑选的一种方式，它是毕业生求职择业的必经阶段。对于求职者而言，面试是压力最大的一个环节，如何在短暂的时间内重点推荐自己，并给面试官留下良好的印象，关系到求职的成败。因此，同学们要充分做好面试准备，掌握面试技巧，在面试中适度表现自己，争取求职成功。

（一）精心准备

"工欲善其事，必先利其器。"有备而来，面试时才不会紧张。一般来说，面试前需要做好以下准备。

（1）尽可能多地收集有关招聘单位的详细资料，包括企业的文化背景、企业所在的行业特征及主要竞争对手、公司是否有培训及提升的机会、公司招聘的主要职位及相关的要求等，做到心中有数。

（2）准备合适的自我介绍。接到面试通知后，我们可以先把要介绍的情况打个草稿，然后在同学或家人面前进行试讲练习，并根据大家的意见进行修改。试讲时要注意自我介绍的时间不宜过长，表情放松、自然，动作稳重、大方。此外，自我介绍一定要与自己面试的职位相符。

（3）适当模拟面试场景。要想轻松通过面试，最有效的方法就是练习、练习、再练习。通过反复练习，可以在短时间内迅速提高你的面试技能和应对水平。你可以和几个同学一起，大家分别查找资料，将职场面试中常见的一些问题进行归纳整理，然后模拟面试场景，进行实战演习，几位"面试官"连续发问，"求职者"机智作答，模拟面试结束后由扮演面试官的同学提出意见和建议，然后再进行练习。

（二）把握首因效应

心理学研究表明，在应聘面试的最初

7秒里，求职者的外表和言谈举止，会给对方留下深刻的第一印象，即首因效应，并将在很大程度上决定其最终是否被录用。所以求职者在开始面试时一定要把握好留下第一印象的机会，用精彩的开场给面试官留下良好的印象。那么，我们应该怎样建立良好的第一印象呢？

首先，注重仪表。衣着和仪表往往表现出一个人的气质、性格和风度，还能体现一个人的文化素质和审美力，因此得体的打扮不仅体现了求职者朝气蓬勃的精神面貌，表示了求职者的诚意，还有意无意地反映求职者的修养。在服饰礼仪中有一个"TPO"原则，即人们的穿着打扮要兼顾时间（Time）、地点（Place）、场合（Occasion），并与之相协调。因此，我们在面试时，应根据用人单位所属的行业、规模以及自己所申请的职位，来考虑自己的装扮定位。

其次，掌握基本的礼仪。面试时的礼仪非常重要，是一个人修养和道德的外在表现。如果一个人表现出高水平的礼仪素养，通常都会给对方留下良好的"第一印象"。因此，在面试中同学们要尽量做到以下几点：诚信守时，见到接待人员要热情大方；面试官招呼自己坐下时再坐下，不要主动和对方握手；有礼貌，对方示意你坐下之后，要说一声"谢谢"；坐姿端正，落落大方，说话时眼睛要注视对方，面带真诚的微笑，保持自信。

（三）掌握交谈技巧

在面试过程中，面试官向求职者提出相关问题，并根据求职者的回答效果对求职者进行考查和评估。求职者如何运用交谈技巧，正确应对和回答面试中的问题对应聘结果起着重要作用。对于求职者而言，语言上要有礼貌，真诚热情、简洁明了；逻辑上要把握重点、条理清楚、有理有据；回答问题尽量能够体现个人独特的见解。此外，在与面试官交谈过程中我们要掌握好分寸，谈话顺其自然，不要过于固执，不要独占话题，不要插话，不要说奉承话；同时，留意对方的反应，把握谈话的气氛和时机，如果对方的表情显示对你的某个话题已失去兴趣，应尽快将话题收住。

（四）调整交谈心态

当求职者和面试官进行面对面的交流时，求职者的心理状态会从其交谈的语气、神态等方面体现出来，进而影响面试官的判断。因而，摆正心态对求职者而言非常重要。

第一，展示真实的自己，切忌伪装和掩饰。面试官通常都非常有经验，你的伪装和掩饰很难逃过他们的眼睛，最后反而不利于面试的结果。第二，要以平等的心态面对招聘者，无须觉得对方高高在上而自惭形秽。平等的心态不仅有利于消除紧张情绪，也会给面试官留下落落大方、不卑不亢的良好形象，还有利于你发挥出最佳水平。第三，不要把面试看得过重。当你太看重面试结果时，过度焦虑会分散你的注意力，影响能力的发挥。要把注意力放在谈话和回答问题上，不要顾虑太多。要知道，面试只是锻炼自己的一个机会，即使失败也算不了什么，还可以从失败中积累经验。只要相信自己，及时总结，屡败屡战，成功最终会属于你。

（五）重视试后环节

不要以为面试结束后就可以回去等消息了，还有很多细节需要引起注意，这也关系到你的面试成败。

1. 礼貌告别

当面试官宣布面试结束时，求职者要面带微笑向面试官致谢道别。如果你还有什么事情要说的话，可以事后写信说明或回访。离开时，请整理好周围的环境，将椅子归位，将草稿纸带走。

2. 静待结果

面试结束后，求职者要耐心等候消息，切不可反复询问，更不要四处托人打听，影响用人单位的工作。要知道，急于求成反而会适得其反。

3. 争取机会

如果面试后一个星期内或在规定的时间内还没有得到通知，你可以给面试官打个电话或者发封邮件，询问结果，表示你很重视这份工作，这样可以表现出你的热情和兴趣。

4. 表达感谢

面试结束后，即使用人单位表示不予录用，也要通过各种途径表达感谢，例如，在电话中表示感谢，或者写一封简短、热情的邮件表达谢意，谈一谈面试后你的收获以及对工作的想法，突出一些自己能够胜任这项工作的能力和优势。最后，要强调你的努力以及对对方的尊重与感激，要知道，即使面试失败，所有帮助你成长的人都是值得尊重和感激的。

5. 总结经验

面试结束后，回忆并记录在面试时回答不充分的那些话题，进行认真分析和研究，总结经验，或调整思路，加以补充，若再次遇到类似的问题或情境，回答可以更完善，不再犯类似的错误。

6. 迎接新挑战

无论我们在面试之前付出了多少努力，都不能保证一定被录取。导致失败的因素有很多，有时是因为"天外有天，人外有人"，有时是因为你的专业和职业性质不相符合，还可能有很多因素的影响。切勿因为一次失败就否定自己，要知道"胜败乃兵家常事"，及时分析失败的原因，吸取教训，调整求职策略，迎接下一次面试。

成长链接

心理活动与体验

一、活动在线

请同学们以4~6人为一组，模拟面试情境，练习自己的应聘技能。每位同学轮流扮演求职者，其他同学扮演面试官。每位面试官从下面的题库中抽取一道题询问求职者，求职者回答完毕后，面试官要对求职者的回答提出建议。

思考：如果你是一名刚刚迈出校园的学生，面对面试官的这些问题，你该如何作答？

（1）请你介绍一下自己。

（2）你怎么理解你应聘的职位？

（3）请介绍一下你的学校，你觉得你的专业对工作有帮助吗？

（4）从事这项工作，你有哪些不足或缺点？

（5）5年内，你的工作规划是什么？

（6）你希望从工作中获得什么？

（7）你大学刚毕业，工作经验较为欠缺，你怎么看？

（8）如果你没有被录用，你有什么打算？

（9）你对薪资有什么要求？

（10）你有什么问题要问我们吗？

（注：答案不固定，考查每个人回答问题的技巧。）

二、体验分享

毕业前，小丽（化名）要去应聘一个文秘岗位。她平时成绩优秀，觉得应聘文秘这种岗位是十拿九稳的事情，就没把这件事放在心上。面试的日子到了，她才想起来简历还没有写好，早晨草草写了一份简历，穿上平时逛街的衣服就去应聘了。结果，到了现场一看，其他应聘者个个穿着正式并且都在认真温习准备的内容。小丽扫了一眼别人的简历，设计新颖、突出重点、结构清晰，小丽立刻有了一种危机感。等她进入面试房间，一个面试官表情严肃地看了一眼她脚上的拖鞋。她一下子慌了神，头也不由自主地低了下去，事先准备的说辞都忘了，只是机械地把简历背了一遍。由于过于紧张，她一会儿摸摸头发，一会儿摸摸耳朵，不知道手该往哪儿放。面试官看小丽这个样子，问了两个问题就让她出去了。

在这个故事中，小丽存在着哪些问题？如果你是她，你会怎么做？和同学们讨论一下吧。

拓展训练：同学们的讨论对你有什么启示？

_____

_____

_____

_____

三、心海扬帆

在求职面试中，每个人都会或多或少地出现失误，绝对完美的求职者是不存在的。聪明的求职者会不断地从失误中学习，及时总结经验，最终走向成熟。对于即将走向职场的同学来说，能够从失误中学习成长，就是一种智慧。下面列出了一些求职者在面试中经常会出现的问题。

（一）在冷场时沉默

面试开始时，求职者不善于打破沉默，只是被动等待面试官发问。面试过程中，求职者出于种种顾虑，不敢主动说话，结果使面试出现冷场。即便勉强打破冷场，语音、语调亦显生硬，使场面更显尴尬。实际上，无论是面试前还是面试中，求职者主动致意和交谈，会给面试官留下热情和善于交流的良好印象。

（二）与面试官"套近乎"

有些求职者为了给面试官留下好印象，在交谈时会刻意和面试官套近乎。殊不知，这正是面试中忌讳的行为。具备一定专业素养的面试官并不愿意与求职者的关系太近，因为双方关系过于亲近、随便不仅会给面试官的评判带来心理压力，还可能会影响面试官对求职者人品的评价，造成事与愿违的结果。因此，求职者如果想表示对该单位的兴趣，可以在面试前充分了解该单位的业绩以及文化等信息，然后通过列举一两件事例表达自己对该单位的赞赏，同样可以获得面试官的好感。

（三）与面试官争辩

在面试过程中，求职者与面试官之间难免会出现认识上的不一致。面对这种情况，求职者有时可以做出相应解释或者适当表达自己的观点，但是不可过于坚持自己的意见。要知道，面试的目的是让面试官了解你，并最终录取你，而不是与他分出高下。如果过于固执，坚持自己是对的，面试官可能会觉得你缺乏职业素质，是一个"认死理儿"的人，将来很难跟团体中的其他成员融洽相处。

（四）夸夸其谈

如果求职者大谈特谈自己的成就，而没有具体的事例进行佐证，面试官就会对求职者话语的可信度产生怀疑，特别是当面试官明确提出让求职者举出具体实例时，求职者却支支吾吾、无言以对，面试官对求职者的印象会大打折扣。因此，"事实胜于雄辩"，面试时我们应注意结合实例来说明自己的优势，而不只是夸夸其谈，才能给面试官留下可信的印象。

（五）推卸责任

有时，面试官会提出一些让求职者感到尴尬的事情，有些人会对此感到不知所措，回答问题躲躲闪闪，或者干脆推卸责任。例如，面试官问："您为什么没有留在上一家实习公司？那个公司的实力和福利待遇都比我们要好很多。"有的人可能会大谈工作如何困难，以前的领导或同事如何刁难等情况，看不到自己存在的问题。其实，这时从自身找原因并谈一谈自己在这件事中的成长会比较容易赢得面试官的好感，一味推卸责任会让对方觉得你没有担当、缺乏基本的素养。

（六）否认不足

面试官常常会问："从事这项工作，你有哪些弱点或不足？"有人会毫不犹豫地回答"没有"。还有的人会自作聪明地说："我最大的不足就是高标准要求自己，苛求完美。"殊不知，金无足赤、人无完人，这种回答往往让人认为你看不到自己的不足，或者认为你虚伪、不真诚。合适的处理方法是坦然地谈一谈自己的小缺点，但是也要有原则，这种小缺点对于当前的工作应该是无关紧要的，不能搬起石头砸自己的脚。

💙 **心灵天地**

➕ **心理保健**

一、方法指南

在充满竞争和挑战的就业大潮中沉浮，对每一位毕业生来说都是严峻的考验。求职中会遇到各种困难和挫折，是放任悲伤，还是逆流而上，在这种情况下，良好的心态就成为在激烈的竞争中赢得一席之地的重要筹码。因此，毕业生要学习如何提升自我调适能力，才能适应变化的就业市场，才能克服就业过程遭遇的各种困难或挫折。

（一）正确归因，提高求职积极性

很多人在求职过程中会由于诸多原因而遭遇挫折，例如投递简历杳无音信、面试成绩不理想等。面对这些失败，不同的归因方式对我们的影响也不同。心理学研究表明，若个体将失败归因于智力差、能力低等稳定因素，就会使个体丧失信心，降低行动的积极性；若个体将失败归因于运气不好、努力不够等偶然因素，则会使个体接受教训，努力降低不稳定因素造成的影响，有利于提高行动的积极性。因此，求职者在面对失败时应避免自我否定，要相信自己的能力，尝试用新的方式分析失败的原因，例如将失败归为自己的准备不充分、努力不够等，并在接下来的求职中弥补和改正。

（二）接纳现实，及时调整就业期望值

从心理学的角度看，当人们面对两个互不相容的目标时，会体验到心理上的冲突。理想与现实之间的冲突就是毕业生经常面对的问题。毕业生往往对未来抱有较高的期望值，希望找到一份福利待遇好、工作条件好且能充分发挥自身才能的工作。但在实际择业中，这种期望却很难满足，内心矛盾重重，甚至错失很多就业机会。理想与现实之间的差距是不可避免的，毕业生要做的不是怨天尤人，而是接纳现实，并根据自己的实际情况和就业形势，及时调整就业期望值；树立长远的职业发展观念，放弃那种择业就是"一步到位"、要求绝对安稳的观念。当我们还没有能力找到理想的工作时，可以先选择一种职业实现就业，在工作过程中不断提高自己的社会生存能力，增加工作经验，再凭借自己的努力，通过正当的职业流动，逐步实现自我价值。

（三）关注情绪，学会自我调适

在求职阶段，同学们可能会承受许多心理压力而陷入过度焦虑。因此，掌握一定的心理调适方法和技巧是必不可少的。下面介绍五种常用的心理调适方法，大家可以根据自己的实际情况有选择地使用。

（1）积极的自我暗示。求职者应该多给自己积极评价，并对自己有积极的期待。在日常生活中，在叙述一些与自己有关的事情时也应多采用积极的词汇。

（2）适度宣泄。合理宣泄的方式有很多，例如，可以向老师、亲友倾诉自己的感受，以获得安慰和劝导；也可以通过大运动量的活动，畅快淋漓地宣泄情绪，甚至可以痛哭一场释放压抑的情绪。

（3）深呼吸。在安静的地方，以舒适的姿势坐下，闭上眼睛，按以下步骤做深呼吸：均匀呼吸，呼气时注意双肩，体验肩部肌肉放松的感觉，每呼气一次，会感觉更放松；呼气时间应比吸气时间长，并尝试每次呼气都比上一次再长一点。用此法数分钟之内便能平复情绪。

（4）伸展身体。尽量舒展你的身体10～15分钟，例如转动你的头部、尽量摆动上肢、张开嘴巴等。这些动作能够减轻你的肌肉疲劳，转移你的注意力，让你感到身心放松。

（5）调整饮食。香蕉等水果中含有可以让人安神和愉悦的物质。所以，当我们参加面试或者心情低落时，可以适量吃一些水果。

二、课堂实战演习

结合个人专业、经历、兴趣、特长等因素分析自己的优势和劣势，想象求职过程中可能遇到的机遇与挑战，制订个人求职计划，并向小组同学做口头报告，让他们对自己的求职计划提出建议。

实践演习流程：

（1）对自己进行SWOT①分析，制定明确的就业目标。

（2）根据就业目标制订个人求职计划，包括拓展信息渠道、搜集就业信息、完善学习计划、准备求职材料等内容。

（3）就个人SWOT分析、求职目标制定、求职计划的实施，向小组同学做口头报告。

（4）邀请同学就报告内容提出建议。

（5）根据同学们的建议修改个人求职计划。

小贴士

---

① 名词解释：SWOT分别代表：优势（Strength）、劣势（Weakness）、机会（Opportunity）、挑战（Threat）。其中，优势与劣势是对自身条件的分析，机会与挑战是对外部环境的分析。

主题 29　职业生活与职业适应

　　离开学校走向社会，我们的生活就和职业有了密不可分的关系，形成了独特的职业生活。职业生活是人们社会生活的主体部分，是人们获取主要生活来源以及实现人生价值的社会实践活动。对刚刚走上工作岗位的职业院校毕业生而言，面对今后的职业生活，难免会产生惶惑和不适应的感觉。如何克服这些不适应，更好更快地适应职业生活，是必须面对的重要课题。

🔍 心理探索

一、职业生活的内容

　　职业生活是一个动态的过程，指个体在职业岗位上度过的、与工作活动相关的连续经历，也是个体在人生中经历的一系列职位和角色、行为与活动，更是追求自我实现的过程。职业生活主要包括以下五个方面的内容。

（一）职业准备

　　在步入职业生活之前，任何人都需要进行必要的准备，主要包括身体素质、心理素质、知识与能力素质的准备。我们在走向职业生活之前，要积极参与体育锻炼、合理搭配饮食、提升身体素质；在日常生活与学习中有意识地锻炼自己的意志品质、塑造良好的性格、提升记忆力及思维能力，培养良好的心理素质；在校期间通过认真学习专业知识，积极参与社会实践，积累就业经验，提升自己的知识与能力素质。

（二）职业选择

　　你喜欢从事什么职业？你了解该职业的相关信息吗？为了做出适合自己的职业选择，我们要充分了解自己，如自身的兴趣、能力、技能、职业价值观等。此外，还应了解相关职业的信息，考虑社会对该职业的需求、行业的特点、职业的供求关系等外在因素。在了解自己和职业的基础上，我们可以根据"择己所爱、择己所长、择世所需、择己所利"的原则，选择和自己优势能力相匹配的职业，充分实现自己的价值。

（三）职业活动

　　职业活动是职业生活的基本内容，它是指从业人员按职业要求履行工作职责、从事业务活动的过程。通过职业活动，个体获得相应的经济报酬，并实现个人价值，为社会创造财富，促进经济的发展和社会的进步。

（四）职业交往

职业交往是基于职业活动需要而发生的人际交往，它在促进人们事业成功与发展的过程中具有十分重要的作用。在职业生活中，良好的人际关系可以使人精神愉悦，促进人与人之间的信息交流和信息共享，加强合作，提高工作效率，增强职业团队的凝聚力。同时，人们还可以从相互支持的人际关系中汲取力量，增强信心，在工作中得心应手，创造自己事业的新高度。反之，如果没有融洽的人际关系，没有相互的密切配合，彼此诋毁、互相拆台，那么职业团队的工作效率就不可能提高，企业也不可能得到良好发展，个人在这种充满内耗的环境中也很难收获职业上的自我成长。

（五）职业流动

随着社会的发展，职业流动成为越来越普遍的现象。人们为了充分发挥自己的才能，或者获得更高的报酬，总是在寻求更加适合自己的职业。职业流动一般分为水平流动和垂直流动两种类型。水平流动指在同一声望等级的职业系列中，从一种职业流动到另一种职业，如从营业员改行为会计员等。垂直流动指在不同声望等级的职业系列中，从一种职业流动到另一种职业，如在酒店，从领班升为部门经理，从部门经理升为总经理等。尽管我们每个人都想在适合自己的职业岗位上发挥最大的优势，但是当我们面对多种职业流动的

机会时，一定要保持清醒的头脑，客观分析个人情况与职业情况再进行稳妥的流动，而不要盲目跟风，在冲动中做出不当的选择。

二、职业生活的作用

职业生活是社会生活的主要组成部分，是人生旅程中最长、最丰富的一段时光。如果20岁就业，60岁退休，你的职业生活就长达40年，几乎占了人生命周期的一半。而且，就业前的学习生活和退休后的休闲生活也都与职业有着紧密的联系。我们一生的理想追求、成败得失大部分体现在职业生活中。

（一）为社会生活提供物质基础

职业生活是人生的重要组成部分，人们通过参与职业生活，获取一定的经济收入，从而为其他社会活动提供物质基础。对于大多数人而言，只有参与职业生活，才能为自己的生存和发展创造条件，也为社会创造财富。没有职业生活，就没有人类的进步和社会的发展。

（二）促使个体不断成长

任何职业都有自己的特点和要求，个体在职业活动中要运用学到的知识和技能完成工作任务，并在工作中不断提高自己的专业水平，完善知识结构，提升综合素质，努力适应职业的要求。随着从业时间的增加，个体通过在工作中的不断历练，

知识得以丰富、经验得以增长，不断走向成熟，收获自我成长。

（三）实现个体的自我价值

实现自我价值是人的高层次需要，主要表现为对自己物质需要和精神需要的满足程度。我们在社会生活中谋求到适合自己的职业岗位，一方面，职业会为我们提供充足的物质保障；另一方面，我们会对喜欢的职业产生持久的热情，在工作中最大限度地发挥自己的优势，不断自我创造和发展，内心会体验到满足感和自我价值感，从而最大限度地服务于社会，为社会创造更大的价值。

三、职业院校学生初入职场的心态问题

毕业生从学生角色向职业角色转变，往往面临着新、旧角色的冲突。有些毕业生还不能适应角色转变过程中的种种变化，存在着以下心态问题。

（一）不习惯角色转变

在职业生涯开始之初，毕业生常常自觉或不自觉地将自己限于学生角色，以学生角色习惯的方式观察和分析事物，甚至以学生角色的规范来要求自己和对待工作，很难融入新的职业生活中，不容易和同事尽快建立融洽和谐的关系，工作效果也很难得到保证。有的毕业生会面对职业理想和现实的巨大差异，例如，不喜欢新的职业环境，公司或单位中人际关系复杂，以及工作压力较大，悲观、失望，开始怀念学生生活，感念学生时代的美好。

（二）对职业生活心怀恐惧

一些毕业生面对新的工作环境缺乏自信，担心自己学历低或社会经验不足被同事看不起，在工作中感到紧张焦虑，不知如何应对又不敢主动向其他同事请教，既怕做不好承担责任，又怕请教别人被人笑话。看到别人工作经验丰富或者其他毕业生很快适应了新的环境，就觉得自己这也不行、那也不行，于是更加胆小畏缩，失去了年轻人的朝气和锐气。

（三）居高自傲，眼高手低

有些毕业生在学校时学习成绩不错，毕业后认为自己是个人才，只想做高层次的工作，看不起基层工作和基层工作人员。进入职业生活后，面对领导分配的琐碎工作感觉浪费时间、大材小用，常常马马虎虎、应付了事。其实，每一位新入职的员工，无论学历层次高低，都要做很多琐碎的工作，并从这些工作中逐渐熟悉新的职业环境，了解单位的文化和工作要求，以及与新同事建立融洽的关系，尽快适应职业生活。此外，琐碎工作也是领导和同事了解新员工处事态度和行为方式的重要途径之一，如果我们眼高手低，看不起琐碎的工作，又不能胜任重要工作，就很难在职业生活中有所发展。

（四）心浮气躁，见异思迁

一些毕业生今天想干这项工作，明天想干那项工作，心浮气躁，做什么都不踏实，缺乏敬业精神；还有的毕业生幻想在短时间内成就一番大事业，总感觉当前的工作不适合自己，一旦工作中遇到困难或者不顺心的事情便想辞职不干，一走了之，不仅给用人单位造成损失，也直接影响自身的成长和发展。

以上内容都是毕业生初入职场时可能存在的不良心态，这些心态让我们无法静下心、脚踏实地、虚心向他人学习，无法从最基本的工作做起、积极改变自己、调整职业理想和现实的差距，从而影响自己的职业发展。因此，我们要接纳现实，及时调整自己，消除在职业生活适应及角色转变过程中出现的不良心态，以积极的面貌面对工作和人生。

四、主动适应职业生活

刚刚走上工作岗位的毕业生，从相对宁静单纯的校园步入复杂喧闹的社会，难免会产生惶惑和不适应的感觉。如何克服这些不适应，更好、更快地适应职业生活，是毕业生必须面对的重要课题。积极主动地适应职业生活，尽快完成职业化，无疑是刚刚步入职场生活的毕业生最佳的现实选择。

（一）熟悉环境，了解角色要求

所谓"知己知彼，百战百胜"，作为一个职场新手，要想尽快适应工作，就要充分了解和熟悉目前的工作环境和工作对象，主动学习本单位的经营方针、管理方式，体验文化氛围，以及熟悉自己的工作性质、工作内容和职责等相关信息，从而对工作单位和本职工作有较全面的认识和把握。这可以帮助我们明确工作目标、确定工作思路，尽快进入工作状态。

（二）虚心求教，提高工作能力

尽管在学校已经掌握了一些基本的专业知识和职业技能，但是初入职场，我们就会发现已有的知识储备与工作实践的需求还存在很大的差距。我们需要在工作实践中继续学习、锻炼，才能不断充实、更新原有的知识与技能体系。因此，面对全新的职业要求，我们要不断学习新知识，提升素质和能力，并虚心向有经验的技术人员、领导和同事请教，学习他们观察问题、分析问题和解决问题的方法，不断丰富自己的专业知识，提高自己的专业技能。只有这样，我们才能尽快提高自己的工作能力，实现从"学校人"向"职业人"的华丽转身。

（三）真诚热情，建立人际关系

"一个篱笆三个桩，一个好汉三个帮"，建立和谐的人际关系有利于角色转换的实现，可以帮助新人尽快消除陌生感，保持心情舒畅，适应新的人际环境。建立良好的人际关系，要处理好两方面的问题：

一是如何对待他人，二是如何看待他人的评价。在对待他人方面，要做到尊重他人、平等待人、诚实守信、热情随和以及服从领导。在对待他人的评价方面，一方面要重视他人对自己的评价，另一方面也要对评价进行正确鉴别。不要只听得进赞扬的评价，排斥逆耳的中肯评价，应虚心请教、认真反省，并做出积极调整，加快角色转换。

（四）主动学习，培养职业习惯

习惯在无形中影响着我们的一举一动，左右着我们的行为，影响行为的结果。对于一个刚刚迈入职场的人，培养良好的职业习惯至关重要。有些同学在校期间早上9点起床，午睡到下午3点，举止拖沓随便；有些同学为了显示自己的与众不同，无论是穿着打扮，还是言谈举止，都喜欢标新立异，结果导致职场上被孤立。这些在学生时代存在的不良习惯，都应在步入职场后努力改善。同时，作为一名职场新人应主动学习，注意观察，以培养自己良好的职业习惯，为今后的事业成功打下基础。

（五）端正心态，服从工作安排

毕业生能否顺利适应新工作，同他们对职业生活的期望密切相关。如果期望值很高、不切实际，就会感觉现实和理想差距太大，产生强烈的失落感。因此，踏上工作岗位后，大家应首先及时根据现实环境调整自己的期望值，以健康的心态应对

新的角色挑战。其次，在工作安排上，有的人一开始就被委以重任，而有的人则需要从小事做起，无论哪一种安排都可能对初入职场的毕业生产生较大的心理压力，引起心态问题。因此，我们要端正心态，积极接受考验，既不胆小怯懦，也不好高骛远；既要勇挑重担，敢做大事，也要兢兢业业，肯做小事，以实际行动赢得同事与领导的信任和重视。

🔗 成长链接

心理活动与体验

一、活动在线

每个人在一生中都会不断面临新的环境，例如，小学升初中、初中升高中以及更多深造机会，所处的环境随时都在发生变化。有时候，我们能很快适应新环境，体验到成就感，享受成长的喜悦；而有时候，我们会出现适应不良的问题，心情焦躁烦闷，甚至抑郁孤独。回忆一下，在过去的成长历程中，你有过哪些成功适应新环境的经历？你当时采取了哪些有效策略？或者，你有哪些适应不良的经历？如

果时光倒流，你会怎样解决？

我适应良好（不良）的经历：_____

_____

如果时光倒流，我认为有效的适应策略是：_____

_____

二、体验分享

面对未来的职业生活，大家对职业生活的了解又有多少呢？职业生活与我们的学校生活有什么不同吗？请大家想一想，并找出两者之间的 10 个不同，例如人际、环境等，列在下表中。

学校生活	职业生活

针对这些不同，我们应该如何调整，以适应新的职业生活呢？

拓展训练：同学们的讨论对你有什么启示？

_____

_____

_____

三、心海扬帆

孔子曾言："君子务本，本立而道生。"拥有良好的职业习惯就像拥有一笔不断增值的储蓄，你会不断受益于此；相反，不良的职业习惯则像无法偿清的债务，连本带利，日积月累，最终使人生走到破产的地步。因此，培养良好的职业习惯对于职业院校学生在职业生活中更好地生存和发展尤为重要。那么，我们要培养哪些职业习惯呢？

（一）谨慎细心

有这样一句谚语："我们可以躲开一头大象，却躲不开一只苍蝇。"小事因"小"而容易被忽略，但是细节决定成败，职场中的一些细节，例如待人接物时的礼仪、文档格式的规范、对待琐碎工作的态度和重视程度等，都会影响周围他人对自己的评价，进而可能影响职业发展。因此，在职业生活中，任务无论大小都要认真去做，才能养成谨慎细心的职业习惯，从而尽快适应自己的职业角色，做好本职工作。

（二）立即行动

想法虽然很重要，但如果不去实施，想法永远只能是空想。一个付诸实际的普通想法要远远优于成千上万个不去实施的天才想法。要想获得结果，就要立即付出行动，一拖再拖，就会失去很多机会。

（三）多做一点点

对刚刚踏入职场的年轻人而言，仅仅尽职尽责地完成任务是远远不够的。要想在职场上尽快成熟起来，找到自己的一席之地，除了做好本职工作，我们还需要做一些其他的事情，例如，拓展自己的工作内容、帮助同事完成某项任务等。通过每天多做一点点，我们就可以每天进步一点点，逐渐提升自己的能力，积累工作经验和资源，让自己快速融入新的工作环境，成为经验丰富的成熟职场人。

（四）微笑待人

微笑是一种令人愉悦的面部表情，它代表着接纳、包容、尊重、认可，可以在短时间内拉近人与人之间的距离，为进一步的深入沟通和交往创造条件。良好的人际关系是职业成功的重要因素。因此，在职场中，养成微笑待人的职业习惯，微笑着面对每一位同事、每一位客户，这样朋友和伙伴就会越来越多，工作也会越来越顺畅。

（五）主动反馈

在学校里，很多同学习惯了在老师的催促下完成作业任务。但当我们把这种习惯带到职业生活中的时候，就会给职业适应和职业发展带来困扰。面对已有的任务，如果总是不能在预定的时间内完成，不仅会让人怀疑你的能力，还会认为你没有责任感和事业心，很可能会被边缘化甚至面临被辞退的结果。因此，要想尽快在职场中成长起来，需要养成主动反馈的好习惯，接受任务时主动询问完成时限，并及时写入备忘录；在期限到来时，主动汇报工作任务的完成情况；遇到困难无法克服时，及时向他人寻求帮助；由于不可抗力因素而导致无法按期完成，要及时汇报，再次确定任务完成的新时限。

♥ 心灵天地

➕ 心理保健

一、方法指南

可能你还没来得及好好怀念已逝去的学生生涯，一只脚就已迈入了职场。面对新的生涯阶段，你是否清楚入职的第一年要做好哪些事？你是否有把握给自己的职业生活一个精彩的开始？如何珍视职业机会，离自己的生涯目标越来越近呢？

（一）确立具体的年度目标

新入职一个单位，你很可能会遭遇职场新人的"蘑菇定律"。"蘑菇定律"是指初入职场的人就像生长在阴暗角落的蘑菇，得不到充足的阳光和肥料，常面临着不利的状况。"蘑菇"只有长到足够高、足够壮的时候，才会被人们关注。稍显稚嫩的你做着打杂跑腿的事情，总是不能施展才华，也得不到领导的重视，可能会令你心浮气躁、意志消沉。这时的你一定要调整心态，接纳自己正处在很多职场新人会经历的人生历程，为自己尽快适应环境制定一个年度目标，对熟悉工作环境、了解职业要求、学习职业技能、和同事建立人际关系等方面列出具体要求，注意目标不要过高，自己通过努力就可以实现的程度即可，尽快调整工作状态与心态。

（二）熟悉崭新的职业环境

面对全新的环境，如新岗位、新角色、

新的职业要求、新的人际圈，有太多的东西需要你去了解和适应。你可以通过就职单位的入职培训了解单位的历史与现状、文化理念和岗位要求，也可以通过学习单位的规章制度、职位简介了解自己的职责，还可以通过细心观察和默默倾听了解同事之间的相处模式和不成文的规则。总之，要以积极的心态面对，而不是感叹"生不逢时"。

（三）建立和谐的人际氛围

走出校门进入职场，意味着我们要进入一个完全陌生的圈子，面对的是一张张不同的面孔。你需要花一些时间与精力，才能逐渐与周围的同事熟悉起来，产生情谊，融入公司。首先，要积极参加集体活动，增加与同事接触的机会，让大家认识和了解你；其次，可以通过共同的爱好加深对彼此的了解，例如和喜欢打网球的同事一起去玩；此外，还可以通过向其他同事虚心请教问题来加深彼此的交流。

（四）培养自己的竞争优势

职场竞争激烈，高手如云，有些新人刚刚进入职场时会心生胆怯，不知从何下手。然而，人的潜能和优势犹如一座待开发的金矿，蕴藏无穷，价值无比。只要你目标明确，有意识地基于潜能和优势培养和提升自己的职业技能，迸发出绚烂的光彩则指日可待。因此，入职第一年我们应了解职业的核心技能有哪些，学习这些技能，并在实践基础上不断积累经验。同时，我们可以根据自身特点和优势，培养自己独特的职业技能强项，让自己无可替代，最大限度地体现自身的价值。

二、课堂实战演习

初入职场的毕业生，在面对与学校生活完全不同的环境和人际关系时，会出现哪些困扰呢？让我们一起走进小松的故事，开动脑筋，帮助他尽快摆脱适应不良，进入职业生活状态吧！

小松（化名）今年23岁，刚刚从职业院校毕业走上工作岗位。在最初的几个月里，他对周围的一切都很不适应。小松说，工作单位与学校的差别太大了，在学校很自由，经常早晨睡到自然醒，有时还会翘课出去玩。可是上班后，每天都必须按时上班，不敢有丝毫马虎，加班加点是常有的事情。早晨，单位已经有一堆工作等着去处理，不管多么乏味的事情，都要认真完成才能通过检验。而且，小松的业务还不熟练，经常会遇到各种困难，稍不小心出了差错，就会受到领导和老职员的严厉批评。这样的日子充满了压力，既有工作上的困难，也有人际关系上的烦恼。上学时大家都是同龄人，说话行事都很随便，开开玩笑也无所谓。在职场里就不行了，周围的同事说话办事都很严肃认真，即使是和他同龄的员工也是很严谨的样子。大家说话都很有分寸，他也尽量少说为妙，以免说错话得罪人。作为一个涉世未深的年轻人，小松感觉自己就像一个活在成人世界里的孩子，一切都不容易。他真不知道，自己什么时候才能适应这样的生活。

我建议的行动方案是：

_____

_____

_____

_____

小贴士

主题 30　职业与事业：为创业做准备

随着人才市场需求的不断变化，就业竞争越来越激烈，走向社会之初便能找到适合自己的职业并非易事。当完美就业的期待一次又一次破碎时，我们是选择做"啃老族"，还是接纳现实做出先就业的选择？不同的选择，决定了不同的人生。我们不妨先就业，在工作中锻炼能力、积累经验，等待羽翼丰满再发展自己未来的事业，当机会来临时，创业便是水到渠成。机会总是垂青那些有准备的人，面对未来的创业，你准备好了吗？

🔍心理探索

一、职业和事业

职业和事业，虽然只有一字之差，却是两种不同的概念和境界，因而有不同的价值和意义。所谓职业，从人力资源角度看，是指不同性质、内容、形式和操作方式的专门劳动岗位；从社会关系角度看，职业是人们在社会中从事的工作，是人们谋生的手段或方法，同时也是劳动者获得的社会角色。人们需要通过职业参与社会劳动，承担一定的社会义务与社会责任，获得相应的报酬。事业指人所从事的，具有一定目标、规模和系统的，并对社会发展有影响的经常性活动。事业是人的梦想和追求，也是一种价值观的体现。孔子曰："举而措之天下之民，谓之事业。"简言之，做了自己喜欢的事情，并施惠于天下民众，这就是事业。

职业与事业存在以下区别：第一，主要目的不同。职业主要关系到个人的生存，为了满足人们的物质需求，不得不从事的某一固定活动；事业则主要满足人们的精神需求，为了生活更有质量，人生更有意义，谋求心灵自由和精神愉悦。第二，活动状态与方式不同。职业是被动的，是"要我做"，无论喜欢与否，愿意与否，都必须去做；事业是主动的，是"我要做"，是基于个人兴趣和价值观的追求。第三，活动持续时间不同。职业是阶段性的工作，很多职业对年龄有着严格要求，一个人一生可能会从事多种职业；而事业往往没有时限，可以贯穿人的一生，是人终生的信念与追求。职业与事业虽存在区别，但并不是说它们是彼此孤立存在的。职业是事业的基础，当个人利用职业生涯中掌握的专业知识和技能从事相关活动，并以此作为一生的追求和目标，获得乐趣和成就感时，职业就变成了事业。

二、就业和创业

顾名思义，"就业"就是指"参加工

作"，"创业"则是"开创基业、事业"。创业是无数不甘于现状的人的梦想，创业改变命运，励志照亮人生。然而，很多毕业后走向创业道路的学生却以失败告终。究其原因，主要有以下三点。

第一，创业知识不足。职业院校学生长期在校园环境下，受年龄和相应知识储备的限制，对社会缺乏了解，缺乏开拓市场的相关知识，对市场行情不熟，也就无法分析未来的市场发展方向。创业所要掌握的专业知识不仅是所在行业的技术、技能，还需要工商、金融、税务等专业经验，这些技能与经验均无法在短时间内习得。

第二，实践经验缺乏。很多学生对创业充满了美好想象和奋斗激情，然而由于缺乏实践经验，没有一定的社会阅历和经验，对所从事的行业并没有深入了解，在创业过程中只会"纸上谈兵"。

第三，缺乏良好心态。由于没有做好充分的创业准备，毕业生在创业过程中会遇到各种困难，如不善于处理创业团队内部的人际关系，发生利益冲突的时候可能会解散团队；在团队外部不会处理与客户、供应商、政府、社会其他相关团体的关系；缺乏风险意识导致经济损失等。如果在创业中缺少风险意识和挫折意识，当团队遇到困难和失败时，有些同学往往一蹶不振，很难东山再起。

为了避免以上问题，我们在创业之前，要先熟悉所从事的行业，在条件不成熟、没有合适的项目和资金、没有一定的社会阅历和经验、难以应对复杂的社会关系时，不要急于创业。不妨先去求职就业，获得工作经验以后再谋求发展，即先就业再创业。事实上，大部分成功的创业者有过为别人工作的经历。通过就业，他们对本行业的情况了然于胸，在复杂的人际关系中游刃有余，整合资源的能力大大提高，积累了宝贵的创业财富。

三、把职业当"事业"

职业是我们谋生的手段，也是我们事业的起点和基石，每个人的事业都是从职业开始起步的。如果我们仅仅把职业作为获取物质利益的方法和途径，就会在岗位上平平庸庸度过一生，还可能会因工作的烦琐与困难而心生怨言，甚至产生职业倦怠，伤害自己的身心健康。我们只有把职业当成自己的"事业"，才会在工作中投入自己的全部热情，不计较眼前的得失，不断通过学习丰富自己的知识和综合技能，并在工作中找到生活的乐趣，充分发挥自己的潜能和优势。我们每个人踏入社会的第一份工作，都是我们人生价值的起点，也是我们养成勤奋、敬业、负责等优秀品质的重要时期。我们要静下心来，重视那些平凡甚至不起眼的工作，踏踏实实地做好每一件事，才能透过物质利益探求工作的精神价值，将工作作为不断提升自己、实现自我价值的平台，为今后开创自己的事业打下基础。

四、为创业做好准备

机遇只垂青那些有准备的人，职业院校学生创业也是如此。创业能够成功，并不在于你是哪所学校的学生，也不取决于你有多少创业的激情，而在于你是否做好了创业的准备，积累了足够的经验。创业需要做好哪些准备呢？

（一）选择创业方向

由于缺乏社会经验和相应的创业知识，很多同学在创业前没有进行充分的市场分析，仅凭突发奇想便开始创业，这样的创业往往不能持久。因此，在创业方向的选择上，我们要慎重，不求利润最大，要求风险最低，从小事做起，慢慢积累经验与资金，选择投资与自己专业相近的项目更容易获得成功。

（二）学习相关知识

创业者不仅要具备创业领域的专业知识，还要了解国家关于创业的法律法规和相关政策，具备相关的商业知识等。创业者需要学习的主要内容包括以下几个方面。

（1）专业知识。我们在创业之前，必须要掌握创业领域的专业知识和技能，了解行业的市场前景，切忌将金钱和精力投入在自己未知的领域。

（2）国家关于创业的法律法规与政策。为了鼓励毕业生创业，国家出台了一系列优惠政策和法律保障，例如，税费减免、小额金融贷款、《中华人民共和国中小企业促进法》等，为我们提供了良好的创业环境。因此，我们在创业前要了解这方面的知识，可以降低创业成本，维护自身权益。

（3）相关的商业知识。创业者要了解创办企业的程序及相关法律知识，如怎样申请开业注册登记，需要办理哪些行业管理手续，如何办理税务登记等；了解市场营销知识，如市场预测与调查、产品促销策略、销售渠道等；了解资金及财务知识，如何记账及资金核算、掌握财务会计基本知识等。

（4）管理知识。创业管理贯穿创业全过程，每一阶段的管理要求是不同的，创业者必须有一定的管理理论和知识储备，例如，人力资源管理、企业整体运营管理等。

（三）准备创业资金

"巧妇难为无米之炊"，没有资金，一切创意都无法转化为生产力。因此，我们可以利用社会实践的机会储备资金，或者利用家庭的储蓄作为创业启动资金，也可以通过向亲友、银行借贷的方式获得资金。

（四）积累实践经验

创业前，我们可以利用课余、假期兼职等机会积累大量社会实践经验，这对自己今后的创业大有裨益。

综上所述，我们了解了创业之前要储备的相关知识，还需要知道"如何准备"，即解决"途径"问题。那么，在校生可以通过哪些途径为今后的创业做准备呢？

第一，充分利用校园资源。我们要珍惜在校读书的时光，充分利用学校的优质资源培养自己的创业能力和相关技能。通过大学课堂、学校图书馆可以了解创业方面的各种信息，不断积累创业知识；通过学校社团活动锻炼各种综合能力，为创业积累实践经验。

第二，积极关注媒体资讯。通过关注各种媒体，我们也可以了解各种创业信息及市场需求，学习创业成功人士的经验，丰富创业知识，培养创新意识。媒体资讯不仅包括纸质媒体，还包括网络媒体、各类社交平台；我们还可以从各地的创业服务中心、科技园、留学生创业园、科技信息中心等场所学到创业知识。

第三，广泛接触商界人士。商业活动无处不在，我们身边有很多从事商业活动的亲戚、同学、朋友和老师。只要我们留心，平时多和他们交流，虚心求教，可以最直接地了解市场行情和创业知识，从他们的成功或失败经历中学到创业经验和技巧。我们还可以参加一些与自己的创业方向有关的商业团体，或者在网上加入一些与之相关的社交圈，通过广泛交流可以帮助我们尽快成长起来，并获得大家的支持。

第四，深入创业实践。创业实践是我们学习创业知识的最佳途径。我们可以通过在校外参与职业知识和认证培训、兼职打工、求职体验、参加市场调研等方式锻炼自己的创业能力，也可以通过创建电子商务网站、举办创意活动项目、开办网店等方式积累创业经验，还可以通过积极参与学校组织的各类创业大赛、研究企业经营案例等方法开展间接创业经验的学习。

🔗 成长链接

⚬ 心理活动与体验

一、活动在线

你想了解自己的创业时机是否成熟吗？下面的 10 个问题可以帮助你了解自己。如果你能够对所有的问题给出清晰、明确的正面答复，说明你已经做好较充分的创业准备，可以考虑开始创业；但如果你还有部分问题尚不清楚如何作答，则有必要慎重考虑创业的决定，你可以选择先从一份合适的职业开始，先就业再创业，慢慢积累和逐步规划。

（1）你是否拥有振奋人心的职业愿景？愿景要远大而清晰，能激发他人产生和你一起创业的意愿。

（2）你是否具有强烈的创业愿望？

（3）你是否勇于公开承诺，自己愿意承担风险、吃苦耐劳？

（4）你是否能够看到一个具有潜力的市场机会？

（5）你是否能够提出一个明确可行且能够结合市场机会的创业构想？

（6）你是否能够写出一份翔实可行、可以创造利润的创新经营模式？

（7）你是否拥有评估产业相关技术与产品发展的专业能力？

（8）你是否拥有管理一个新生企业发展的经验与能力？

（9）你是否拥有带领团队前进的领导力与沟通能力？

（10）你是否拥有协助企业取得各项必要资源的人际关系能力？

二、体验分享

在一个小镇上，一位路人问三个石匠在做什么。第一个石匠无可奈何地叹息说："我每天都在枯燥无味地搬石头、砌墙。"第二个石匠神色凝重地说："我的工作很重要，我要把墙垒好，这样房子才结实、牢固，住起来才舒适、安全。"第三个石匠则目光炯炯，自豪地说："我的责任十分重大，这是镇上的第一所学校，我要将它建成标志性建筑。"10年后，第一个石匠仍在工地砌墙；第二个石匠坐在办公室里画着图纸，成为工程师；第三个石匠则穿梭于全国各大城市，成为国内有名的建筑师。

读了这个故事，你有什么感受？我们应该如何对待第一份工作？

拓展训练：同学们的讨论对你有哪些启示？

_____

_____

_____

_____

三、心海飞扬

创业是一项非常有挑战性的社会活动，是对创业者的全方位考验，可以说，创业者的素质和能力直接关系着创业活动的成败。纵观多位创业成功者走过的历程，除具备必要的知识素质外，一般还要具备以下两种基本素质。

（一）身心素质

创业的历程充满了艰辛：理想和现实

的巨大差距、资金筹措困难、缺乏有效的信息来源和渠道、超负荷的工作量、沉重的工作压力、得不到理解和支持……如果没有健康的身心素质，创业者往往难以承受创业期的重任。可以说，健康的身体和心理素质是职业院校学生创业成功的基础和保障。

对于职业院校学生来说，健康的身体素质表现在两方面：一方面是学生对繁重的工作量、超长的工作时间、琐碎的工作内容等现实情况具有较强的承受能力，能精力充沛地投入工作；另一方面表现为身体健康、思路敏捷、体力充沛、耳聪目明。

创业者的心理素质主要表现为：有较强的社会适应性——有自知之明，正确认识自己，善于与人交往，尊敬、信任别人；有积极稳定的情绪——有积极向上的心态，适当的创业欲望和创业热情，对自己的创业能力充满自信，以积极的态度看待工作压力，善于控制和调节自己的情绪和行为；有坚强恒久的意志——有良好的自我控制能力和意志力，在困难和挫折面前不放弃，坚定自己的职业理想与创业目标，在诱惑面前不动摇，始终坚守自己的职业操守。

（二）能力素质

创业者的能力素质是决定创业前途的关键所在。它是一种综合能力，是多种能力的集合体。有研究表明，创业者至少应具有以下几方面的基本能力。

第一，学习能力。在创业过程中，职业院校学生由于经验的缺乏，经常会遇到许多自己从未接触过但急需解决的知识问题或者现实社会问题，这时，创业者对新知识、新事物的接受能力和学习能力往往决定着眼前的问题是否能够得到解决，也决定着未来的创业之路能够走多远。

第二，创新能力。创新是创业的源泉和动力，在创业者的创业过程中，无论是在决定创业方向、寻求创业市场的创业前期，还是在运作、管理和控制企业的创业后期，都包含着创新的内容。因此，作为一个创业者，想要创业成功，就必须具备较强的创新意识和创新能力。

第三，用人能力。用人能力涉及人员的选择、使用、组合和优化。在创业初期，创业者的个人能力和营销技巧比较重要，但随着企业的发展和壮大，很多事情不是创业者一人就能完成的，企业能否成功在很大程度上取决于创业者选择人才、使用人才和驾驭人才的能力。只有善于利用他人的才干，才能有所成就。

第四，沟通能力。良好的沟通能力可以为其他能力提供系统支持。具备这种能力的创业者能够准确地传达自己的要求、观点与情感，同时，还能做到积极倾听，为他人提供建设性的意见反馈，这样能大大增强团体成员的参与感和认同感，提升工作效率。

第五，决策能力。决策能力是创业者必须具备的基本能力。决策的正确与否往往决定着创业的成败。在面临多种选择时，若个体能及时、果断地做出最佳选择，就能少走弯路，少犯错误，以最小的成本获得最大的利润；若个体优柔寡断或草率做出错误决策，则可能会"满盘皆输"，付出惨重的代价。

第六，社交能力。人际关系在创业过程中起着越来越重要的作用，如果创业者具有较强的社交能力、广泛的社交圈，就有可能获得更多的创业信息、创业资源以及创业资金，创业者依靠这种能力也可以尽快与合作方建立友好、信赖的关系。

♥ 心灵天地

➕ 心理保健

一、方法指南

不管是求职还是创业都不是一件容易的事，单凭一时的激情是无法获得成功的。因此，无论是想在职业上获得成功，还是想在事业上获得成功，我们都必须认认真真、踏踏实实地做好准备。

（一）做好规划，提升自我

事实上，职业院校学生应该从刚进校门时就开始考虑自己的未来发展问题，而不是临近毕业才开始慌慌张张地为就业或者创业做各种准备。因此，从一年级开始，我们就应做好规划，有效地利用学校时光。首先，我们需要认识自己，了解自己的兴趣、特长和专业背景，了解自己想从事什么行业，了解行业的背景和发展趋势以及其对从业者的素质要求。其次，制订详细的规划，包括学习计划、人际交往计划、社会实践计划、能力提升计划等，有目标地提升自我的能力。对于有创业意向的同学而言，还应将创业计划放入规划之中，列出自己在校期间应该为创业做好哪些准备，例如，应该选择哪些创业方向、如何筹集创业基金、如何掌握相关的创业知识等。最后，就是按照规划严格执行。在执行过程中，我们可以根据实践的反馈信息，反思和调整自己的职业取向或者创业战略，在提升自我的同时进一步完善和丰富自己制订的计划。

（二）走向实践，历练能力

对自己有了准确的定位，并对自己的未来发展有了清晰的规划之后，我们就应投身于实践，在实践中积累经验、历练能力。除了参与学校实践活动，我们在最后一学年通常还可以进入一些公司实习。你可以针对自己未来的发展方向，选择实习公司的类型。如果你的目标是就业，那么你可以选择进入大型企业或者外资公司，因为这样的企业比较正规，福利待遇也比较好，如果实习期间表现良好，毕业之后可以直接留在企业中任职；如果你的目标是自主创业，与进入大公司相比，进入一个小公司进行锻炼会是一个更好的选择。小公司虽然规模小、福利待遇也没有那么好，但是它业务功能齐全，在这里可能涉猎的环节广泛，可以了解整个公司的经营运作，学到本职工作以外的相关知识，很适合新人进行商业的初步接触与学习。

二、课堂实战演习

为了积累创业经验，更好地适应社会，我们可以利用自己的专业优势，有意识地进行创业能力训练。例如，可以联系和开展家教、钟点工、市场调查及推销服务等业务；电器维修专业的同学可以成立家电维修服务队，上门为居民修理家电；服装专业的学生可以进入社区提供裁剪、熨烫衣服等服务。

你有哪些创业或者积累创业经验的金点子？制订一个创业演练计划，列出自己的目标、具体做法及预期绩效。

我的创业演练计划：

_____

_____

_____

🗨 小贴士

主题 31　创业心理素质：为创业保驾护航

创业是一个艰难的历程，也是检验一个人全面素质的过程，尤其是对人的心理素质的考验。无论是创业的准备阶段，还是创业过程中的坚持，直到创业成功或失败，都必须拥有良好的心理素质。可以说，心理素质决定着我们在开创和成就事业的道路上能走多远。那么，什么是创业的心理素质？如何培养并提高自己的创业心理素质呢？

心理探索

一、心理素质的特点

心理素质是指人们在心理活动方面的能力，即应对、承受及调节各种心理压力的能力，主要表现为人们的情绪和行为的稳定性。它是个性心理特征在个体应对外界压力时的具体表现，主要具有以下几个特点。

（1）能动性。心理素质是个体在自身遗传因素与外界环境的交互影响下形成和发展起来的，主要包括兴趣、需要、动机、情感、态度、理想、意志、信念等心理品质。它进一步构成了个体认识世界的内部动力机制，并为其他素质的培养提供基础条件，从而不断发挥人的内在潜能和优势、推动个体整体素质的提高。

（2）稳定性。心理素质是由多方面因素综合作用形成的，包含多种成分，既不是单项知识、技能的习得，也不是由某种行为变化而引起的。因此，心理素质一旦形成便具有相对稳定性，不会轻易改变。

（3）可变性。心理素质既有先天因素的影响，也有后天因素的影响。随着环境、身体等因素的变化以及教育的影响，它是可以改变的，只不过这种改变不是一朝一夕就可以实现的，要经历较长时期的实践、锻炼和努力才能做到。

（4）独特性。世界上没有完全相同的两片树叶，由于每个人先天的生理条件、成长环境、教育环境以及参与的活动、经历的事件不同，在此基础上形成和发展起来的素质也不同，而这种不同尤其体现在每个人的心理素质上。可以说，发展人的个性在很大程度上就是指发展心理素质的独特性。

二、心理素质决定成败

心理素质是个体整体素质的核心，不仅关系个体的身心健康和生活幸福，还关系到事业成败，是让人"富有"的重要资本。许多科学研究结果证实了这一观点。

（1）一项著名心理学研究对 800 名男性进行了 30 年的追踪，结果表明，成就高的 20% 与成就低的 20%，最明显的差别不在智力水平，而在于是否具有良好的心理素质。

（2）另一项研究中，心理学家追踪研究了1500名智力超常的儿童，经过50年的调查，并对其中最成功的和最不成功的150人进行比较分析发现，两组在智力上没有什么差别，最明显的差别在于个性品质。成就大的一组在自信、自强、坚持性和抗挫折能力方面，明显高于成就低的一组。

（3）一家知名的研究机构测试了188位公司高级主管，研究他们的智商、心理素质和工作表现之间有什么关系。结果发现，对于领导者来说，心理素质对工作表现的影响力是智商影响力的9倍。

以上研究结果表明，智力对于个人成就并没有起到决定性作用，而作为非智力因素的心理素质才是决定人生命运的关键性因素。

在电影、历史故事中有很多心理素质决定成败的例子。例如，在电影《阿甘正传》中，阿甘是个智商只有75的低能儿，进入小学都困难，但他执着、宽容、不计较得失，因而他收获了成功：跑步、橄榄球、乒乓球、捕虾，甚至爱情，最后他还成为一名百万富翁。再如，《三国演义》中周瑜火烧赤壁，大败曹军，令人钦佩。周瑜青年才俊，才识过人，最后却郁郁而终。试想，如果他具有良好的心理素质，善于调节自己的情绪，还能轻易被"打败"吗？

我们在生活中也常常见到这样的例子。高学历、头脑聪明的人并不一定能成功，他只不过具备了成功的可能性而已。人的一切行为都是由内而外的，一个成功的个体、一个成功的社会都离不开心理的成功。大量的事实也说明，一切成就和财富，都始于良好的心理素质。因此，希望获得成功应该从心理素质的培养与锻炼开始，尤其是对于那些想要在创业道路上取得成功的年轻人而言，更是如此。

三、职业院校学生必备的创业心理素质

（一）充分的自信

信心是动力的源泉，是成功的基石。在创业过程中，每一次投资都有失败的风险，每一笔生意都可能遇到麻烦，创业路上充满了大大小小的困难。在市场经济大潮中的沉浮，对创业者是一个严峻的考验，一个没有充足自信心的人是难以取得创业成功的。因此，想要创业成功就必须充满自信，相信自己有能力、有条件开创自己的事业，相信自己能够成为创业的成功者。当然，这种自信不是盲目的，是建立在对自己能力的充分认识以及对市场动态的准确把握之上的。

（二）冒险精神

创业有风险，在创业之前，任何人都不能保证一定能取得成功。我们会发现事

业的规模越大、投资金额越大，面对的风险和承担的心理压力也就越大。然而，我们不能因为害怕承担风险就停滞不前，只有将计划、目标化为实际行动，才有可能获得成功，不然所有想法永远是空想。因此，只要瞄准目标，判断有据，方法得当，就应敢于实践，敢于冒险。对于个人，尤其是从事创业活动的人来说，要是没有"第一个吃螃蟹的人"的那种敢冒险的精神、那种胆识与魄力，什么都干不成。

（三）坚忍不拔的意志

"古之成大事者，不唯有超世之才，亦必有坚忍不拔之志。"创业之路不会一帆风顺，肯定会遇到一些计划外的情况，例如，创业伙伴之间发生摩擦、资金周转不灵、计划书不够完善等。面对这些状况，创业者的意志是否坚定，对创业能否成功具有重大的影响。如果一个创业者遇到一点困难就开始打退堂鼓，遇到挫折就开始动摇，怀疑自己当初选择创业是否正确，结果只能功亏一篑、一事无成。因此，想要创业成功，成就自己的事业，我们必须拥有克服困难、坚持不懈的坚强意志，在任何困难和挫折面前都坚定方向，不轻言放弃。

（四）善于调节情绪

平衡、愉悦的情绪不仅能使人保持旺盛的精力，以最佳状态投入工作，还能使

人沉着冷静地应对各种突发情况。在创业过程中，既会有成功的喜悦，也会有失败的沮丧。无论面对哪种情绪，创业者都要进行有效的调节。面对成功时，不得意忘形，保持清醒的头脑，冷静客观地看待未来的发展；面对失败时，不怨天尤人，保持平和、乐观的心态，及时调整自己，尽快从失败的阴影中走出来。只有这样，我们才能在复杂和艰难的创业环境中，有效应对各种问题，并最终走向成功。

（五）合作精神

在现代社会，想要靠单枪匹马、孤军奋战来创业是不可能获得成功的。在创业过程中，创业者不仅要与自己的创业伙伴、员工合作，还要与各种机构、同行、竞争者合作。如果没有合作精神，几乎寸步难行。可以说，创业者的合作能力决定着事业成功的规模，甚至决定着事业能达到的高度。因此，创业者必须有合作精神，学会站在他人的角度理解和体谅他人，学会包容他人与自己的分歧，提高团队的凝聚力。

（六）理性思考，避免盲目冲动

在创业过程中，创业者要善于克制，理性思考，避免冲动。克制是一种优秀的心理素质，它可使人积极有效地控制和调节自己的情绪，使自己的活动始终在正确的轨道上进行，不会因一时冲动引发缺乏理智的行为。

上述这些心理素质中有先天的素质，但更多的是通过后天的学习、生活、实践而不断磨炼出来的。有意识地培养以上心理素质，对创业成功大有裨益。

四、职业院校学生创业的心理素质现状

虽然很多学生有毕业后创业的想法，但是在创业心理素质方面仍存在不少问题。

（1）缺乏独立性。对个体而言，创业的目的就是谋生和立业。这就要求创业者必须走出依附他人的生活圈，不过分依赖他人。然而，目前不少学生在创业时缺乏独立性，人云亦云，没有自己的主见，也不善于独立处理问题，缺少创业的心理准备。

（2）自我中心。受当下的成长环境与社会环境影响，很多学生在成长过程中养成了以自我为中心的习惯，不善于站在他人角度考虑问题，也不知道如何与他人合作与友好相处。

（3）抗压能力弱。学生生活环境单纯，没有大风大浪，因而抗挫折能力和心理承受能力较弱。在创业过程中，一旦遇到困难挫折，很多学生容易情绪低落、一蹶不振，不知道该如何着手解决问题，有的甚至完全丧失信心，半途而废。

（4）缺乏奋斗精神。很多学生有创业的梦想，但真正付诸行动的却很少。虽然国家、社会和学校为毕业生创业提供了很多便利条件，但是很多学生缺少奋斗精神，害怕投入到艰苦的环境中工作，不愿意面对创业的奔波劳碌，对创业中会遇到的困难缺乏心理准备，害怕失败，不敢尝试。

基于以上现状，我们需要在日常学习和社会实践中有意识地培养自己，提升创业心理素质，为以后的创业做好心理准备。

🔗 成长链接

⚙ 心理活动与体验

一、活动在线

下面是两幅图片，你看到了什么？说出你的第一反应。然后，再仔细看一看，你又从这些图片中看到了什么？

LA VIE EN ROSE

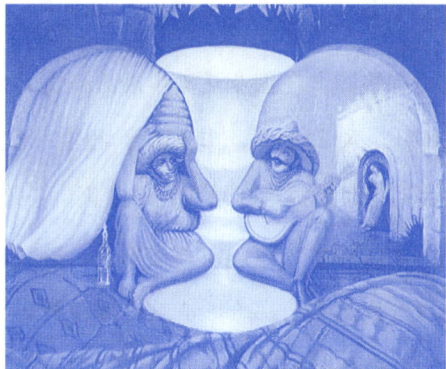

我们看待事物的角度不同，看到的内容就不同，内心的感受也会有差别。在生活中，你是否愿意换一个角度看待问题，提升自己积极的心理素质呢？

二、体验分享

高山上立着一个标志牌，告诉后来的登山者，那里曾经是一个登山者倒下的地方。他当时正在寻觅的庇护所"登山小屋"离他倒下的位置只有一百步而已，如果他多撑一百步，他就能活下去。

想象一下，如果你在未来的创业过程中遇到了困难和挫折，感觉精力已经耗尽的时候，你会怎么办？与同学讨论分享。

拓展训练：同学们的讨论对你有哪些启示？

_____

_____

_____

_____

_____

_____

三、心海扬帆

在创业过程中，我们会遇到各种各样的困难和意想不到的问题，特别是当创业目的难以达到时，还会引发各种烦恼、不安和紧张，损害身心健康。因此，在创业的过程中必须留心各种不良心态，始终保持稳定的情绪和积极向上的精神状态。

（一）克服自卑心态

自卑是自信的反面，主要表现为缺乏自信，行动畏缩。表面上是怕别人看不起自己，实际上是自己看不起自己，总觉得自己"技"不如人，矮人一头。同时，有自卑心态的学生往往有更多的依赖心理，由于自己对求职或创业丧失信心，想靠学校提供信息，靠老师出主意，为自己找到一个"饭碗"。心理学研究发现，个体的自我认识和评价对自身发展有重要的影响，那些总认为自己缺乏创造力的人并非没有创造力，而是这种自我贬低、自我怀疑的心理状态抑制了创造力的发挥。因此，自卑是创业的极大阻碍。要改变这种不良心态，首先，要正确认识自己、评价自己，既不妄自尊大，也不妄自菲薄；其次，通过做一些力所能及的事，体验获得成功的喜悦，建立自信心；最后，在创业初始阶段应确定合适的目标，目标不要太大，要像"跳一跳就可以摘到的桃子"一样，以防达不到目标而丧失信心。

（二）避免急于求成

在创业过程中，每个人都渴望能够尽早干出一番大事业。当创业中遇到问题时，有些人就开始沉不住气，变得焦躁起来，不能按照原定计划坚持下去，急于求成，结果往往以失败告终。急于求成是一种急功近利的行为，它过分看重行为的结果，而忽视了事物发展的客观规律。要想克服急于求成的心态，一要增强自制力，学会调节急躁情绪，让自己缓做决定；二要培养耐心和恒心，时刻谨记创业不是一两天就能完成的，需要投入大量的时间和精力。

（三）缓解过度焦虑

面对创业过程中的挫折和磨难，一些创业者会表现出过度焦虑，陷入一种极度不安、紧张的状态。这时，他们的适应能力、应变能力、记忆力、反应速度都会明显下降，从而阻碍能力水平的正常发挥。例如，过分担心考试成绩的学生，在考场上往往会发挥失常，不如平时的表现。要消除过度焦虑，首先，要时刻保持乐观的心态，学会从积极的角度看问题；其次，学习一些缓解焦虑情绪的方法，例如，听听音乐，做一做放松冥想，参加体育锻炼等，释放压力；最后，要走出个人的小圈子，多与朋友、家人聊一聊，开阔思路，感受他们的支持。

（四）切勿虎头蛇尾

有些同学在创业活动中缺乏毅力，虎头蛇尾，刚开始时声势很大，很有干劲，遇到困难时就提不起精神，产生厌倦心理，甚至半途而废，转行做其他项目。这类人往往干什么事情都难以成功，即使终日奔波，也会徒劳无获。因此，我们要有意识地培养自己的耐心和持久力，一旦确定目标，就时刻提醒自己静下心来，把事业干到底，干出成效。

💙 心灵天地

➕ 心理保健

一、方法指南

人的心理素质虽然具有稳定性，但并不是无法改变，我们可以通过有针对性的自我训练培养心理素质。那么，如何做才能培养良好的心理素质呢？

（一）正确认识自我

人要不断正视自己才能进步，发现自己具有的一些好品质，自我肯定并继续坚持，找出不足并改正。同时，通过列出自己的优点清单，多一些积极正面的评价，每天暗示自己，例如"我一定行""我比上一次有进步"等来激励自己。

（二）增强抗挫折能力

增强自身的抗挫折能力，才能勇敢面对创业过程中的艰难险阻。首先，积极看待挫折。"自古英雄多磨难，从来纨绔少伟男"。挫折是一种锻炼，一种鞭策，挫折与成功具有相等的价值，挫折不仅能让我们更加坚强，还能扩大我们对生活的认识范围和深度，使我们更加成熟。其次，要认识到挫折是普遍且不可避免的，它是我们人生的必修课，时刻做好迎接挫折的思想准备。最后，我们还应有意识地体验各种挫折和困难，汲取经验和养分，提高应对挫折的能力。

（三）学习管理情绪

当我们在创业过程中出现不良情绪时，应学会对其进行有效的管理。首先，应适度宣泄不良情绪。宣泄的方法有很多，例如倾诉、哭泣、运动等。其次，正确的归因是克服不良情绪的关键。要认识到自己为什么会出现这种情绪，看清事情原委，并进一步解决问题。此外，转移注意力也是一种有效的方法。你可以将注意力从引起不良情绪的事情转移到其他事情，待情绪平静后再解决问题。有时候，有些事情亟待解决，但我们正处于一种不佳的情绪状态中，很难理智看待问题，这时我们可以通过一些放松方法让自己快速平静下来，例如深呼吸、积极的自我暗示等。

（四）培养顽强意志

要想培养顽强的意志，首先应多结交一些成功而有智慧的朋友。这些人往往经历过无数挫折和打击，并靠自己坚定的意志走出了困境。与他们交谈会让你开阔思路，得到启发。其次应阅读一些名人传记。他们往往都有远大的人生理想和崇高的信仰，并为自己的理想而奋斗终身。坚忍不拔的意志帮助他们走出困境，也会给你启迪与思考。最后，要积极参加各种社会实践。通过投身到各种实践活动中，不断克服各种困难挫折，不断挑战自我，才能造就生活的强者。

总之，心理素质的培养是一个相对漫长的过程，不能一蹴而就。我们只要有培养顽强意志的意识，并采用适当的方法，坚持不懈地磨炼自己，就能逐渐提升心理素质，让自己赢在人生和事业的起跑线上。

二、课堂实战演习

创业是艰苦的，在这个过程中，你可能会遇到无数挫折和风险，也可能会走到濒临失败的边缘。可以说，这是一条有风险、带动心跳节拍的道路，如果没有超强的心理素质，往往无法承受来自各方面的压力，也无法化解各种各样的危机。请同学们阅读下面的例子，想一想付同学具备了哪些创业基本素质。

2008 年 9 月，付同学背起行囊，独自走进大学的校门。在离家求学的那一刻，他向家人许诺，要自己养活自己，不向家里要一分钱。在校期间，通过一个偶然的机会，他认识了一位卖盆栽的阿姨，此后便常常帮她打理盆栽，阿姨便把自己多年卖盆栽的小窍门一五一十地教给了他。于是，付同学用身上仅有的钱，买进了 40 多盆号称能吸收电脑辐射的小盆栽，在学校门口摆地摊。两天时间，他就赚到了第一桶金。随后，他用这笔钱又进了 100 盆，半个月净赚了 1000 元。初次成功，让付同学看到了更高的目标，他决定召集有创业意向的同学组成创业团队，拓展诸如补习班、家教、送牛奶、卖日常生活用品等创业渠道。为了使创业团队走下去，他凡事亲力亲为，认真指点；学习和作息时间起冲突时，他便提高效率尽量调整；同龄人想法不同时，他便从中协调矛盾、统一意见。

然而，失败与成功总是如影相随，一次失误，他遭遇了创业后的第一次滑铁卢。付同学筹措 6 万元在校外一片空地上建起了 40 多间活动板房，租给附近村民经营。然而，这片空地是政府还绿规划用地，已建好的板房必须拆除。这次投资失败，不仅使他计划中每月 2 万元的收入泡了汤，还亏损近 3 万元。理赔后，他口袋里仅剩下 3 元钱。但是，他没有灰心，继续通过各种途径重新积累了创业基金。2010 年，付同学团队改组成立商贸有限公司。公司相继开办了文印店、茶餐厅和内衣店等实体店，良好的服务态度、过硬的产品质量为他们打开了市场，很多老师和学生成了他们的固定客源。到 2013 年，该公司总资产达 3000 多万元，年销售收入 8000 多万元。

这个创业故事给我的启示是：

_____

_____

 小贴士

主题 32　创业与创新：成功的孪生兄弟

成就和财富都源于创新，创新就是想出新方法、新点子、制作新产品处理问题的能力，它是前进的动力，是发展的源泉。创业的主旋律就是创新。几乎所有成功创业者都具有善于创新、勇于创新的品质。要养成创新的习惯，可以偶尔捕捉一些灵感，接受一些挑战，拓宽自己的视野，有时候与成功者相比，普通人只是因为缺少一点小小的创意。

🔍 心理探索

一、创业的内涵

创业是一个复杂的社会现象，关于创业的定义，国内外研究者从不同的角度进行了阐释。我国研究者普遍认为，创业是创业者对自己拥有的资源或通过努力能够拥有的资源进行优化整合，从而创造出更大经济价值或社会价值的过程。创业的过程虽然会有艰辛、挫折，但是也充满了创造的激情和梦想。创业具有以下四个特点。

第一，满足个人需求。通过创业，我们不仅可以通过报酬保障生活的基本需求，还会得到精神上的收获，享受自我实现的成就感和快乐。

第二，创业是创造更多有价值的新事物的过程，创业的本质是创新。

第三，创业过程既可以享受成功的快乐，也会在财务、家庭、精神等方面面临失败的风险。

第四，创业需要坚持不懈的精神，需要付出极大的努力。

在当前的社会经济背景下，国家、社会和各职业院校鼓励学生从就业走向创业。通过创业，职业院校学生不仅可以解决自己就业的问题，还可以为他人创造就业机会。在创业的过程中，提升学生的生存能力，担负起为社会服务的重任，从而实现自我价值和社会价值。

二、创业与创新的关系

创新理论的奠基人、经济学家熊彼特曾将"创新"的概念融入"创业"的定义之中。他认为，创新源于创业，创新应当成为评判创业的标准。企业家的职能就是实现创新，创新包括产品工艺的改进、产品概念的更新、营销模式的转变等。创业与创新联系紧密，它们之间具有不可分割的关系。

（一）创新是创业的源泉

创新是创业的源泉，是创业的本质和灵魂。创业过程中需要不断开阔视野，有持续的创新意识，才能赢得市场机遇，整合独特资源，推进企业的成长。如果没有创新，企业的生存空间就会不断缩小，就不可能产生自己的核心竞争力，会逐步丧失竞争优势。例如，20世纪初的彭尼公司曾经是美国零售业的霸主。但是，该公司的创始人彭尼是一个不愿创新的商人。他采取保守的经营策略，坚持只做现金交易，并且只卖纺织品和服装。当有人建议他应顺应时代的发展有所革新时，彭尼就会说："这是我的原则！"然而，与此同时，一些百货公司却在抓紧机会不断创新，并逐渐吞噬了彭尼公司的领地，使其最终丧失了零售业霸主的地位。彭尼公司的失败给了我们重要的警示，即没有创新，就会失去产品吸引力，从而失去企业的可持续发展。

（二）创新决定创业的发展方向

创业就像走路，如果只是踩着别人的脚印走，你或许不会走错路，但同样也不可能有太大的发展，因为你有的别人也有，你永远也走不出一条新路。同样是食品，附赠玩具和无附赠玩具，销路可能就不一样；同样的水杯，能手提和不能手提就不一样；一个普通的打火机，有的什么图案都没有，有的充满设计感，人们的喜欢程度就不一样。纵观世界，今天绝大多数的商业巨头，四五十年前大都是名不见经传的小公司，有的甚至尚未创建。它们之所以能够获得今天的辉煌成就，其根本原因在于不断创新、追求卓越，推动了企业持续且快速的发展。

（三）创业是实现创新的途径

创新也需要创业，创业是实现创新的途径。通过创业，可以将创新成果投入市场，将其价值转化为具体、现实的社会财富。如果没有创业，创新只能停留在研究阶段而得不到推广。美国最成功的创新者之一是爱迪生，他一生申请了1000多项专利。他认为创新过程中最重要的挑战不是发明，而是如何让发明成为商品、走向市场。在此思想的指导下，他创造了商业帝国——通用电气。借助通用电气的力量，他建造了完整的发电和传输设备，设计了灯座、开关和电线。1882年，爱迪生按下了曼哈顿区第一个发电厂的开关，点亮了该区800盏电灯，实现了电灯泡的产业化与社会化，并获得了巨大的社会财富。

所以，创业与创新相辅相成、无法割裂。创业因创新而生，创新因创业而实现其价值，它们是成功的孪生兄弟。

三、职业院校学生创业创新能力的现状分析

职业院校学生将来要走向社会，尽快适应社会需求，并在激烈竞争的创业大潮中找到自己的位置，实现自我价值，必须要培养自己的创业与创新能力。一般来说，职业院校学生的创业与创新能力存在以下特点。

（一）思维敏捷，但脱离创业创新实际

学生的逻辑思维已发展到较高的水平，随着生活阅历、知识储备的增加，他们思考问题的能力也得到了很大提高，他们思维敏捷，接受新生事物较快，但由于缺乏实践经验，他们的思维表现出一定的片面化和简单化，考虑问题时往往缺乏灵活性和全面性，脱离客观实际，还不能满足创业创新的要求。

（二）有创业创新意识，但缺乏实际行动

许多学生意识到创新是一件非常有价值的活动，理解创新能力往往决定着企业的成败，也希望自己能够在日常生活与学习中有所创新。但是，很少有学生会在课余时间对一些新奇想法进行探索与尝试，很少有意识地培养自己的创新能力，缺乏培养创新能力的实际行动。

（三）富有灵感，但不善于把握创业创新机会

学生的想象力丰富，头脑中经常会有灵感闪现。但是，他们对这些灵感缺乏正确的认识和必要的知识和技能准备，当灵感降临时，他们并没有意识到这是一个机会。等到他人将灵感加以完善并实施时，才恍然大悟：我也想过这个问题啊！因此，为了捕捉创业创新的灵感，同学们在校期间需要不断充实自己，积累一定的知识和技能，才能捕捉稍纵即逝的机会。

（四）渴望创业创新，但缺乏创业创新毅力

虽然很多学生有创业创新的热情、渴望创业和创新，但在实际的创业创新过程中却缺乏毅力。在创业创新活动中，一些人或者因为准备不足而半路放弃，或者因惧怕创业创新的困难而不敢尝试，还有一些人见异思迁、虎头蛇尾，不能坚持到底。可见，没有持之以恒的毅力，即使有再强烈的创业创新意识、再完善的创业创新思维也无济于事。

🔗 成长链接

⚛ 心理活动与体验

一、活动在线

心理学家认为以下三种心理因素会不同程度地影响创新素质的培养与创新能力的发挥。

（1）思维定式。具有这种心理状态的

人，总是习惯用同一种方法解决不同的问题，是一种"以不变应万变"的思维策略。

（2）功能固着。功能固着指个体把某种功能赋予某种物体的倾向。例如人们认为砖块是盖房子的，很难想到还有很多其他用途。

（3）从众心理。指个体受到大众的影响而采取的和大众一致的观点和行为，如人云亦云。

同学们，在日常或学习生活中，上述心理因素有没有影响你的创新能力的发挥，进而导致无法解决问题？请仔细思考，完成下表，并认真想想以后面对这些问题时，自己该如何解决。

心理因素		事件
思维定式	1	
	2	
功能固着	1	
	2	
从众心理	1	
	2	

二、体验分享

下面有9个圆点，请用四条直线一笔把9个点连接起来，线与线之间不得断开，且每个点只能经过一次。画一画，你能突破自己的思维定式吗？

● ● ●

● ● ●

● ● ●

你画出来了吗？想一想，该如何突破思维定式？与同学讨论。

拓展训练：同学们的讨论对你有哪些启示？

_____

_____

_____

三、心海扬帆

在现实生活中，虽然很多人有创新的想法，但他们往往觉得创新离他们很遥远，认为发明创造这类事情只能出现在电视节目中，普通人既没有好点子，也没有展现的好机会。实际上，创新并不是大家想象的那么遥不可及。

在科技领域可以创新，在日常生活中同样可以创新。例如，武汉一个小女孩的发明就来自生活。她的妈妈经营一家干洗店，每天都有顾客反复强调一定要干洗。有时候，甚至有一些顾客因为怀疑衣服没有被干洗，而是采用了便宜的水洗而与她妈妈发生争执。小女孩心疼妈妈，不想让妈妈为此每天烦恼，就开始琢磨能不能发明一种干洗识别物。经过很长一段时间的努力，她终于发明了一种由纽扣盘、纽扣托和识别颗粒组成的"干洗识别纽扣"。这种纽扣能够快速准确地识别真假干洗，从而让干洗不诚信现象无所遁形，小女孩也由此获得了很多大奖。

国外也有这样的例子。有一天，英国姑娘玛莉·奎恩特在商店中闲逛，无意中听到几位姑娘的谈话："这款裙子竟然也能流行，长到把我们修长的双腿都遮住了，给老年人穿才合适！""是啊！现在的流行服装真没劲，一点新意都没有，从不考虑我们年轻人的想法！"说者无心，听者有意，玛莉·奎恩特从中得到灵感，兴奋地跑回家中，连夜制作出各种面料的超短裙，并迅速投入市场，结果引起了巨大的轰动，年轻人觉得这种裙子能够展现她们的青春气息，抢购一空，并且这种"超短风"也席卷了整个英国，乃至整个欧洲，玛莉·奎恩特因此在流行服饰界获得了巨大的成功。

创新不是专业人士的专利，也不一定要有高学历，它只需要我们有一双善于发现的眼睛和一颗执着的心。只要具有创新意识，并且掌握了创新的方法和智慧，每个人都可以创造出新颖实用的物品，普通人也可能改变世界，创造奇迹！

有这样一篇报道，一位只有初中文化、来自安徽的青年胡小平，一直在南京农贸市场打工，靠卖榨菜、酸菜等"小菜"维持生计。后来他发现无论是城市家庭还是宾馆饭店，对各类"小菜"的需求量都比较大，但各家超市都嫌购买散装小菜太麻烦，上架品种很少。他便萌发了用统一品牌包装各地"小菜"，然后在南京销售的想法。于是，他在南京注册了"小菜一碟"的商标，并组建了专业小菜配送公司，结果一炮打响，年销售额竟然超过1500万元。如今，他已建起了大型配送基地，准备让"小菜一碟"满足更多人的口味需求。

武汉的小女孩、玛莉·奎恩特和胡小平都不是"权威"人士，为什么他们却做出了比"权威"人士更棒的创新，并为自己带来了巨大的财富呢？他们的成功有哪些值得我们借鉴的地方？

首先，要突破"创新只属于专家"的心理局限性。要相信创新是人人都具有的能力。只有这样，我们才会相信自己的创意思维，才不至于将"心念一动"的好点子扼杀在摇篮里。

其次，要培养对生活的敏感性。有创新思维的人都有着对生活的敏感性，善于捕捉别人忽略的细节。遇到事情要问一问自己，"我能不能从中学点什么、做点什么？"找到创新和现实的最佳结合点，只有这样，创新才有真正的生命力。

总之，创新不仅要有新奇的想法或创意，还要有高效的执行力，只有将想法付诸行动，才能实现真正的创新。

💙 心灵天地

➕ 心理保健

一、方法指南

"人人是创造者"，揭示出创造力不是极少数天才所具有的特殊天赋，每个人都具有创新潜力，但是这种潜力只有通过教育、训练与创新实践活动才有可能被开发，并得到显著提高。以下是几种培养创新能力的方法。

（一）培养创新意识

创新意识是指个体从事创新活动的主观意愿和态度。创新意识强的人大都好奇心强，敢想、善质疑。在同样的事物面前，创新意识强的人能提出问题并设法解决问题，能抓住机遇；而缺乏创新意识的人，就会因"不识庐山真面目"丧失机遇。要想取得创新的成功就必须具备自我实现、追求成功的强烈的创新意识。创新的成功是思想上长期准备的结果，事业的成功总是属于有思想准备的人，也属于有创新意识的人。

（二）突破思维枷锁

当我们长期处于某种环境，多次重复某一活动或反复思考同类问题时，头脑中会形成一种思维习惯，这就是我们所说的思维定式。再碰到同类问题时，思维活动便会自然而然地受这种思维定式的支配，甚至在环境、条件等发生明显变化时仍不肯改变，此时，这些思维定式，就变成了束缚我们思维的枷锁，便不可能产生创新，也不可能有成功的创业。因此，我们应学会克服思维定式。在现实生活中，面对各种问题，应注意换个位置、换个角度、换个思路去思考，从而开阔自己的思维。

（三）学会"蜜蜂式"思考

学习知识要善于思考，英国哲学家培根曾用蚂蚁、蜘蛛和蜜蜂形象地比喻获取知识和思考问题的方式。他把盲目堆积材料的方法称作蚂蚁方式；把主观随意创造体系的方法叫作蜘蛛方式；把像蜜蜂一样，从田野中采取花蜜，并用自己的力量来改变和消化这些材料，使之变成蜂蜜的方法称作蜜蜂方式。毫无疑问，最好的方式是最后一种，因为它积累了材料，并在此基础上进行消化，创造出更有价值的东西。

（四）培养思维的流畅性、灵活性和独特性

流畅性、灵活性、独特性是创造性思维的3个重要因素。其中，流畅性是指在较短时间内提出较多的新见解、新解法；灵活性是指触类旁通、随机应变的能力；独创性是指对问题有独特的见解，能够标新立异、与众不同。这三"性"是建立在扎实的知识储备基础之上的，因此要提高创造性思维能力，先要扩展和丰富我们头脑中已有的知识。此外，美国心理学家在20世纪60年代曾采用头脑风暴法训练学生思维的流畅性。训练时，鼓励学生发散思维，迅速提出一些解决方法，不必考虑质量的好坏，或数量的多少，或正确与否，一直到所有可能的方案都被提出来为止，结束后再进行评价。速度越快、讲得越多就表示流畅性越高。在这种开放的、相互支持的讨论中，一种想法会启迪、引发另一种想法，从而不断地扩展思路，激发灵感，因此对于流畅性的培养有很大帮助，可以促进创造性思维的发展。

（五）投身创新活动实践

实践出真知。创新思维的训练，创新能力的培养，归根结底依赖于实践。只有积极参加创新实践活动，在实践中发挥创造力，不断开发、增强自己的创新能力，才能有所成就。

二、课堂实战演习

创新是创业成功的关键，每一个想毕业后自主创业的同学都要从现在开始培养自己的创业创新能力，为未来打好基础。下面是一则创业成功的例子，请思考商家创业成功的关键是什么？他又是凭借什么设计出如此聪明又独特的经营策略？我们从中可以得到哪些启示？

有家新建的"有缘饭店"，之前这里是一片光秃秃的山头，现在却鸟语花香，成为一处深受年轻人欢迎的旅游胜地。你知道是为什么吗？原来，饭店的老板很善于经营。为了吸引更多的人来饭店吃饭、住宿，他在报纸上登了一则"新婚植树广告"。广告称："凡是新婚夫妇来本饭店住宿，我们将为您免费提供各类优质树苗及植树工具，为新婚夫妇在此种植'新婚纪念树'提供一切便利。你们离开后，我们还将派人精心呵护您的树苗，以备您再度光临时享受美好回忆。"广告一发，很多欲结秦晋之好的青年男女蜂拥而至。他们不仅在这里种树，每年还回到这里为爱情树浇水、除虫，纪念当初幸福的时光。

这个创业故事给我的启示是：

_____

_____

_____

_____

📋 小贴士

本章核心概念

职业生活；职业适应；心理素质；职业与事业；就业与创业；创新

本章小结

1. 职业院校学生就业前要掌握求职策略和技巧，包括：学会搜集就业信息，提升自我推荐的能力，学习面试技巧等。

2. 搜集就业信息包括：明确就业目标，了解信息获取渠道，学会筛选和处理职业信息，并按照求职信息的要求提升自己。

3. 在自我推荐过程中，要选择适当的自荐方式，充分准备自荐材料，如自荐信、个人简历及其他各类证明材料等。

4. 职业院校学生在面试前要精心准备，把握人际交往中的首因效应，掌握交谈技巧，调整交谈心态，重视面试后的细节，这些有助于面试成功。

5. 职业生活指个体在职业岗位上度过的、与工作活动相关的连续经历，也是个体在人生中经历的一系列职位和角色、行为与活动，更是追求自我实现的过程。职业生活包括职业准备、职业选择、职业活动、职业交往和职业流动。

6. 职业生活具有为社会生活提供物质基础、促使个体不断成长、实现个体的自我价值等重要作用。

7. 职业院校学生在职业生涯初期容易出现的不良心态有：不习惯角色转变，对职业生活心怀恐惧，居高自傲、眼高手低，心浮气躁、见异思迁等。

8. 初入职场的毕业生应学会积极主动地适应职业生活，要熟悉环境，了解角色要求；虚心求教，提高工作能力；真诚热情，建立人际关系；主动学习，培养职业习惯；端正心态，服从工作安排。

9. 职业院校学生要为创业做好准备，了解如何选择创业方向，学习相关知识，准备创业资金，积累实践经验等。

10. 职业院校学生创业要具备良好的心理素质，包括：充分的自信、冒险精神、坚忍不拔的意志、善于调节情绪、合作精神以及理性思考，避免盲目冲动等。

11. 可以通过以下方法培养良好的心理素质：正确认识自我，增强抗挫折能力，学习管理情绪，培养顽强意志等。

12. 创业与创新相辅相成、无法割裂，

创新是创业的源泉，决定着创业的发展方向，创业是实现创新的途径，它们是成功的孪生兄弟。

13. 职业院校学生在校期间可以通过一些方法来提高自己的创新能力。例如，培养创新意识；突破思维枷锁；学会"蜜蜂式"思考；培养思维的流畅性、灵活性和独特性；投身创新活动实践等。

心理测试

创新思维能力测试

辅导案例

拓展阅读资料

［1］俞国良主编.心理健康（第5版，中等职业教育课程改革国家规划新教材）.北京：高等教育出版社，2020.

［2］俞国良主编.大学生心理健康（第2版，根据教育部《高等学校学生心理健康教育指导纲要》编写）.北京：北京师范大学出版社，2022.

［3］史梅等编著.找对出路：大学生就业与创业指导.北京：高等教育出版社，2010.

［4］［美］韦恩·罗特林顿著.点亮你的创意灯泡.马敏译.汕头：汕头大学出版社，2005.

［5］罗伯特·C.里尔登等著.职业生涯发展与规划（第4版）.侯志瑾等译.北京：中国人民大学出版社，2016.